Albert Slosman

LA TRILOGIE DES ORIGINES
II
LES SURVIVANTS DE L'ATLANTIDE

OMNIA VERITAS

Albert Slosman
(1925-1981)

Les survivants de l'Atlantide

1978

Publié par
Omnia Veritas Ltd

www.omnia-veritas.com

Tous droits réservés. Aucune partie de cette publication ne peut être reproduite par quelque moyen que ce soit sans la permission préalable de l'éditeur.

... EN GUISE DE PROLÉGOMÈNES 7

INTRODUCTION 9

CHAPITRE PREMIER 35

    TA MANA ! (Lieu-du-soleil-couchant) 35

CHAPITRE DEUXIÈME 57

    LA VIE REPREND 57

CHAPITRE TROISIÈME 79

    OUSIR-LE-RESSUSCITÉ 79

CHAPITRE QUATRIÈME 100

    HORUS-LE-PUR 100

CHAPITRE CINQUIÈME 122

    L'ALLIANCE AVEC DIEU 122

CHAPITRE SIXIÈME 141

    LA PARABOLIQUE DES NOMBRES 141

CHAPITRE SEPTIÈME 163

    LES RA-SIT-OU (Les rebelles de Sit-Soleil) 163

CHAPITRE HUITIÈME 183

    «TA OUZ » (La « Demeure » d'Ousir) 183

CHAPITRE NEUVIÈME 202

LE GRAND DEUIL 202

CHAPITRE DIXIÈME **218**

« LES FORGERONS D'HORUS » (Les masnitiou-hor) 218

CHAPITRE ONZIÈME **235**

LE « SA-AHA-RA » (La terre « Brûlée-par-le-Soleil-Ancien ») 235

CHAPITRE DOUZIÈME **255**

LES TRÉPANEURS (L'école des « serk-kers », les « ouvreurs-de-crânes ! ») 255

CHAPITRE TREIZIÈME **277**

CHRONOLOGIE DES « QUATRE TEMPS » 277

CHAPITRE QUATORZIÈME **297**

L'ÈRE DES GÉMEAUX (… ou la lutte prédynastique des « Deux Frères ») 297

NOTES ET BIBLIOGRAPHIE **318**

NOTE A : À PROPOS DU TIMÉE DE PLATON 318

NOTE B : SUR L'ANTIQUITÉ DU ZODIAQUE DE DENDÉRAH 320

BIBLIOGRAPHIE **323**

AUTRES OUVRAGES D'ALBERT SLOSMAN 327

... En guise de prolégomènes

> Hycétas, en transformant le mouvement de translation en un mouvement de rotation comme Héraclite le disciple de Platon l'avait prédit, ne résolvait pas le problème. En définitive ce fut Aristarque de Samos qui affirma les deux mouvements. Il en fut accusé d'impiété, pour avoir osé déplacer Vesta !
>
> Plutarque
(De fac. in orb. Lun.)

> La théorie selon laquelle le Soleil se trouve au centre du monde et demeure immobile, est fausse et absurde, formellement hérétique, et opposée aux Saintes Écritures. Quant à dire que la Terre se déplace et ne se trouve pas au centre du monde, animée d'une révolution journalière, cette doctrine est aussi fausse qu'absurde du point de vue philosophique, et pour le moins erronée en théologie.
>
> (Extrait du jugement des théologiens qui, en 1616, jugeaient les *Réalités Astronomiques* de Copernic.)

> Et cependant, Platon commence son récit par l'histoire de l'île Atlantide qui n'était sûrement pas en Égypte. Cette association de faits étrangers et de ceux qui sont propres à l'Égypte, est une preuve positive de ce que je viens d'établir, et qui est en même temps l'aveu formel que les Égyptiens tiraient leur origine commune de cette île.
>
> Lettre sur L'Atlantide
(de M. Bailly à M. de Voltaire)

> Mais une autre supposition chimérique peut-être, mais par cela même séduisante, associe les Berbères à l'Atlantide, ce qui impliquerait une poussée d'Ouest en Est, et non le contraire !
>
> E.F. Gautier
(Le passé de l'Afrique du Nord)

> La raison humaine
> ne possède aucun raisonnement raisonnable
> dans sa conception de Dieu !
>
> A. S.

ALBERT SLOSMAN

Passionné par l'Égypte ancienne et l'Atlantide.

Professeur de mathématiques et expert en analyse informatique a participé aux programmes de la NASA pour le lancement de Pioneer sur Jupiter et Saturne.

Son intention était de retrouver la source du monothéisme et d'en écrire l'histoire.

Sa recherche des origines de tous et de tout, l'a conduit, par des chemins curieux et inattendus, à fixer son attention sur l'antique civilisation égyptienne, dont la formation et le développement furent abordés avec un esprit ouvert et indépendant, tout au long de sa courte vie.

Albert fut résistant pendant la 2ème guerre mondiale, torturé par la Gestapo, et plus tard victime d'un accident qui le laissa 3 ans dans le coma.

Slosman a été une personne d'aspect et de santé extrêmement fragiles, mais animé par une intense force intérieure qui l'a maintenu en vie, motivée par le désir de mener à terme une œuvre en 10 volumes qui se voulait comme une immense trame de la permanence du monothéisme à travers le temps, et que sa mort prématurée ne lui a pas permis de conclure.

Un accident banal, une fracture du col du fémur, suite à une chute dans les locaux de la Maison de la Radio à Paris, lui a enlevé la vie, peut-être parce que son corps, (sa carcasse humaine comme il aimait à le dire) déjà bien ébranlé, n'a pas supporté une agression supplémentaire pour aussi insignifiante qu'elle fut.

INTRODUCTION

> *Qui ne sait que vous êtes les complices de ceux que Dieu a fait mourir lors du Cataclysme ? Vous êtes de cette race des pharaons qui furent rois d'Égypte ! Vous êtes de la race de Sodome et de Gomorrhe et de tous ceux qui ont lutté contre Dieu par incrédulité depuis le commencement !*
>
> SENUTI LE PROPHÈTE
(Papyrus démotique du VIe siècle)

> *L'antiquité extraordinaire de la civilisation égyptienne est encore une opinion trop nouvelle, qui dérange aussi trop d'avis contraires pour qu'elle se pût établir sans contradicteurs, et il ne lui en manque point !*
>
> CHAMPOLLION-FIGEAC
(L'Égypte ancienne, page 95 b)

Le lecteur non averti s'étonnera peut-être de rencontrer ici une humanité surgissant des temps les plus reculés, défiant les millénaires, afin de tenter de se constituer une deuxième patrie, leur « Premier Cœur », Ahâ-Men-Ptah ayant été anéanti par le Grand Cataclysme[1]. Il ne faut cependant pas oublier que nos connaissances actuelles font remonter le premier hominidé à trois millions d'années ! Il n'y a rien donc d'anormal, dans l'évolution ethnique, qu'un peuple ayant vécu en paix et en progrès constant durant cinq cents siècles, ait fini par disparaître dans l'engloutissement de son continent, et que les survivants aient réussi à fonder un « Deuxième-Cœur ».

---

[1] Voir *Le Grand Cataclysme,* du même auteur, aux éditions Omnia Veritas.

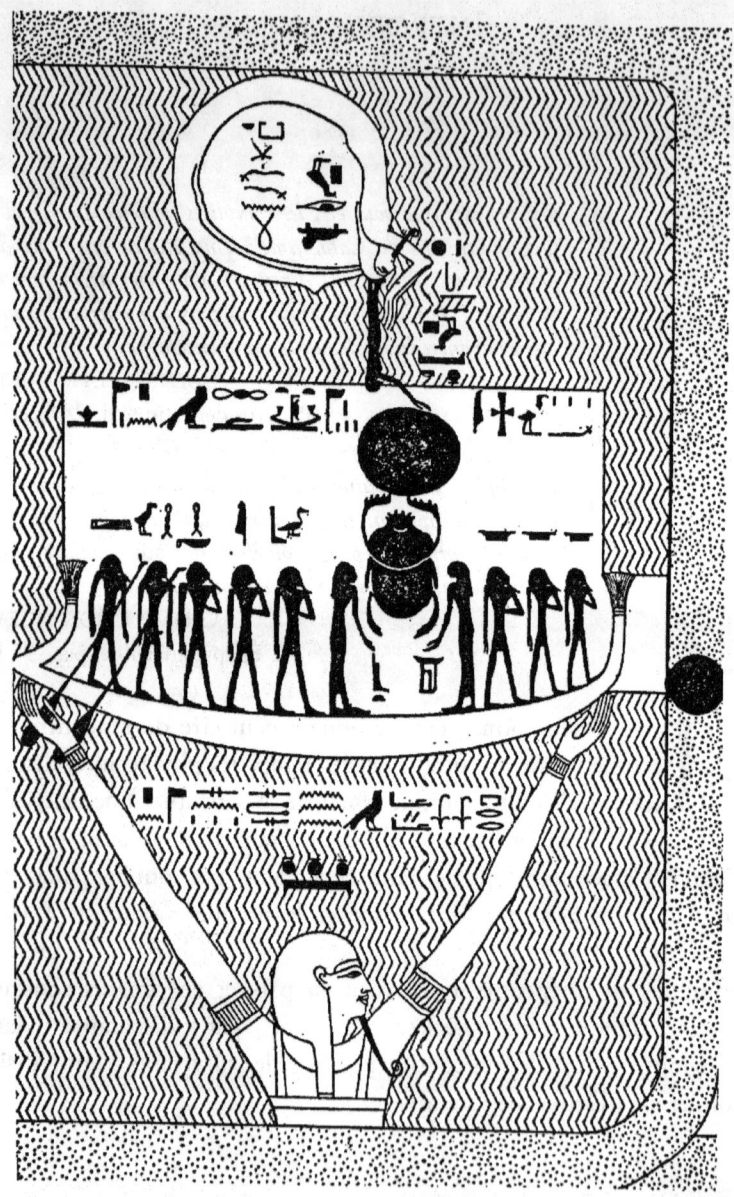

Louées soient-elles ces générations, issues des « Descendants, rescapés à Ahâ-Men-Ptah ! » « Livre de l'Au-delà de la Vie » (chapitre XVII - V. 47).

Mon propos est de narrer l'histoire du monothéisme depuis son origine, telle qu'elle est décrite dans les Textes Sacrés en hiéroglyphique. Car dans la nuit des âges, parmi les plus primitifs des hommes, une tribu « élue » fut instruite de la Loi Divine de la Création grâce à la naissance d'un « Aîné », l'Ahâ. Ce fut pour cette raison que tous les Rois des dynasties égyptiennes prirent le nom de *Pêr-Ahâ* (« Descendant-de-l'Aîné »), que les Grecs phonétisèrent en *Pharaon*. Ces Aînés savaient par conséquent qu'ils étaient l'image du Créateur, et qu'il était vital pour eux, les Créatures, de se fier pour vivre à la législation céleste. Une Alliance de chaque instant permit de faire régner l'Harmonie.

Mais l'incrédulité amenée par l'oubli et l'usure du temps finit par se transformer en inconscience, puis en impiété. L'Homme se prit lui-même pour Dieu et le réveil brutal survint avec une punition proportionnée au crime. Les rescapés se promirent d'éviter le renouvellement d'une telle abomination, et pour cela, ils en gravèrent tous les détails, de façon impérissable, dès qu'ils le purent. Il est ainsi possible aujourd'hui, après douze millénaires, de retracer les événements et l'épopée qui s'ensuivit, tant à la lumière des textes hiéroglyphiques, qu'en reprenant la signification des innombrables gravures rupestres qui jalonnent la route de cet exode. Du Maroc à l'Égypte, cette voie Sacrée étire son large ruban suivant une direction ouest-est bien précisée. Son aboutissement est le lieu où Ménès, le fondateur des dynasties pharaoniques, fit construire le premier temple à la gloire de Dieu, en remerciement de la bonne arrivée sur cette seconde terre, au bord du Nil. Les annales les plus antiques chantent les louanges du magnifique édifice religieux, dont le nom hiéroglyphique, « ATH-KA-PTAH », engloba ensuite la ville qui s'éleva autour, puis le pays tout entier. Ce patronyme, phonétisé par les Grecs en « AE-GUY-PTOS », et « ÉGYPTE » par les Français, est significatif dans sa précision : « DEUXIEME-CŒUR-DE-DIEU ».

L'avance, longue et pénible vers cette terre en quelque sorte promise, dura plusieurs millénaires et s'étendit sur des milliers de kilomètres. Cette période épuisante et tragique, défiant l'imagination contemporaine, s'appelle, dans les textes originels, « Le Grand Deuil ». Sa fin constitue la conclusion de ce second tome. La haine des deux clans fratricides issus de Seth et d'Horus, qui y confine à une bataille de Géants tant par le temps qu'elle englobe que par l'espace qu'elle recouvre, accrédita par la suite chez les Hellènes, une mythologie délirante qui transforma le monothéisme égyptien en une barbarie zoolâtre.

Tous les Pharaons vénèrent le symbole de l'enfantement a Isis sous le sycomore, en se faisant ainsi pénétrer eux-mêmes par l'Esprit-Saint. (Tel fut le cas de Ramsès II représenté ici pour son établissement comme « Fils de Dieu », éternellement.)

Cette « élite » grecque foula aux pieds sans complexe la spiritualité antique afin d'y substituer une certaine iconographie de laquelle il est cependant possible de faire la part affabulatoire. La personnification de ce comportement est sans conteste le pseudo-Plutarque. Ne comprenant rien aux Textes Sacrés, il se fit une gloire d'inventer des significations à ce qui lui restait incompréhensible.

Ainsi en fut-il de la très libre interprétation de l'histoire sainte d'Isis et d'Osiris, qui ne développe qu'obscénités et absurdités, accumulées dans le seul but de démontrer la supériorité de l'intelligence grecque. Et cela n'empêcha pas Plutarque d'être pris au sérieux par les érudits du monde entier, durant les deux millénaires qui suivirent, peut-être pour garder bonne conscience vis-à-vis des éthiques de leur temps, en s'évitant à eux-mêmes un abîme de questions sur le pourquoi des monumentales constructions élevées à la gloire d'un seul Dieu en des époques si reculées.

La prolifération de la hiéroglyphique sur ces édifices religieux ne fut pas la moindre des énigmes pour eux, surtout s'ils songeaient que durant le même temps, leurs ancêtres vivaient, eux, dans des cavernes enfumées, à peine vêtus de peaux de bêtes. Mais comment auraient-ils pu s'imaginer que cette écriture conservait la Connaissance ? La nouvelle combinaison hiéroglyphique ne fut faite que pour reproduire avec un maximum de facilités, mais aussi de protection, l'histoire originale de la Création. Le monothéisme, qui avait dirigé paisiblement la vie des Ancêtres en Ahâ-Men-Ptah, n'était plus qu'une illusion lorsque, afin de pré- server le reste de la Terre, dans son chagrin et sa colère, Dieu avait dû anéantir le continent que Platon appela l'Atlantide, et qui devint « Amenta », ou la « Terre des Bienheureux de l'Au-Delà ».

À l'engloutissement du « Cœur Aîné » lors de ce grand Cataclysme, inoubliable des rescapés, qui eut lieu le 27 juillet de l'an 9792 avant l'ère chrétienne, la position du « Second-Cœur » était déjà définie, sur une terre lointaine mais accessible. La certitude en est fournie en diverses salles du Temple de la Dame du Ciel, à Dendérah, par l'explication qui suit la gravure de la planisphère circulaire, près de la grande terrasse, et par le zodiaque rectangulaire de la salle hypostyle.

Ce fut la haine mortelle séparant les frères ennemis, les « Suivants d'Horus » et les « Rebelles de Seth », qui déclencha la condamnation de la race élue. En se disputant la suprématie du territoire, ils oublièrent l'un et l'autre leurs devoirs, favorisant ainsi le développement d'une idolâtrie barbare. C'est pourquoi le jour où la coupe de l'amertume déborda dans le ciel, les écluses célestes s'ouvrirent recouvrant Ahâ-Men-Ptah... Une immensité liquide recouvrit, comme un linceul, les dizaines de millions d'êtres humains qui avaient été favorisés du Créateur, avant d'en être si terriblement châtiés.

Pour les survivants hébétés qui accostèrent en catastrophe sur une autre terre, une crainte incommensurable en Dieu fut la première et la plus durable des réactions. Nul ne devrait plus se moquer du Tout-Puissant, que ce soit ouvertement ou au fond de son cœur. Les rescapés s'en remettaient ainsi à sa clémence tout d'abord, appelant ensuite sur eux par leur repentir une bienveillance nouvelle. Leur préoccupation essentielle, dès les premiers jours, fut de tenter de faire pardonner leurs fautes par une solide union entre le Ciel et la Terre. Ce serait une nouvelle Alliance entre Dieu et les hommes, qui serait cette fois indestructible malgré toutes les velléités postérieures, afin que la Paix Éternelle règne seule sur la Terre.

C'était une belle préoccupation philosophique et spi- rituelle, mais qui ne tenait pas compte d'un facteur étranger à l'âme humaine : l'oubli. Des dizaines de siècles après le Grand Cataclysme, un voile épais avait recouvert l'événement dans les consciences des générations montantes ! Et l'imagination des foules, dès ce moment, se chargea au cours des millénaires qui subirent, de transformer au gré des intelligences poétiques, la Vérité en « Mythes des Héros », puis en « Légendes allégoriques », avant d'aboutir aux « Contes Affabulatoires ». L'Histoire se répète sans cesse, et le monothéisme n'y échappa point.

Les périodes qui marquèrent successivement le plus ancien des peuples élus, en une prédestination constante pour un spectateur de notre temps qui médite avec assez de recul, se résument ainsi :

- L'Ère du « Descendant » : l'Ahâ ou l'Aîné. Sa progéniture régna le temps d'une longue dynastie divine, qui intégra la multitude naissante en un peuple dont la terre fut appelée l'Aîné-de-Dieu, *Ahâ-Men-Ptah* ;

- L'Ère des descendants des « demi-dieux ». Ce furent les fils d'Horus (Hor), et ceux de Seth (Sit). Ils guidèrent les rescapés de l'engloutissement, en tentant de s'anéantir l'un l'autre, vers le second pays qui leur était promis ;

- L'Ère des descendants appelés « Héros ». Ce furent ceux qui instituèrent l'unité gouvernementale du « Deuxième-Cœur-de-Dieu », *Ath-Ka-Ptah*. Ils prêchèrent pour le retour au monothéisme originel, et ils furent renversés par les idoles du clan ennemi ;

- L'Ère des seuls descendants humains. Ce furent les usurpateurs des Pêr-Ahâ. Les antiques pharaons d'essence divine cédèrent la place à des tyrans zoolâtres qui firent du bélier Ammon le nouveau dieu. Il préluda à la décadence et la perte de la civilisation dont plus rien ne subsista lors de l'invasion perse en 525 avant Jésus-Christ.

Ceux qui enseignèrent au cours de la première ère, en des temps si reculés qu'ils nous paraissent inconcevables, bénéficièrent indéniablement de ce qu'il est convenu d'appeler la Lumière. C'était la seule origine possible, et elle projetait la splendeur de ses milliers de facettes sur tous les « Cadets », y faisant pénétrer lumineusement la Sagesse.

Lorsqu'ils cédèrent la place aux premières familles humanisées, au moment et à l'emplacement prévu dans la grande spiraloïde de l'Espace allié au Temps, rien ne pouvait plus changer la Création, que le Créateur lui-même. Ainsi se perdit peu à peu tout contact avec le Souffle Divin qui engendrait les Ames. L'Homme se prit alors lui-même pour un dieu !... L'histoire de la naissance du monde, tant chantée par les Aînés d'Ahâ- Men-Ptah et si vénérée par les Prêtres, ne fut plus dès lors qu'un fait vanté ironiquement pour endormir les consciences peureuses. Et l'inconscience persuada les esprits forts qu'ils étaient les seuls maîtres de leurs destinées !

L'avancement de la civilisation, avec l'accroissement du bien-être qui en résulta, montre en tout illogisme son pouvoir destructeur impitoyable, et c'est avec cette donnée précise que la dualité entre le bien et le mal s'est instituée. L'Origine ne pouvait aboutir qu'à la destruction pour recommencer une nouvelle origine sous une autre forme afin de montrer et démontrer que l'Éternité n'appartient qu'à Dieu.

La période transitoire de la descendance d'Hor, qui assura le lien entre les Aînés d'Ahâ-Men Ptah et les Cadets d'Ath-Ka-Ptah, se passe ici de commentaires puisqu'elle sera suivie pas à pas tout au long des chapitres qui vont suivre. Elle a été aisément et fidèlement retracée, ayant été préservée de vive voix durant des générations et des générations, jusqu'à ce qu'il fût possible de la graver sur les murs des temples des premières dynasties égyptiennes. Encore plus tard les Grecs s'emparèrent des textes pour en faire des écrits affabulatoires et épiques propres à leur conception de vie. C'est dans ces légendes que furent transférés les dieux de l'Olympe, là qu'ils se querellèrent, se jalousèrent, commirent les pires exactions, contraires à la nature divine des Aînés. Il était donc bien normal que de cette conduite, strictement humaine et coupable, parviennent les bruits d'une arrivée destructrice.

Hésiode, Homère et Virgile, pour ne citer que ces poètes universellement connus et appréciés, se servirent amplement de récits entendus et déjà déformés lors de leur passage en Égypte, pour en faire de nouveaux thèmes « héroïques ». Le succès fut tel qu'il dure encore après deux mille ans avec juste raison. Nous savons tous que ces sujets ont été traités à leur façon afin de nous intéresser. Cela n'a pas été le cas de Plutarque, qui a intégré son « Isis et Osiris » dans ses *Œuvres Morales* (sic !).

Ce qui est fascinant, pour un chercheur, est de tenter de cerner la vérité derrière la narration de ces auteurs, l'origine des idoles qu'ils décrivent, et de les comparer, après avoir ôté le faible vernis d'authenticité, avec l'original encore gravé en hiéroglyphique. Les multiples aventures abominables retrouvent ainsi leur entité héréditaire, objet d'une vénération très lointaine mais unique : le Dieu Unique et Tout-Puissant Créateur, PTAH.

L'iconographie monumentale, à une échelle d'un gigantisme inimaginable, contre non seulement les hauts faits civilisateurs d'un passé méconnu très ancien, mais aussi les événements chronologiques qui perturbèrent et anéantirent pour finir ce peuple qui avait été « Aimé-de-Dieu ». Fidèlement reproduits lors de chacune des reconstructions d'un édifice religieux, au moment prévu par les Grands-Prêtres afin que le Temple reste dans l'axe bénéfique des « Combinaisons-Mathématiques-Divines » les mêmes hiéroglyphes composant les textes de la Langue Sacrée se retrouvèrent jusque sous les Ptolémées.

Il en fut ainsi pour le Temple de Dendérah. Ce fut Évergète II qui en ordonna la *sixième* reconstruction ! Ce qui a permis de relire toutes les annales antérieures, en utilisant celles gravées dans les 12 cryptes mises au jour ainsi que dans les escaliers intérieurs permettant d'accéder aux salles du sous-sol, aussi importantes en dimensions que celles du Temple supérieur de la Dame du Ciel.

Mais la signification Divine perdue et enfouie sous les sables du désert, ne fut même pas partiellement retrouvée. Les envahisseurs pacifiques hellènes qui s'implantèrent après le départ des Perses ne déterrèrent que des monuments gigantesques. Les hiéroglyphes illisibles furent faussement interprétés et conservèrent dans leur graphisme « abominable » la clé de la compréhension de l'Alliance conclue entre les hommes et Dieu. Les ravages causés par cette perte devinrent les promoteurs lents mais efficaces de l'oubli total de la teneur sacrée des Textes, même chez ceux qui avaient été chargés d'en perpétuer le Dogme.

Certains Temples, dégagés de leur enlisement progressif, se dressent à nouveau fièrement près des bords du Grand Fleuve ; mais leur symbolisme ne tient plus que dans des signes kabbalistiques, juste bons à inspirer des fables délirantes issues des esprits des voyageurs écrasés par la démesure évidente de ces masses remontant à une ère antérieure aux temps bibliques.

Les écritures « civilisées » ont surgi beaucoup plus tard, se développant du temps des Phéniciens, des Chaldéens et des Grecs. Ainsi d'autres récits mythologiques adaptés des traditions plus antiques ou purement inventés en partant des hiéroglyphes, supplantèrent les Textes Sacrés. Les Prêtres égyptiens apprirent donc, dès le vu• siècle avant l'ère chrétienne, les langages parlés outre-Nil afin de pallier l'oubli qu'eux-mêmes avaient de la Connaissance originelle.

Avec un certain humanisme humoristique, ces religieux intoxiquèrent ceux qui venaient les visiter, dans le seul but de leur soutirer des bribes de sciences qui soient monnayables. Ce fut pourquoi ils ne cédèrent pas à cette tentation, d'autant qu'eux-mêmes n'y connaissaient plus grand-chose. Et ces touristes rapaces ne purent que se contenter d'explications embrouillées, pour inventer une trame plus en accord avec la conception du monde qu'en avaient leurs contemporains. Ce qui donna pour résultat les fantasmes que nous connaissons.

Après quoi, siècle après siècle, d'interprétations faussées en juxtapositions erronées ; d'approximations bilitères tirées du copte en justifications par des similitudes hébraïques et arabes, il ne resta plus aucune tradition orale valable ou encore moins lisible, sur la Connaissance et la Sagesse. Et pourtant, lors du renouveau de la science égyptologique, la simple logique aurait dû démontrer que vouloir comprendre une langue morte depuis plusieurs millénaires à l'aide de lettres alphabétiques contemporaines serait la faire mourir une seconde fois.

Il n'empêche que la lecture de nos antiques narrateurs se révèle des plus instructives. Si l'on en croit Porphyre, Solin, Proclus, et tant d'autres « spécialistes » de cette époque de la renaissance scientifique, une image très bizarre nous est fournie de la cosmogonie égyptienne, qui pourtant était aussi précise que la nôtre peut l'être aujourd'hui.

L'exemple le plus frappant de cette sénilité de l'esprit, propre à tous les écrivains de retour des bords du Nil, était que « les Égyptiens plaçaient le lever de la Canicule comme ayant présidé à la création de la Terre, et à la formation des premiers êtres humains ».

Cette affabulation, aberrante pour nos intelligences, nous permet cependant de constater que la « Fixe », l'étoile *Sep ti,* que nous connaissons sous le nom de *Sirius,* dont les Grecs firent l'étoile Caniculaire ou *le Chien,* avait une réelle importance dans le système astronomique antique. En fait, chez les Égyptiens, Sirius déterminait le début d'une « Année de Dieu » qui durait 1 461 années de nos révolutions solaires annuelles.

Du fond des âges, depuis le plus lointain passé décrit, les Pontifes qui se succédèrent à la tête de la « Double-Maison-de-Vie » enseignant les « Mathématiques Divines » à Dendérah, les configurations célestes avec les combinaisons géométriques qui les harmonisaient, avaient pour repères de véritables *points fixes :* des points lumineux dans l'espace, qui avaient des propriétés très particulières. Et Sirius fut l'un d'eux.

Même de nos jours, il est aisé de s'y retrouver dans les représentations célestes gravées ici ou là depuis plusieurs millénaires, et surtout de les dater avec une grande précision, grâce au recul précessionnel de la Terre dans l'Espace. Chaque « Fixe : » possède un jour qui lui est spécifiquement mathématique par rapport à un observateur humain placé sur notre sol. C'est celui où elle apparaît dans le ciel nocturne *avant* le Soleil, c'est-à-dire lorsqu'elle brille dans toute sa splendeur *avant* que ne vienne le jour, à l'aurore, dans l'horizon oriental. C'est ce phénomène que les astronomes dénomment le *lever héliaque d'une étoile*.

Or Sirius était la « Fixe » par excellence, dès le règne des Pêr-Ahâ, bien loin de L'Égypte. Ces Ancêtres avaient observé l'anomalie de cette étoile qui en faisait un signe divin d'utilisation dans les différentes divisions devant rythmer l'écoulement du Temps. Après l'avoir minutieusement observée et noté toutes ses caractéristiques particulières, ils y avaient ajouté des qualifications que l'expérience avait confirmées. Leurs lointains descendants, après s'être aperçus que la direction opposée prise par les « Combinaisons-Mathématiques » ne faisait en rien dévier le déroulement des jours, ni leur signification, avaient alors décidé de rétablir le calendrier vrai en partant de cette année voulue par Dieu, de telle manière qu'il faille suivre les directives très scrupuleusement. Ainsi renaquit, lors de l'avènement d'Athothis, le fils de Ménès, en l'an 4241 avant la naissance du Christ, le calendrier sothiaque, celui de Sep'ti l'« Étoile-Guide ».

Comme ce sujet sera traité en détail dans le prochain volume, qui sera consacré uniquement à l'histoire des Temples de Dendérah ainsi qu'à leurs « Combinaisons-Mathématiques-Divines », il est inutile de commencer ici le processus explicatif des mouvements célestes et de leurs rapports avec notre humanité. Mais l'Exode décidé par les Ainés survivants d'Ahâ-Men-Ptah, vers Ath-Ka-Ptah, propice au développement d'une seconde Alliance promise par Dieu à un moment bénéfique des configurations des « Fixes », était bel et bien inscrit dans le ciel futur à une date calculable à l'avance. Tout comme l'endroit où devait se trouver cette seconde patrie, le « Deuxième-Cœur », en parfaite harmonie avec le Ciel.

Voilà donc pourquoi, durant ces millénaires, le chemin suivi par chacun des deux clans ennemis, avec toutes ses étapes ainsi que leur durée, fut méticuleusement calculé et ordonné dans le Temps depuis la côte marocaine jusqu'à l'emplacement idéalement déterminé pour être le « Second-Cœur de Dieu ». Que ce soit les « Suivants d'Hor », ou les « Rebelles de Sit », cette descendance d'une même ethnie originelle resta liée dans des recherches parallèles d'un accord cosmique.

Il y a cependant un fait remarquable qu'il est possible de comprendre ici, et qui ne peut pas être le fait d'une simple coïncidence. À partir du Maroc et durant les milliers de kilomètres que parcourut la multitude jusqu'aux abords du Nil, l'épopée harassante, qui dura des millénaires, eut lieu *toujours sous la même latitude*. Elle était déjà celle sous laquelle s'élevait le premier observatoire des combinaisons célestes à Ath-Mer, la capitale du continent englouti, et elle fut exactement celle sous laquelle s'éleva celui de Dendérah : la ligne imaginaire que nous appelons aujourd'hui *Tropique du Cancer*.

Il n'y a aucun doute que l'étoile-repère servant de point fixe pour assurer la route fut Sep'ti. Dendérah en fut l'aboutissement, et les Prêtres surent là qu'ils étaient parvenus enfin au bout de leur chemin expiatoire. En effet, le Nil effectue à cet endroit, le seul sur un long cours, une énorme boucle qui laissait une grande vallée fertile disponible avant de se fermer par une longue chaîne de monts d'un côté, et le désert sur l'autre rive du fleuve.

Il ne restait plus à Sep'ti qu'à recommencer à égrener les battements du Temps par un calendrier qui réglementerait le temps des hommes. Le ciel serait ainsi uni à la terre, ce serait l'« Année de Dieu ». Ce ne fut que près de 5 000 ans plus tard que les Grecs se targuèrent d'inventer l'astronomie. Ils furent surpris par cette étoile de première grandeur, très brillante qui les narguait avec une connivence évidente avec les Grands-Prêtres, en pointant délibérément à l'heure indiquée et à l'endroit prévu, tout comme beaucoup d'autres à divers moments, ce qui impliquait une connaissance parfaite de leurs mouvements dans le ciel. Mais les Égyptiens basant un certain cycle sur Sirius, les voyageurs hellènes firent de cette « Fixe » un chien de garde vigilant et très obéissant, surveillant en plus le mouvement des crues, qui inspirait un grand respect.

La longueur de ce temps rythmique dépassant leur entendement, ne leur permit pas de délimiter clairement les supputations émanant des calculs complexes de leurs antiques prédécesseurs sur terre. Le retour cyclique d'un lever héliaque très précisément défini ne s'effectuant qu'après 1 460 années solaires, soit au début de *la 1 461ᵉ révolution annuelle* de notre astre de feu.

Les plus antiques Pêr-Ahâ avaient déjà relevé que Sep'ti, donc Sirius, se levait héliaquement au début de la crue, *avec six heures de retard* par rapport à l'année précédente. Au bout de quatre ans, il convenait par conséquent, de reculer d'un jour le décompte du temps. Ce qui, mathématiquement, revient à dire que vingt-quatre heures étaient ajoutées tous les quatre ans afin que l'harmonie entre le Ciel et la Terre ne subisse aucune perturbation. Soit un complexe d'année bissextile sans utilisation du Soleil comme décompte du Temps.

Cette année sothiaque dite « Année de Dieu » comprenait 365 cycles de quatre ans plus un jour, soit 1 460 années héliaques de Sirius ou 1 461 années héliaques solaires. Il y avait donc, pour chaque retour cyclique, un lever conjoint des deux astres, conjonction astrale qui était le signe divin d'un éternel recommencement harmonique céleste de l'Alliance acceptée par Dieu.

Un mixage de plusieurs légendes, consécutives à ces calculs, de beaucoup postérieures à ces antiques événements, associa Sirius à Thot, « inventeur du calendrier ». Thot est l'abréviation d'Athothis, le fils de Ménès, qui, en 4241 avant notre ère, rétablit le calendrier sothiaque, le jour même de la conjonction Soleil-Sirius, soit le 27 juillet de ce temps-là.

À cette heure mémorable rétablissant toutes les institutions d'une Égypte réunifiée, commença la crue du Nil, qui inonda de limon fertile toutes les terres cultivables. Tout le temps que cela dura, Sirius fut bien visible ; après quoi cette étoile cessa d'apparaître jusqu'au prochain début de Thot. C'est pourquoi les Grecs ne retinrent de ces faits que l'image d'un point brillant dans le ciel, « Fixe », veillant fidèlement tel un chien, d'où *canis* et caniculaire qui devint synonyme de torride pour notre mois d'août qui était le Thot de ce temps-là.

Les « mythologues » émules de Plutarque, qui avaient vu également partout sur les murs des temples et des tombeaux la représentation d'un énorme chien noir aux oreilles fièrement dressées et aux yeux grands ouverts, ne s'en tinrent pas aux explications qui leur étaient données, à savoir qu'il était le compagnon d'Anepou ; ils préférèrent en faire la figuration terrestre de Sirius, qu'ils appelèrent Anubis. D'où la complexité des fables inventées, Sirius devenant ainsi la gardienne de l'Au- Delà, et la « Fixe » unificatrice de la Mort à la Vie, par-delà l'éther.

Il sera fort question d'Anepou dans ce livre, tout comme de son fidèle chien noir qui était bien loin de « rôder dans les cimetières » comme le prétendait notre imaginatif Plutarque. Il avait été un fidèle protecteur et ami pour ce Grand-Prêtre qui réinventa les principes de la momification des corps, favorisant ainsi le passage des Âmes quittant leurs enveloppes charnelles pour se rendre dans le « Royaume des Bienheureux ». Chacun pourra par la suite juger sur pièces, de cette affabulation née des esprits forts de ceux qu'il est convenu d'appeler les écrivains de l'Antiquité qui est la nôtre.

L'année de Sirius, par sa durée astronomique, permit une ascendance constamment planifiée dans le temps, pour les premiers rescapés. Ils devinrent ainsi une multitude et parvinrent, au bout de leurs peines, aux abords du territoire promis, et qui serait le Deuxième-Cœur. Les moindres gestes de ces errants furent pensés et préparés, ainsi que le profil et la longueur de chaque étape de cet épuisant Exode, qui put suivre ainsi fidèlement le déroulement des « Combinaisons-Mathématiques » célestes grâce au point « fixe » de l'étoile « du Chien ».

Car cette étoile de première grandeur n'avait, quant à elle, subi aucune des perturbations ressenties par la Terre. Sa navigation céleste exceptionnelle ne s'était nullement ressentie du Grand Cataclysme, ce que les Grands-Prêtres des premiers jours du renouveau avaient parfaitement reconnu. Ils considérèrent cela comme le signe Divin évident d'un apaisement qui préludait au pardon accordé aux survivants.

Le planisphère de Dendérah retrouve de cette manière sa signification très claire et primordiale au travers des six reconstructions successives. Car elles ne font aucun doute malgré le scepticisme affiché par certains. De nombreux écrits antiques les attestent. Du temps du roi Khoufou, le fameux Khéops des Grecs, de la IVe dynastie donc, un écrit du Scribe royal l'assure. Conservé au Musée de Boulaq, en Égypte, le papyrus dit : « Le Temple de la Dame du Ciel, de Tentyris, (Dendérah) devra être rénové par ordre de Sa Majesté Khoufou, à la Voix Juste. Ce sera la troisième reconstruction ; elle se fera suivant les plans primitifs très antiques des « Suivants d'Hor », qui sont dessinés sur peaux de gazelle et que nous conservons dans la Salle des Archives. »

Il est formellement établi que l'origine des temples de Dendérah se perd dans la nuit des temps prédynastiques, même s'il est exact que la dernière reconstruction ne remonte qu'au règne d'un Ptolémée du IIe siècle avant notre ère. En explorant les multiples excavations déjà mises au jour dans les soubassements, ainsi que dans les douze cryptes souterraines, il est aisé de vérifier que les gravures, identiques *jusque dans leurs moindres détails,* diffèrent cependant très nettement dans le style des reproductions sur la pierre. Plus on s'enfonce sous terre dans les salles les plus anciennes, plus la facture du travail d'ensemble se fait plus grossier. Cela est compréhensible si l'on admet que les outils qui étaient employés ne dépassaient pas un stade rudimentaire.

Il en allait de même pour ce zodiaque qui indiquait la date exacte du Grand Cataclysme, par la position des « Fixes » et des constellations qui s'y trouvaient reproduites, identique dans tous ses traits à la première gravure originale. Sur cette « carte du ciel », le Lion mène la cohorte des « Douze », debout sur sa barque et déroulant la spirale de la Création en son éternel mouvement tourbillonnaire. Il dirige ainsi les diverses « Combinaisons-Mathématiques » grâce au Souffle pulsé sur la Terre par Dieu lui-même. La route, toute nouvelle, en ce jour précis qui commençait un nouveau cycle, était à l'opposé de celle qui l'avait précédée, comme cela est démontré par un second lion, placé en dessous, assis, qui tourne sa tête vers l'horizon occidental et qui pose ses pattes de devant sur le hiéroglyphe qui signifie « Déluge ».

Cette imagerie finement gravée n'a presque pas besoin d'être expliquée pour être comprise, car elle précise bien l'événement catastrophique qui bouleversa à jamais l'histoire d'un peuple qui se croyait élu. Puni pour leur impiété, leur sauvagerie et leur inconscience, les hommes survivants voulurent en conserver un souvenir impérissable afin que leurs descendants s'en souviennent et ne recommencent pas une telle forfaiture.

C'est grâce à cette précaution qu'il a été loisible d'effectuer notre recherche contemporaine avec l'aide d'un ordinateur. La programmation précise des données astronomiques et mathématiques nécessaires à l'obtention du résultat, a fait tomber sèchement une date, imprimée sur un terminal à bandes : 27 juillet 11 767, soit en l'an 9792 avant notre ère.

Cette date représente, sans aucune erreur possible, celle d'un terrible fléau. Sur le plafond de la salle d'initiation où il est gravé, ce planisphère est, sur deux de ses côtés, entouré de six lignes brisées, formant une sorte d'onde en furie, figuration hiéroglyphique d'un super-déluge : le Grand Cataclysme ayant englouti Ahâ-Men-Ptah.

De prime abord, cela est trop fantastique, pour sembler véridique. Notre esprit étroit se défend contre la possibilité d'une telle résurgence. Et pourtant depuis Solon et Platon, les écrits ne manquent point pour assurer de cette réalité tout autant que la Sagesse émanant de ce peuple. Or, d'où pouvait provenir la

Connaissance des habitants établis sur les bords du Nil au temps de Ménès ?

Même Plutarque, qui était témoin oculaire, fut plein de respect envers les possesseurs de sciences qu'il considérait comme inexplicables humainement. Tel ce passage explicatif : « Les Égyptiens mesuraient par exemple la hauteur du pôle avec une tablette en forme de tuile, qui formait un angle droit avec un plan-niveau[2]. De cette description, il est facile de reconnaître un type de cadran équinoxial en usage en Thébaïde encore au IIe millénaire avant Jésus-Christ.

Ce qu'il convient d'admettre, c'est qu'un tel instrument ne peut pas être né ainsi, tout de go. Il n'a surgi qu'à la suite logique d'une connaissance de l'obliquité de l'écliptique, et ce depuis assez longtemps pour en maîtriser la courbure à l'aide d'appareils de mesure spécialement étudiés pour cela.

Qui oserait prétendre qu'un tel peuple capable de se doter de tels instruments à domestiquer l'espace, et d'orienter ses premiers édifices religieux avec une rigoureuse précision, n'ait pas été à même de décrire et de reproduire avec exactitude l'état du ciel pour un jour donné dans leur temps ?

Mais alors, Anaximandre ? Anaximène ? Thalès ?... Est-ce dire que ces « savants » n'auraient rien inventé ? Clément d'Alexandrie, qui savait bien de quoi il parlait, connaissant parfaitement le contenu des archives de sa ville, constatait mélancoliquement dans ses *Stromates* : « S'il fallait que je cite ici tous les plagiats et tout le Savoir que les Grecs ont emprunté aux Égyptiens, tout le contenu de ce livre ne suffirait pas pour écrire les noms de leurs auteurs ! »

Une chose est également certaine, sans pour cela remonter aux calendes... égyptiennes, c'est que le fameux cadran solaire, dont

---

[2] « Des oracles qui ont cessé », chap. 3.

l'invention est attribuée à Anaximandre par Diogène Laërce, et à Anaximène par Pline le Jeune, existait déjà bien avant la naissance de ces deux soi-disant inventeurs. En effet, si les cadrans solaires florissaient à Millet durant le VIe siècle avant notre ère, un texte plus vieux de cent cinquante ans nous apprend que leur existence était encore bien antérieure.

Dans l'Ancien Testament, en effet, on trouve (Isaïe, chap. XXXVIII, verset 8) : « Voici pour toi, de la part de Yahvé, le signe que Yahvé exécutera cette parole qu'il a dite : Je vais faire reculer de dix degrés sur les marches d'Achaz, l'ombre que le Soleil y fait descendre. Et sur le cadran d'Achaz, le Soleil recula de dix degrés sur les marches qu'il avait descendues. »

Ce passage significatif mentionne un roi de Juda, Achaz, qui gouverna de 736 à 716 avant Jésus-Christ, temps durant lequel il fit construire un cadran à degrés déjà en usage auparavant en Égypte. Ce cadran indiquait l'écoulement du temps au moyen de la longueur variable de l'ombre projetée par une tige sur des marches délimitées à cet effet par des calculs précis. Cela pour ne citer qu'une catégorie de cadrans utilisés deux cents ans avant leur invention par des « savants » hellènes.

Lorsque l'on se rappelle en outre que, dans leur philosophie respective, Anaximandre inculquait à ses élèves que la Terre était plate, et Anaximène que le ciel était en pierre, il ne reste aucun commentaire à ajouter sur la science de ces « génies » ! Que dire de leurs compatriotes « érudits » ?

Leurs chefs de file furent Eudoxe et Ératosthène. Leur position est aussi inconfortable. Ces plagiaires impénitents connaissaient, de plus, fort mal le sujet qu'ils divulguèrent à leur retour en Grèce. Leurs « découvertes » astronomiques seront plus longuement expliquées dans le chapitre consacré aux « Combinaisons », c'est pourquoi il convient de s'y reporter, pour ceux qui veulent en avoir dès à présent les preuves flagrantes.

Par contre, méditons un instant les paroles d'un lettré ayant voyagé dans ce pays grandiose, un peu plus tard que les philosophes hellènes. Son séjour dans le Temple de Saïs, prôné quelques siècles auparavant par Platon, lui ouvrit un abîme de réflexions sur l'intelligence de ceux qui l'accueillirent. Aussi, après avoir contemplé la masse des archives accumulées dans des souterrains aménagés de l'édifice, Martianus Capella, car c'est de lui qu'il s'agit[3], écrivit :

> « Il fallait voir quel livres, combien de volumes, et combien de langages les recouvraient, conservaient les produits de ces savants Prêtres ! Les uns paraissaient écrits sur des lames de papyrus frottées avec du cèdre ; d'autres étaient faits de toile de lin repliée sur elle-même. Il y avait aussi beaucoup de volumes en peaux de brebis parfaitement conservés. Quelques autres, en petit nombre, étaient des écrits effectués sur des feuilles de tilleul, et d'autres encore avaient la coloration d'un noir religieux, dont les lettres représentant l'effigie d'animaux, semblaient accaparer votre âme. »

Quelque faibles qu'apparaissent mes connaissances de cette hiéroglyphique des premiers temps en Ahâ-Men-Ptah, les nombreux textes compilés dans plusieurs bibliothèques européennes, ainsi que dans certains monastères d'Égypte et du Sinaï, ont fini par tisser sur une trame solide un faisceau de renseignements des plus logiques, où la Logique trouvait son compte en toute quiétude. Notamment en ce qui concerne la compréhension des « Combinaisons-Mathématiques-Divines », qui se camouflait sous ces fameux anaglyphes hiéroglyphiques dont parlait déjà Clément d'Alexandrie. Champollion ne fit que frôler le rébus en dénommant cette écriture celle des « Combinaisons méditées ».

---

[3] *De Nuptiis philologiae et Mercurii*, liv. II, p. 35.

Peut-être la bibliothèque du Centre Culturel des Fontaines[4] qui m'a accueilli pour la mise au point de mes notes et la conclusion de mes recherches, fut-elle pour une grande part dans l'obtention des résultats. Sur les quelque 650 000 volumes regroupés dans cet antre du Savoir, plus de 2 000 sont consacrés à la seule étude de l'Histoire pharaonique et de ses développements (de tels livres sont rares aujourd'hui). Parmi ces ouvrages, 114 concernent la grammaire et le système hiéroglyphique.

De toutes ces interprétations fort érudites, émerge une conclusion même pour le néophyte : aucun accord n'existe sur les données de base servant aux traductions, pas le moindre fil conducteur pour normaliser une compréhension réelle de la Langue Sacrée, la hiéroglyphique.

Tout montre, et démontre, qu'elle est restée lettre morte, les égyptologues s'entre-déchirant violemment à ce sujet depuis les essais champollionesques de lecture de la fameuse pierre trilingue de Rosette. Comme on le sait, ce fut la découverte de cette pierre par des soldats du génie de l'armée de Bonaparte qui déclencha chez les chercheurs français un « mécanisme » de traduction. La matière grise de Champollion résonna fortement devant les hiéroglyphes gravés dans ce qu'il est dénommé populairement des « cartouches », car il avait compris qu'il s'agissait des patronymes d'empereurs romains écrits *phonétiquement,* mais dans la langue des Ramsès. Nous lui laisserons la paternité de cette idée, notre but n'étant pas de recommencer la polémique à ce sujet, le docteur Young, un Anglais, étant arrivé aux mêmes conclusions douze années auparavant. Ne soyons pas aussi perfide, et admettons qu'il n'ait point eu vent de cet aboutissement préférentiel, d'autant que bien des lectures de signes se révélèrent aussi inadmissibles.

---

[4] Ce Centre, dirigé par les Jésuites, se trouve près de Chantilly, dans l'Oise. Tous les chercheurs y sont accueillis avec bienveillance.

Notre savant égyptologue était mort peu de mois après, et les deux « savants » assemblés dans la même controverse avaient été la risée de bien des érudits qui nièrent conjointement toute valeur à ce système de compréhension aberrant. À leur décharge j'ajouterais cependant qu'en 1830, l'horizon chronologique de l'Histoire des Peuples était singulièrement rétréci. L'Histoire Sainte, qui ne pouvait être contredite sous peine d'ex-communication hérésiaque, ne faisait remonter le premier homme qu'au Ve millénaire avant notre ère !

Cela n'empêcha nullement nombre de savants de faire des trouvailles très précieuses qui leur permirent une certaine approche pour une lecture correcte. En 1869, le vicomte de Rongé écrivit dans son *Étude sur l'écriture égyptienne* : « Par une conception qui tient sans doute à quelque raison mystique, certains des textes sont écrits dans un système que l'on peut qualifier de « rétrograde » groupe par groupe, car pour les lire, il faut les prendre dans l'ordre inverse de celui qu'indiquerait la disposition des caractères. »

Cette lecture, opposée à la nôtre, est une des notions fondamentales de la Langue Sacrée. Lorsque les phrases ont un double sens, certaines parties se lisent de droite à gauche, et d'autres de gauche à droite. L'actuelle phonétisation est par ailleurs trop hasardeuse pour s'y fier. Il est, pour le moins, aventureux de vouloir faire concorder une *appellation* phonétisée de caractères ayant un sens précisément défini, avec une *épellation* même hiéroglyphisée, de mots ne signifiant que des noms propres d'empereurs inconnus sous quelque forme que ce soit des Ancêtres. C'est comme si l'on voulait écrire « fusée spatiale » en latin, il faudrait aujourd'hui inventer des mots spéciaux *approchants* dont la phonétique n'aurait rien de commun avec leur signification primaire.

L'exemple typique est celui que j'ai demandé à un latiniste distingué et qui concerne la traduction de « pommes-frites » terme qui n'existait pas du temps du Christ puisque cette « racine » n'était d'aucun menu.

Après mûre réflexion, cet érudit chercheur m'a donné l'interprétation suivante : « *Solana Tuberosa ex oleo fricta.* » C'est en somme comme si, dans quelques millénaires, il était demandé à un traducteur de transcrire un texte d'Ovide, ou de Jules Verne, dans le langage argotique cher à San Antonio et qui malheureusement s'introduit partout.

En tout état de cause, ce fut à un travail similaire que se livrèrent les Scribes pour le décret figurant sur la pierre de Rosette. Bérénice et Ptolémée n'avaient aucune concordance phonétique parmi les hiéroglyphes en usage sous les premières dynasties, ni même avec la compréhension des signes telle qu'elle existait à partir du règne des rois Hyksos.

Il ne m'appartient sans doute pas de m'ériger en juge, arrivant le dernier dans cette discipline extrêmement intéressante, ni de livrer des combats stériles afin de justifier tel ou tel propos avancé, par une critique systématique de ce que des hommes plus compétents ont interprété suivant leurs conceptions des Textes égyptiens par rapport à la toute-puissante théologie chrétienne de notre temps.

Ces savants consacrèrent leur vie entière à des recherches dont je n'ai pas, je l'avoue sans fausse honte, une grande habitude. Par contre, j'en ai effectué d'autres, mathématiques, astronomiques, fondées sur une analyse logique de toutes les données chronologiquement classées, puis méthodiquement mémorisées. J'ai pu, de cette façon, regrouper certaines formulations apportant des réponses formelles quant à la construction arithmétique dans les progressions des « Combinaisons-Mathématiques-Divines » cachées au sein de textes anaglyphiques. L'algèbre, ainsi que la géométrie et l'utilisation des systèmes fractionnels concernant l'astronomie achevèrent de restituer le processus lui-même. Les règles strictes qui le précisent ne souffrent aucune discussion, puisqu'elles définissent en fin de compte la loi cachée sous une apparente complication.

Le plus loyalement possible, et le plus simplement, je demande à tous les égyptologues, d'envisager la possibilité d'une traduction intégrale de la Connaissance, qui bien évidemment est fort loin de l'interprétation abusive faite des écrits de la Langue Sacrée. Il serait temps d'en revenir à la Création première de la Tradition transmise par initiation dans les « Maisons-de-Vie » à la suite d'un enseignement sévère.

Ce serait le meilleur moyen de s'échapper de ce goulet d'où n'a encore jailli qu'une affabulation mythologique hellénisée, faisant peu de cas de cette intelligence antique transmise par Dieu à sa progéniture élue, et qui fut capable d'édifier ces monuments prodigieux qui défient le temps et notre imagination, tout autant que nos consciences.

Il convient de reprendre le cheminement spirituel qui ramena cette écriture hiéroglyphique dans un contexte connu, plus mathématique que grammatical, et plus logique que littéral. C'est la seule approche pour restituer une complète compréhension du monothéisme qui était en usage dès la plus lointaine Antiquité chez ce peuple originel d'essence divine. La bataille des deux clans qui suivit trancha la dissociation très nette entre le bien et le mal dès l'accomplissement du Grand Cataclysme. La lutte titanesque qui continua parmi les rescapés pendant l'Exode, durant des millénaires sur des milliers de kilomètres de distance, n'en fut que la continuation.

Génération après génération, siècle après siècle, les différences entre la vraie et la fausse divinité s'amplifièrent jusqu'à l'arrivée en Ath-Ka-Ptah, où elle prit fin par la force des choses. Entre-temps, les deux populations suivirent des chemins parallèles, essaimant sur les territoires traversés, se rencontrant par hasard et se battant alors violemment entre eux. L'histoire de ces factions fratricides subit ainsi bien des transformations. Chez les « Rebelles de Sit », il ne subsista plus grand-chose de Dieu, tandis qu'encore sous Ménès, le successeur des « Suivants d'Hor », il garda toujours sa prédominance, conservant la tradition craintive de la rupture de la nouvelle Alliance entre le Ciel et la Terre, si les plateaux de la balance céleste pesant les âmes penchaient du mauvais côté !

La plus grande indulgence est donc réclamée par l'auteur qui, avec toute sa bonne volonté, s'adresse à ses semblables par cet écrit qui comprendra encore d'autres tomes, et où bien des points encore obscurs n'apparaîtront aux spécialistes que comme les balbutiements d'un novice. Il est cependant bon, parfois, de ne point se prévaloir d'études conformes à la discipline choisie et traditionnellement conformes aux recherches. Cela peut permettre d'ouvrir une voie nouvelle non orthodoxe, où les critiques sont évidemment possibles, bien qu'elles n'amènent alors que des contestations stériles.

Il ne s'agit nullement de faire œuvre d'historien ou d'écrivain en reniant ou en déniant toute signification aux travaux de savants éminents, connus par leurs brillantes hypothèses sur l'Antiquité pharaonique, mais de demander à ces mêmes personnalités d'étudier à leur tour cette conception différente du Créateur et de la succession des Pêr-Ahâ.

Ayant déchiffré, ou plutôt défriché, la compréhension secrète des textes ancestraux grâce à la recherche mathématique des anaglyphes, je leur laisse bien volontiers ouvert ce seul accès logique à la lecture traditionnelle des signes hiéroglyphiques.

Car ce langage des premiers temps, perdu totalement mais reconstituable, est celui qui a toujours rebuté les spécialistes. Depuis l'engloutissement du continent d'Ahâ-Men-Ptah, la survivance traditionnelle n'a pu se pratiquer que par une mémorisation orale intensive, sans cesse entretenue, jusqu'à l'arrivée en Ath-Ka-Ptah, des siècles et des siècles plus tard.

Les gravures rupestres peintes et taillées sur les roches, tout au long de la voie parcourue, et qui s'étalaient de la côte ouest-africaine jusqu'aux rives du Grand Fleuve, le Nil, plusieurs milliers de kilomètres à l'est, rappelèrent avec une constance unique, l'époque tragique des millénaires vécus depuis le Grand Cataclysme, plus connue sous le nom de période du Grand Deuil. Ces dessins justifiaient l'Espérance des rescapés en une Terre promise depuis tant de générations par les Aînés successifs, au nom de Dieu.

Durant ce long temps, et jusqu'à la Ière dynastie, une écriture adaptée aux nouveaux besoins spirituels fut reconstituée de toutes pièces, d'après la langue primitive, prête à être restituée le moment venu, lors du rétablissement du calendrier, et par conséquent de l'ordre harmonique unissant le Ciel à la Terre.

La civilisation pharaonique survécut ainsi aux nombreux aléas, sa tradition étant un rappel incessant et souverain pour les cerveaux humains défaillants. La hiéroglyphique devint ainsi l'élément protecteur de la Loi du Créateur, tout autant que la préservatrice des Textes Sacrés, seuls capables d'assurer la bonne éthique de l'humanité en marche vers l'éternité de l'Au-Delà de la Vie terrestre, accessible uniquement aux élus du « Deuxième-Cœur » n'ayant commis aucun péché.

Mais l'oubli survint à nouveau, favorisé par les usurpateurs, et forcé par les envahisseurs ! La décadence, provoquée par paliers successifs, effaça définitivement ce peuple élu, « Aimé-de-Dieu », lorsque Cambyse, à la tête des armées de la Perse, en 525 avant Christ, pratiqua le premier génocide connu d'un peuple. Et Ath-Ka-Ptah, le « Deuxième-Cœur-de-Dieu », disparut une nouvelle fois...

Chapitre Premier

TA MANA !
(Lieu-du-soleil-couchant)

> *Lorsque Ifrikios eut vu ce peuple de race étrangère, et qu'il l eut entendu parler un langage dont les variétés frappèrent ses oreilles, il céda à l étonnement, et s écria : « Quelle berbera est la leur ! » Aussi furent-ils nommés « Berbères », à cause de cela, car en arabe, berbère signifie un mélange de cris inintelligibles !*
>
> Ibn Khaldoun
> (Histoire des Berbères)

> *Du renaissant Univers voici les premiers jours ;*
> *Les siècles écoulés recommencent leurs cours ;*
> *Déjà revient Thémis, et Saturne avec elle,*
> *Du haut des cieux descend une race nouvelle.*
>
> Virgile
> (Églogue IV)

Le premier livre de cette narration, partant de l'Origine de toutes choses et de tous êtres vivants, s'est achevé par le gigantesque bouleversement produit par la colère de Dieu, contraint de démontrer sa toute-puissance de Créateur pour ramener une harmonie disparue sur la Terre, où l'humanité oublieuse de ses devoirs mettait en danger la planète tout entière en tant que telle.

Malgré les avertissements nombreux des Prêtres, et les signes célestes précurseurs, le continent Ahâ-Men-Ptah fut détruit le jour prévu, en une suite de tremblements de terre, avant d'être totalement englouti par un énorme raz de marée. Ainsi disparut ce fameux territoire édénique, que Platon immortalisa à la suite de son ancêtre Solon le Sage, sous le nom légendaire d'ATLANTIDE.

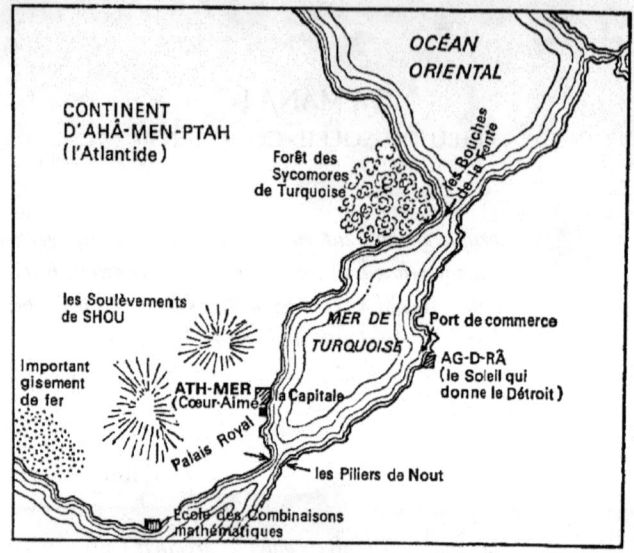

Continent a Ahâ-Men-Ptah (l Atlantide).

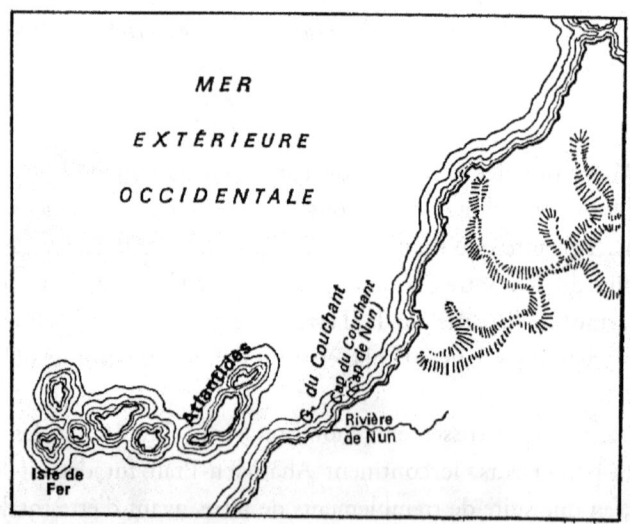

Pour les recherches sur les côtes occidentales de l Afrique de Ptolémée, et sur les îles connues par les Anciens dans l océan Atlantique.

Les rescapés de ce Grand Cataclysme et leurs descendants, s'en retransmettaient craintivement, génération après génération, l'histoire hallucinante. Après bien des millénaires, elle relatait toujours l'effroyable catastrophe en des textes significatifs, et de plus en plus légendaires et mythologiques.

Cette frayeur sans pareille qui déferla en cris de désespoir dans les Annales est relatée dans ses moindres rebondissements, afin que nul ne l'ignore, sur les murs des premiers temples égyptiens. Cette Terre promise, devenue le lieu d'accueil et de paix des descendants des rescapés, en subit néanmoins, durant toute son ère pharaonique, les soubresauts et les contrecoups. Son nom même, celui que lui donna son premier Roi, Ménès, est significatif : Ath-Ka-Ptah ou « Deuxième-Cœur-de-Dieu », qui est une sorte d'imploration en conjuration du mauvais sort.

Chacune des convulsions de la croûte terrestre, dans un pays voisin, ramenait un regain de foi extraordinaire chez ce peuple que la crainte inspirait alors, et qui portait à sa tête un nouveau « Pêr-Ahâ », devenu « Pharaon », ou « Fils Divin », qui rapprochait les liens distendus de l'Alliance avec Dieu par des constructions grandioses et des offrandes à la même échelle dédiées au Créateur... et le séisme passait loin des créatures de l'Éternel !

Ces bouleversements coïncidaient avec le départ d'une nouvelle dynastie vers son apogée religieuse. Bérose, un prêtre de la Chaldée, trois siècles avant Christ, conte la vieille tradition d'*Idzubar-Gilgem*, qui fait état, avec force détails terrifiants, d'un déluge survenu au temps d'Abraham, et dont le texte original était conservé dans la bibliothèque d'Erech, cette fameuse cité chaldéenne qui avait eu des rapports étroits avec les savants prêtres égyptiens qui la fréquentaient en ce temps-là. Le peuple des élus était donc parfaitement au courant de ce cataclysme comme des autres, et la peur d'un châtiment identique, devant le polythéisme qui s'implantait, permit l'instauration d'une nouvelle dynastie qui prit rapidement une puissance extraordinaire, celle des Ramsès.

La chronique d'Ahâ-Men-Ptah, terminant le premier volume avec le rétablissement de l'histoire réelle de l'Atlantide platonicienne, acheva également la seule ère de monothéisme intégral. Le temps et l'oubli éloignèrent cette humanité civilisée de son origine et de ses devoirs. Devenue impie et égoïste, inconsciente de ses sacrilèges, elle profana son Créateur, jusqu'en ce jour fatal du 27 juillet 9792 avant notre ère. Les rescapés de ce naufrage collectif s'éparpillèrent des deux côtés du continent englouti. Ceux dont il est question ici accostèrent en nombre relativement important sur les côtes africaines dont les terres étaient proches, un détroit d'une centaine de kilomètres les séparant, les « Bouches de la Fente ».

Ils en connaissaient tous les contours *avant,* la navigation étant très développée. Mais apparemment, ce territoire leur apparaissait totalement étranger, comme s'il était situé dans un lointain indéfini, un autre c ailleurs .Ils y avaient été projetés au gré de la fureur des vagues et des vents à peine calmés.

Ces malheureux naufragés comprirent alors, au sein de leur hébétude, qu'ils étaient les seuls responsables de cette horreur. Il ne leur restait plus qu'à se mettre à genoux et remercier d'être là. Encore ne le devaient-ils qu'à la mansuétude courageuse des derniers Pêr-Ahâ qui, sans s'occuper des critiques et des moqueries, avaient poursuivi imperturbablement le programme de construction de 200 000 « Mandjit », ces barques insubmersibles destinées à surnager au-dessus des raz de marée et à mener à son terme l'évacuation.

Tout au long de la côte africaine, le cataclysme avait été bien moins fortement ressenti. Mais les autochtones et les colons installés là avaient gagné des hauteurs assez éloignées par prudence. Le commerce, florissant avant, et l'exploitation de mines avaient favorisé l'implantation d'un personnel spécialisé qui, par la suite, pourrait venir en aide aux rescapés.

Quelques points du rivage avaient bien été submergés, mais dans l'ensemble, il n'y avait pas eu de gros dégâts et la configuration côtière était identique. Il n'en allait pas de même partout, et loin s'en fallait, puisque trois bouleversements avaient changé le reste du contour africain :

- Tout d'abord l'effondrement d'Ahâ-Men-Ptah créa un vaste océan *oriental*, qui se substitua à la terre disparue, pour devenir l'océan *occidental* et finalement *l'Atlantique,* duquel n'émergèrent plus que quelques îles volcaniques, judicieusement nommées « Isles Fortunées », avant de devenir les Canaries.

- L'écroulement, dans le même temps, de la chaîne hispano-atlantique, entraîna le débouchement de l'actuel détroit de Gibraltar.

- L'ouverture également, dans cette contraction convulsive de la croûte terrestre, du détroit de Bab el-Mandeb, sépara ainsi l'Égypte de l'Arabie.

Mais ce jour-là, les rescapés qui abordaient cherchaient vainement des points de repère inexistants. Le changement axial de l'orbe de notre planète avait apparemment « précipité le Soleil dans la mer, bouleversant toutes les données géographiques ! » Des textes comme ceux d'Hérodote en apportent le témoignage. Mais tout n'étant qu'apparence et l'astre du jour étant « fixe », ce fut le pivotement de la Terre qui fut cause de la rétrogradation de la navigation solaire à l'aube de ce nouveau premier jour, *au-dessus de l'horizon est, et non ouest comme la veille !*

Ce début d'une nouvelle ère céleste, où le Soleil cessa de naviguer suivant sa route directe habituelle, changea aussi l'harmonie universelle et le rythme des « Combinaisons-Mathématiques » fractionnant la Loi de la Création Divine. L'astre solaire parut reculer dans la constellation du Lion, là même où il se trouvait en son avance normale avant le Grand Cataclysme.

Le phénomène astronomique est explicable scientifiquement aujourd'hui, tout autant que prévisible mathématiquement avec une très faible marge d'erreur, en calculant très exactement la différence angulaire précessionnelle des équinoxes terrestres avec divers rapports de Force, de Masse et d'Attraction.

Le mouvement terrestre nous montre un Soleil « naviguant » lentement dans le ciel, à l'intérieur d'une ceinture équatoriale étroite, comme pourrait le faire une barque au sein d'un grand fleuve laiteux : la Voie Lactée, parsemée sur ses rives de douze configurations astrales géométriquement définies, brillant différemment, et ayant chacune une spécificité propre. Ce sont les douze constellations zodiacales qui enserrent notre globe à une distance variant entre 80 et 120 années de lumière. Notre Soleil, à partir de ce jour-là, naviguait à l'intérieur de cette circonférence, en sens inverse, mais toujours en 25 920 cycles ; c'est la GRANDE ANNÉE !

Délaissant l'occident où il avait l'habitude de se lever, notre astre du jour apparut désormais à. l'est pour terminer sa navigation à l'ouest, là où stagnaient encore des débris en tous genres sur une immense mer, seuls restes épars et informes surnageant d'un tombeau liquide gigantesque de millions et de millions de Vies !

En cette nouvelle ère rétrograde du Lion, l'horizon occidental devint pour les survivants, « le Royaume des Morts », immortalisé dans toutes les gravures monumentales par les hiéroglyphes se lisant A-MEN-TA et phonétisant AHA-MEN-PTAH, le Cœur disparu dont seul le souvenir subsista ainsi...

Sur toutes sortes d'édifices, tel le sarcophage de Ramsès II, figurent aussi deux lions adossés l'un à l'autre, avec un soleil rutilant entre eux reposant sur un ciel retourné et maintenu par une croix de Vie. Le symbole est évident par ce renouvellement de la marche solaire personnifiant un renouvellement radical de la vie terrestre, et marquant par là la terrible crainte et l'effroi d'un nouveau cataclysme éventuel.

Ceci explique également l'édification primitive d'énormes monuments destinés à conjurer le mauvais sort céleste, et à asseoir solidement la nouvelle Alliance avec Dieu en ce « Deuxième-Cœur ». Un Temple de Ptah aux blocs monolithiques imposants s'éleva sur le plateau de Gizeh bien avant la première dynastie, et près de lui, sculpté dans le roc, apparut dans le même temps celui que les Arabes nomment encore *Abou l Hol,* le « Père de l'Effroi ». Les Grecs, quant à eux, lorsqu'ils le virent pour la première fois, restèrent muets devant cet énorme visage aux yeux ouverts qui seul dépassait alors du sable. Ce fut pourquoi ils l'appelèrent « le Sphinx ».

Il n'avait cependant rien d'énigmatique à son origine, car il personnifiait un avertissement universel rappelant à toutes les âmes humaines que Dieu était le Tout-Puissant en matière de Création ou d'Anéantissement. Par ses yeux toujours ouverts - tels ceux du lion qui ne se ferment jamais - fixant l'occident et l'Amenta des Ancêtres morts au loin, le Père de l'Effroi rappelait ainsi le Grand Cataclysme et la Puissance Divine.

Mais pour les pionniers projetés sur un rivage hostile, démunis de tout, et vivant par conséquent le drame effroyable qui deviendrait plus tard littérature, le Nil était encore loin. Une marche terrifiante de trois millénaires sur plus de trois mille kilomètres les attendait. Leur but lointain, Ta Mérit, la terre « Aimée » qui deviendrait leur seconde patrie sous le nom d'Ath-Ka-Ptah, n'était encore qu'une faible lumière, sinon un grand espoir. Le Pontife survivant préparerait l'exode, et ses successeurs le dirigeraient, génération après génération, jusqu'à l'aboutissement.

Un tel déplacement de population demeure sans pareil dans l'histoire humaine, et laisse loin derrière lui celui du peuple juif. Des restes multiples existent tout au long de ce périple africain, d'ouest en est, gravés sur les pierres qui jalonnent celte route harassante bravant l'Éternité.

D'autant que ce chemin fut *dédoublé*. Sit n'étant pas mort, pas plus qu'Hor, une lutte sans merci se développera tout au long de la longue marche, siècle après siècle et millénaire après millénaire. Car si le premier tome s'achève sur une sombre description, le nouveau Soleil laisse poindre une première lueur sur Iset et Hor bien vivants, ainsi que sur Ousir qui, bien que mort et ficelé dans une peau de taureau, abordera sur cette terre africaine. La Triade Divine ainsi reconstituée sera prête à guider le peuple, si celui-ci consent à lever les yeux vers le ciel.

De toute évidence, après avoir démontré au reste de sa descendance qu'il était bien le Tout-Puissant, Dieu pouvait laisser sombrer aussi sa colère pour redevenir le Père bienveillant et magnanime qu'il conviendra désormais d'honorer convenablement pour éviter le retour d'un cataclysme encore plus grave.

Pour cette raison, dès l'accostage en catastrophe, après les premiers instants d'une hébétude compréhensible, tous les survivants se prosternèrent en une action de grâce collective à l'Éternel afin qu'il remette le Temps en une marche harmonique avec la Terre.

Chaque aube qui suivit, en l'attente de pouvoir reconstruire des autels portatifs, puis des Temples, vit tous les êtres s'agenouiller, face au Soleil, en un même remerciement unanime. De toutes les poitrines vivantes jaillit dès lors un chant vibrant d'espérance pour une vie nouvelle, jusqu'à ce que le Soleil d'Or, éblouissant, glorieux, apparaisse dans son entière circonférence, approuvant ainsi la journée commencée avec bienveillance.

Cela devenait chose très naturelle pour ceux qui se réunissaient ainsi, sur les plages où s'étalaient encore les vestiges en tous genres des bateaux disloqués. D'un même élan instinctif, ils remerciaient le Seigneur du Ciel et son bras vengeur, l'astre du jour, de leur survivance. Ils comprenaient enfin que c'était pour avoir oublié la Loi élémentaire instituée pour que règne la Vie dans la Paix de chacun, que leur « Cœur » avait été effacé de la surface du globe avec tous ceux qui n'avaient point pu s'en échapper. Ils *recomprenaient,* dans l'immense douleur qui était la leur, que ce Législateur Universel était une réalité tangible.

Il était Force et Lumière pures avant d'engendrer la Création, et tout lui était possible. Les textes appris des prêtres, entrant par une oreille et ressortant par l'autre, furent oubliés dans l'euphorie de la quiétude d'Ahâ-Men-Ptah. Mais ils reprirent soudain leur véritable sens dans un nouvel espoir animant cette humanité renaissante.

C'est cette espérance qui animait encore 4 000 ans plus tard les bâtisseurs de Temples sous les Pharaons. Dieu avait montré les limites de sa Loi, en punissant comme il le fallait ceux qui les avaient dépassées.

Les pauvres humains qui s'étaient pris pour des dieux n'avaient même pas eu le temps de comprendre leur malheur et leur défaite. Mais les rescapés voyaient avec leurs yeux encore ahuris que les commandements résultant de la Loi Divine n'avaient pas été simplement formulés par la classe des Prêtres à l'usage de fidèles devenus esclaves d'une fausse théologie, mais bel et bien parce que cette Loi ne pouvait pas ne pas être. La Vie, et la liberté, ne pouvant exister qu'à ce prix en s'insérant dans l'Harmonie Céleste.

Aussi, le jour fatal du déséquilibre étant arrivé, plus rien ne pouvait en empêcher l'accomplissement par le pivotement de la Terre sur son axe. Ainsi furent ensevelies les assises du désordre provoqué par les habitants d'Ahâ-Men-Ptah. Ce « Cœur-Aîné », qui semblait tout aussi indestructible que les fondements de la morale religieuse instituée par le premier Aîné, sombra en même temps que l'égoïsme collectif des Cadets !

L'oubli dans le bien-être en fut le catalyseur ; et cette humanité primitive, monothéiste de naissance et par essence, s'était imposé le plus naturellement du monde les bases de la première éthique spirituelle. N'ayant nul besoin de se poser d'inutiles questions sur leur origine, la connaissant parfaitement, et pas assez éloignée pour être contestée par d'autres, elle vivait le plus normale- ment du monde en communion constante avec son Créateur.

Pour renverser cette conception immortelle de l'âme, l'idolâtrie suggérée par les raisonnements déraisonnables successifs suffirent. En quelques millénaires, la quiétude d'une vie exempte de guerres, le pain et le vin de chaque jour assurés par tous les temps, eurent raison de la Raison, détruisant le Bonheur de tout un peuple qui se considérait comme Élu de Dieu.

L'instinct de la lutte entre le Bien et le Mal était une notion inconnue, sinon des Prêtres, qui la lisaient dans les Textes et la prêchaient à leurs ouailles telle quelle puisqu'elles ne péchaient pas ! Ce fut pourquoi, au fil des siècles de prospérité, s'incrusta un aveuglement in- conscient qui scella bien des paupières, implantant les germes de l'égoïsme, ces ferments indolores qui s'activèrent avec rapidité, se personnalisant de façon différente en chaque être perdu dans sa propre contemplation.

Les lieux de culte furent abandonnés, car il n'existait plus personne d'assez inconscient pour venir remercier Dieu d'une abondance qui leur venait naturellement, ou l'implorer en prévision de maléfices qui ne survenaient jamais. Vivre béatement était devenu le seul mot d'ordre, en contemplant sa propre image dans des miroirs parfaitement polis qui ne pouvaient que refléter un visage *humain*.

Cette contemplation créa d'ailleurs les premières chicanes, qui furent d'ordre vestimentaire, montrant ainsi une autre façon de passer le temps. Un plaisir malsain en naquit, générateur de querelles où la raison du plus fort devint la meilleure même si elle n'était pas la bonne. La force humaine supplanta ainsi les commandements divins. Les algarades dégénérèrent en batailles rangées entre clans, puis en rébellions ouvertes contre les institutions. Les hommes devinrent semblables aux loups, oubliant pour finir que, différents des bêtes fauves, ils possédaient une âme qui leur était confiée par Dieu.

Ainsi commença sur l'ancien continent la lutte de Sit et d'Hor[5]...

Les prêtres, quant à eux, eurent beau tenter d'exhorter les foules à plus de modération par crainte des représailles célestes, elles se moquèrent ouvertement des sermons, allant jusqu'à saccager les lieux de culte !

Tant et si bien que les serviteurs de Dieu en vinrent eux-mêmes à douter du bien-fondé de leurs propos et certains admirent qu'il fallait réviser les Commandements, largement dépassés.

Les plus inconscients et les plus insouciants en profitèrent pour se vautrer dans des orgies indescriptibles et dans le même temps, des blasphémateurs envahissaient les temples et les profanaient de toutes les manières possibles.

Le Pontife lui-même, bien que ne doutant pas de sa Foi, ni de la Loi, ne croyait plus en l'invincibilité de l'Éternel. Il passa le plus clair de son temps enfermé dans le Saint des Saints pour y rechercher, dans un calme propice, une autre formule de prière mieux adaptée au présent, qui servirait de nouveau cette entité impalpable et totalement invisible qu'était le Dieu Unique. Cette vénération si ancienne d'un Père originel avait été si défigurée par l'inconstance populaire, que la tâche apparaissait insurmontable avant le Grand Cataclysme. La Foi, vacillante, s'éteignit complètement et Dieu fut ignoré... Or, l'ignorance est mère de toutes les misères. Celles-ci ne tardèrent pas à s'abattre sur Ahâ-Men-Ptah sans aucune restriction. Lorsque la croute terrestre se convulsa, l'immense foule, devenue incroyante dans sa plus grande partie, en fut affolée.

Les temples, si longtemps abandonnés, furent envahis. La peur emplit d'une clameur terrible les travées des bancs de pierre, entre lesquels tombèrent ceux qui imploraient un pardon qu'il n'était plus

---

[5] *Le Grand Cataclysme,* du même auteur chez le même éditeur.

temps de demander. L'Homme était renié par Celui à qui il avait nié tout pouvoir sur lui. Et ses cris de détresse se perdirent dans le fracas tonitruant des déflagrations titanesques, où les éléments d'une nature déchaînée faisaient éclater le sol et béer largement les entrailles de la Terre. Les édifices religieux et leurs occupants s'y engouffrèrent pêle-mêle, comme le reste du pays, car il n'y avait aucune parole de Foi parmi les pleurs. Les prières rituelles avaient été oubliées...

Dès qu'ils eurent touché cette autre terre, les rescapés prirent conscience, sans qu'aucun prêtre cherche à les convaincre, d'une absolue nécessité : ce fut qu'à partir de ce jour, aucun sentiment humain ne pourrait et ne devrait, *en aucun cas,* être substitué à la croyance inconditionnelle en la puissance Divine, et en ses Commandements.

Afin de mieux suivre l'odyssée extraordinaire de la descendance des « Héros », les « Suivants d'Hor » et les « Rebelles de Sit » il faut bien comprendre que ces gens n'ayant plus que leurs bras pour assurer un avenir encore incertain, avaient conservé leur intelligence, développée au cours de millénaires de progrès civilisateurs, ainsi que la mémoire des Principes de toutes leurs sciences. D'autre part, la totalité de la Connaissance était gravée de façon indélébile dans les esprits des Prêtres rescapés.

Le Pontife s'attacha donc, dès le début de cette nouvelle vie, à trouver les moyens de conserver intacte l'expression littéraire de la culture religieuse et mathématique, encore parfaitement possédée. À tel point qu'ayant réussi à mettre au point une méthode d'enseignement oral, les chapitres des diverses disciplines répétés sans trêve après avoir été appris par cœur, et réunis génération après génération en d'immenses collèges d'apprentissage, se retrouvèrent 4 000 ans après gravés enfin sur les murs des principaux Temples d'Égypte.

Les dogmes de la Création s'y retrouvent, d'An-Râ (Héliopolis) à Dendérah, sur mille kilomètres des façades bordant le Nil d'une ville à l'autre :

> « Dieu est le Dieu de l'Univers à lui seul. Il a engendré chaque astre et chaque « errante » avant de créer toutes choses qui sont dessus, et tous les êtres vivants qui sont sur la Terre. Car nulle vie n'aurait été possible si la Loi du Créateur n'avait ordonné en premier temps, que le Soleil brille. Ainsi la Lumière jaillit des Ténèbres ! »

Certains des monuments, certes ne sont que d'une antiquité toute relative ; le temple de Dendérah par exemple, remonte à Ptolémée II, mais c'était sa *sixième reconstruction* d'après les plans originaux très anciens. Les nombreux papyrus, recopiés de manuscrits toujours plus vieux, prouvent, si besoin en est, l'unanimité qui se fait dans les diverses narrations antiques authentifiant l'histoire de ce peuple et de ses Ancêtres Divins.

C'est ainsi qu'a pu être rétablie l'origine du Temple de Ptah, à Gizeh, édifié près du Sphinx, et dont il a été déjà question il y a quelques pages. Ce Temple, visible encore aujourd'hui dans toute sa splendeur, déconcerte les milliers de touristes qui s'y pressent à longueur d'année. Un étonnement sans borne prend automatiquement chaque visiteur qui y entre, car l'accès se fait par un corridor où la moindre des « pierres » de base, admirablement taillée et encastrée, pèse *plusieurs centaines de tonnes !*

Il a été déblayé pour la troisième fois par le duc de Luynes, et cela en valait la peine. Les immenses piliers monolithes de l'intérieur, en albâtre, sont superbes d'austérité. Ni moulure ni gravure, aucun ornement n'en dépare le poli. Il reste l'hommage inconditionnel d'un peuple parvenant enfin dans son « Second Cœur » et remerciant Dieu de l'avoir permis.

Cette antériorité du moment est prouvée par plusieurs documents. Sur une inscription conservée au musée de Boulac (Égypte), le scribe royal du Pharaon à la Voix Juste « Khoufou », le Khéops grec, note la dédicace qu'il a relevée lui-même sur un document *antérieur,* prétendant que le Soleil en personne présida à la gigantesque construction, dont l'origine se perdait dans la nuit des Temps.

Il est indéniable que, déjà en ces temps-là, la mythologie remplaça peu à peu la réalité antique que l'oubli effaçait. Mais il est assez facile de reconstituer la vérité, le monument ayant été édifié à la gloire solaire.

Le scribe de Khoufou dit ensuite que le Temple était enfoui dans les sables du désert, lorsque des ouvriers travaillant au nettoyage du Sphinx le révélèrent fortuitement. « Sa Majesté, au règne des millions de fois béni par Dieu, le Pêr-Ahâ Khoufou, ordonna alors immédiatement le déblaiement du monument. »

Quand on se rappelle que ce règne béni se situe environ 4 000 ans avant notre ère, on reste confondu par l'antiquité réelle de ce Temple, dont il faut bien admettre que la construction remonte, au minimum, à un millénaire auparavant !

Partout abondent les manuscrits tout autant que les inscriptions hiéroglyphiques encore enfouis dans des monuments non dégagés. Tel est le cas d'un site délimité par Dendérah et Nagadah, où les textes récupérés au long des campagnes de recherches, année après année, répètent inlassablement les mêmes phrases afin que nul ne les ignore. Ce sont celles qui rappellent la Cause Originelle et instrumentale des choses et des êtres issus du Chaos, naissant de la Voix Suprême, animés d'une vie propre dans les minéraux, les végétaux, les animaux, avant de se personnaliser dans l'Humanité.

Maître de la Parole et du Verbe, Dieu se retrouve par excellence sur toutes les retranscriptions épistolaires des premiers Temps. Ce fut donc essentiellement grâce à ses écoles de Scribes, acharnées dans la sauvegarde de la Connaissance et de la Sagesse, que le monde réapprit, après le Grand Cataclysme, les Traditions transmises en Ahâ-Men-Ptah par le « Premier-Aîné ».

Les premiers balbutiements « écrits » furent les gravures rupestres qui parsemèrent la longue route de l'exode africain tout au long de centaines de parois de grès et de « murs » de grottes, que nous décrirons au fur et à mesure de leurs découvertes au long des chapitres qui suivront.

Durant le même temps, des adultes spécialement triés puis éduqués à cet effet mémorisèrent chacun une partie du Savoir, se la répétant jour après jour jusqu'à ce qu'ils soient atteints par une limite d'âge impérative, afin de la retransmettre à leur fils aîné pour que le flambeau intact de la Connaissance parvienne un jour dans le territoire qui deviendrait le « Deuxième-Cœur ».

La civilisation pharaonique naquit à cause de cela d'un *seul coup,* dès que l'ultime génération parvint dans la seconde patrie qui deviendrait l'Égypte. Bien qu'avec des moyens restreints, elle rétablissait de plein droit sa Science. Il est aisé de s'en apercevoir encore aujourd'hui à Dendérah, avec le temple de la « Dame du Ciel », et à Nagadah, où l'on continue à dégager des « chambres d'accès à l'Au-Delà de la Vie terrestre », qui sont des tombeaux *abritant des Rois prédynastiques,* ces fameux « Suivants d'Hor » qui régnèrent bien avant Ménès.

Ces dernières constructions funéraires démontrent parfaitement la maîtrise qui était déjà celle des artistes en toutes matières. Les mastabas en briques crues comportaient des peintures tricolores, le noir, l'ocre et le blanc étant faciles à réaliser avec les moyens du bord. Les poteries retrouvées dans ces tombeaux, les meubles rustiques mais élégants, et surtout les bijoux de toutes formes et de toutes grandeurs, montés en or ciselé et garnis de pierres plus précieuses les unes que les autres, témoignent d'une perfection inouïe dans les assemblages, que des bijoutiers chevronnés de notre époque auraient bien du mal à réaliser. Les cristaux de roche taillés nécessitent à eux seuls un outillage que la seule expérience ne suffirait pas à mettre au point.

Tout cela est multiplié à plaisir dans ces maisons funéraires : épingles de tête en ivoire, boucles d'oreilles en jade, bagues en or et en lapis-lazuli, bijoux en toutes les pierres dures - agate, calcédoine, opale, cornaline, jaspe et autres -, en porcelaine imitant la turquoise... Sans parler des peignes en corne gravés des premiers hiéroglyphes connus, des boites de pommades rafraîchissantes, rougissantes, teintantes ! Enfin, une boîte à pharmacie - mais oui ! - garnie de fioles et de vases divers ayant contenu des sels ammoniacaux, des onguents, de l'essence de térébenthine, le tout enveloppé de joncs tressés avec une anse pliante, au sein de laquelle ladite boîte était déposée durant un transport d'un lieu à un autre pour éviter toute casse. Parmi les miroirs retrouvés dans un tombeau, l'un au cartouche d'une Reine a son manche orné en relief par une croix de Vie, le Tau, qui resurgit ainsi d'un passé inoubliable bien avant le premier Roi de la première dynastie.

Le périple saharien est jalonné de tombeaux, allant du plus primitif au Maroc quatre millénaires auparavant, à ceux identiques à Nagadah, par les bijoux et les poteries retrouvés, en Libye. Durant cet énorme laps de temps, le peuple vécut en nomade, parcourant les sables arides au rythme de pas de plus en plus lourds avant de toucher au but. Mais jamais il n'oublia sa tâche de retransmission de la Connaissance, ni sa Foi en ce seul Dieu qui allait le sauver.

Je sais qu'il y a encore des lecteurs que le nombre ahurissant de millénaires étalés dans le premier volume et faisant remonter le monothéisme à quelque trente-six millénaires, hérisse ! Mais, avant que la Commission biblique du Vatican n'accorde son feu vert pour une recherche sérieuse sur la chronologie des premiers chapitres de la Genèse, un ouvrage que nul ne peut mettre en doute écrivait au mot GENESE : « On peut affirmer qu'il n'y a pas de chronologie biblique pour les temps antérieurs à Abraham. La Bible laisse par conséquent toute liberté aux savants pour déterminer l'antiquité de l'homme[6]. »

Aussi, les pages qui suivent ne doivent-elles pas être considérées comme une ouverture à une discussion polémique, car elles ne sont pas le point de départ d'une doctrine quelconque. Elles constituent exclusivement un but de recherches ouvertes à tous, et qui devraient permettre une connaissance plus profonde et plus exacte des théories avancées.

Le *Livre des Morts,* le mal nommé, n'est qu'une compilation de textes très anciens, qui annonçaient déjà des châtiments exemplaires, ou des espérances en un Au-Delà éternel, déjà en usage sur la « Première-Terre » 10 000 années avant.

Le cycle précessionnel de la Grande Année est le symbole de cet éternel retour où chaque Cadet poursuivra la route pareillement à son Aîné, dans l'espace qui lui est destiné, tout comme le nouvel épi d'orge pousse à l'endroit d'où celui qui l'a précédé a été coupé. La grande « Roue » tourne, très lentement, au rythme du Soleil remplaçant la petite aiguille tournant en une ronde éternelle.

Ce fut ce que comprirent les Pontifes successifs chargés de remettre les Commandements Divins par écrit, qui convinrent au préalable avec la plus grande humilité, *que la portée de l'intelligence humaine ne dépasse pas et ne dépassera jamais à aucun moment du présent ou du futur, la limite infranchissable où Dieu veut que la Raison s'arrête pour que la Foi commence.*

D'où ce premier axiome fondamental des antiques prêtres, répété à satiété et qui inspire la plus profonde méditation ; « DIEU NE DOIT PAS SE PROUVER PAR LA RAISON, MAIS IL DOIT VIVRE PAR LA FOI. »

---

[6] *Dictionn. Apolog. d Alès,* col. 290.

Les survivants d'Ahâ-Men-Ptah vécurent dès les premiers jours dans cette éthique perdue et retrouvée pour le plus grand bien de tous. Elle était toujours en vigueur 5 000 ans plus tard, lors de l'inauguration du Temple de Médinet-Habou, qui porte gravée sur ses soubassements la formule suivante :

> « Le Souffle est entre tes mains, ô Ptah,
> car tu es la Vie.
> La condition de la Terre est celle que tu as faite
> et nous lui obéirons toujours.
> Tu as abattu le mal et le vice,
> et nous accordes le bien et la paix.
> Restons attentifs à tes paroles.

Ce dont il convient de s'imprégner en lisant ces lignes, est, à tout le moins, que ces hommes et ces femmes de la plus haute Antiquité possédaient une vision de Dieu qui nous est étrangère ! Aucun humain de notre époque ne peut se targuer de suivre aussi pleinement les Commandements institués par Dieu pour lui permettre de vivre en Harmonie avec la Terre, comme avec le Ciel.

Peu de Sages aujourd'hui possèdent la spiritualité indispensable au maintien ténu d'un accord limité à sa plus simple expression avec le Ciel. Et les cris d'une minorité agissante, au sein d'une majorité amorphe, finissent par leur faire douter de l'intangibilité dogmatique, pourtant expressément recommandée par le sacrifice du Christ qui racheta les péchés du monde.

Mais le sujet est si vaste qu'il déborde largement le contexte de cet ouvrage. Contentons-nous de nous poser encore cette question : « Dieu, pourquoi sommes-nous atteints d'un tel aveuglement ? »

Ce furent ces mêmes paroles que prononça le dernier grand sage d'Ath-Mer, la merveilleuse capitale engloutie, alors que tout s'écroulait autour de lui comme il l'avait prévu et prédit. Ce Pontife du collège des Grands-Prêtres, après avoir préparé le départ collectif de ses subordonnés et transmis les pleins pouvoirs à son fils aîné pour le remplacer là où il arriverait, avait préféré sombrer avec le « Cœur » qui avait été toute sa vie !

La réponse à son ultime question avait dû lui être donnée dans cet Au-Delà de la Vie où il était arrivé en compagnie de millions et de millions de ses concitoyens obligés de faire comme lui. Les rescapés, eux, garderaient éternellement le souvenir horrible de cette terre s'enfonçant lentement sous les eaux.

Ovide, qui en avait eu quelques échos, met dans la bouche de Pythagore cette phrase terrible, frappante image d'une réalité insoutenable : « J'ai vu de mes yeux ce qu'était une terre solide devenir l'eau du Déluge ! »

Débarqués sur le rivage ferme, les rescapés, quant à eux, se sentirent bien vivants. Rapidement la vie reprit le dessus ; et ils appelèrent ce lieu TA MANA, le « Lieu du Couchant », car ils ne s'habituaient pas à voir le Soleil se coucher au-dessus de cet horizon liquide où il aurait dû se lever, et sur *leur* continent !

Dans ce même temps de l'année 9792 avant Jésus-Christ, où hommes, femmes et enfants étaient projetés dans un dénuement extrême sur les plages africaines, tout en restant possesseurs de leur seul patrimoine inestimable, la Connaissance, l'Europe vivait encore à l'aube de son humanité, dans une préhistoire des plus reculées.

Les « bipèdes humains », vivaient repliés dans des recoins enfumés, éparpillés au sein de forêts luxuriantes dans lesquelles régnaient les grands fauves en clans possessifs, maîtres de territoires précis, qui faisaient l'objet de combats sanglants. Et si les humains, dans leurs trous, vivaient aussi misérablement et dévêtus, c'était parce qu'ils n'avaient encore rien connu d'autre.

Dans cette même année, la Grèce n'existait point, et l'emplacement de ce qui deviendrait Athènes, la capitale du monde savant (sic) n'était pas encore défini. Il faut bien comprendre qu'alors, même la première pierre de ce qui serait bien plus tard l'élégant Parthénon n'était pas extraite de sa carrière, d'ailleurs pas encore ouverte.

Mais dès ce jour-là, il y a donc 12 000 ans, les rescapés du Grand Cataclysme recouvrèrent leur Foi. Avec elle, l'espoir naquit, en même temps que revint en eux la c:onscience d'être toujours des « Descendants-de-l'Aîné ». Il ne leur restait plus qu'à parvenir à cette seconde terre pour se refaire un « Deuxième-Cœur ».

Si le premier, aussi spirituel que scientifique, n'était plus, le second n'en repartirait pas de rien, la Connaissance acquise étant bien enregistrée dans les cerveaux des prêtres. Pour le reste, la généreuse nature de l'endroit pourvoirait aux nécessités. Palmiers, cocotiers, manguiers, papayers et autres arbres fruitiers abondaient, ainsi que de nombreuses variétés de légumes sauvages.

Les milliers de naufragés encore éparpillés étaient ainsi à l'abri de toute famine, quel que fût l'endroit de leur abordage. La température, clémente sous ce 25e parallèle, ne posait aucun problème à l'habitat à ciel ouvert, et les animaux, aisés à domestiquer, fournirent immédiatement du lait aux bébés orphelins.

Seule la physionomie changeante de cette terre posait des problèmes d'orientation. La terre africaine, dans le nord tout au moins, n'était pas encore ce qu'elle est devenue après le Grand Cataclysme. Le Sahara était alors une contrée très fertile, couverte d'une luxuriante végétation tropicale qui avait succédé à une période glaciaire intense. Les eaux roulaient des flots fougueux au sein de fleuves encaissés entre de profondes gorges. Ce fut en longeant ces rives paradisiaques, tout au moins dans les premiers moments de leur exode, qu'ils gravèrent leur histoire et racontèrent les péripéties de leur longue marche « vers la Lumière ». Ce fut durant ces millénaires d'avance épuisante que ce peuple essaima en de nombreuses familles qui devinrent, plus tard, les Touaregs, les Kabyles, les Berbères, et qui tous parlèrent un idiome semblable, barbare à nos oreilles, rappelant les rugissements du lion, parfaitement identique dans ses définitions au langage des Guanches, les habitants des îles Canaries.

Encore de nos jours, dans ces diverses peuplades très fières de leur origine, les femmes sont aptes à exercer le pouvoir politique. J'ai vu par moi-même en 1974, dans l'Atlas marocain, une femme chef d'une tribu berbère, qui avec une sérénité remarquable assurait une administration dont tous louaient la justesse.

Car, et c'est la plus importante différence entre Arabes et Berbères, ces derniers sont monogames. Leur principale loi réside dans l'égalité de l'homme et de la femme dans tous les domaines. En outre, du point de vue spirituel, la croix est le symbole de reconnaissance de ces tribus ; elle se retrouve partout : dans l'alphabet, sur les armes, les boucliers, et surtout dans l'unique tatouage qu'ils se font. Une simple croix à quatre branches égales sur le front pour les hommes, afin que leurs âmes se souviennent éternellement de la Loi première ; et sur le dos de la main gauche pour les femmes, afin que, cette main sur le cœur, elles fassent le serment d'élever leurs enfants dans la Foi d'un seul Dieu.

Ainsi, de « Ta Mana - le Couchant -, jusqu'à « Ta Meri » - l'Aimé -, nous retrouverons les antiques rescapés de la famille originelle des « Descendants tout au long de leur exode, de plus en plus épuisant car il traversera durant le n• millénaire, ce qui finira par devenir une « mer sans eau » et qu'ils appelèrent SA-AHA-RA, ou « Terre-Brûlée par l'Ancien-Soleil », ce qui est tout un programme ! La contraction du nom en fit finalement le Sahara...

Leur progression errante leur présentait de grandes vallées abandonnées par les eaux, mais où les végétaux et les animaux abondaient encore le moment du départ venu. La vallée du Dra, notamment, dont il sera plus amplement parlé dans le prochain chapitre, commença par son cours sinueux à guider le principal groupe dans son avance au sein du Maroc, ce nom donné par

Lyautey, mais qui en arabe avait la même signification de « Pays du couchant » *Moghreb el-Aqsa*.

Exécutée en rouge, noir et blanc sur une des parois d'un tombeau prédynastique près de Nagadah, où la scène de la fuite, le jour du Grand Cataclysme est très bien rendue. Le tombeau est du temps à un roi Scorpion datant d'avant la 1ère dynastie (soit vers 5000 avant Jésus-Christ).

Chapitre Deuxième

LA VIE REPREND

> *Louange à toi, ô Râ, Maître de la Lumière, pour tes splendides apparitions ! Tu t es levé ici durant une Grande Année. Tu as choisi cette même retraite dans l Horizon occidental, qui devient ton lieu de repos. Désormais : ton coucher te placera dans Ta Mana.*
>
> Livre des Morts
> (Chapitre XV)

> *Ma vie n y suffirait pas, si je voulais exposer et prouver en détail, tous les plagiats des Grecs que la vanité leur a fait faire et qui s attribuent l invention de ce qu ils ont de meilleur dans leurs dogmes, après l avoir pris des Égyptiens.*
>
> Clément d'Alexandrie
> (*Stromates*, livre VI)

L'horizon occidental, celui qui aurait dû découper la côte visible en contre-jour, n'embrasait même plus Ahâ-Men-Ptah de cette pourpre ensanglantée, irréelle, qu'une gigantesque lueur avait macabrement fait danser au-dessus des flots cette nuit-là. Les flammes de l'incendie d'Ath-Mer, la capitale du continent immense, s'étaient éteintes d'elles-mêmes en sombrant avec le reste du pays.

Tout avait disparu sous les flots tumultueux en cette aube du 28 juillet 9792 avant notre ère, alors qu'il semblait qu'une éternité s'était écoulée depuis la veille. Personne parmi les survivants n'aurait osé assurer, lorsqu'il fut jeté sur cette terre apparemment ferme, qu'il n'était pas quelque part dans le Royaume des Morts en ce lendemain de cataclysme.

La veille pourtant, avant que ne commence la plus longue nuit de mémoire d'homme, le Soleil s'était bien couché comme à l'accoutumée à l'orient. Mais la catastrophe empirant, et les explosions de laves incandescentes crachant et vomissant leurs excréments putrides jusque par-dessus les « Mandjit », la noirceur d'encre à la forte odeur sulfureuse avait formé un autre ciel, très bas, cachant le vrai de son manteau étouffant et apocalyptique, et la nuit ne semblait jamais finir. Elle dura si longtemps que son décompte mathématique eût été un leurre, mais nul n'y songea.

Dès l'apparition de quelques lueurs incertaines qui obligèrent l'obscurité à se replier ailleurs, des cris de joie sortir des poitrines oppressées. Mais une surprise étonnée teinta les regards des érudits qui se demandèrent s'ils étaient bien éveillés. En effet, un phénomène céleste encore plus invraisemblable que les précédents produisait apparemment cette clarté.

Encore faible certes, et mal diffusée par le brouillard malsain qui planait toujours, cette clarté qui annonçait une aube *provenait de l'orient !* Elle s'élevait des terres vers lesquelles les frêles embarcations étaient désormais poussées. Par conséquent, *le Soleil apparaissait à l'endroit même où il avait disparu la veille, au début de la longue nuit dramatique !*

LE SOLEIL AVAIT DONC SUSPENDU SA NAVIGATION DURANT LE CATACLYSME, ET IL AVAIT REPRIS SON COURS EN SENS INVERSE !

Un raz de marée, provoqué sans nul doute par de gigantesques lames de fond ramenées en surface par l'approfondissement de ce nouveau monde des profondeurs sous-marines, avait à ce moment-là trop retenu l'attention des naufragés en totale perdition pour qu'ils s'en inquiètent outre mesure.

Horus emmène le Soleil mort dans l Amenta après avoir conduit les Rescapés du Grand Cataclysme sur la terre ferme de Ta Mana (le lieu du Couchant), point de départ de l Exode qui les conduira à Ta Merit (le lieu Aimé) c est-à-dire du Maroc à l Égypte ou d Ahâ-Men-Ptah à Ath-Ka-Ptah le « Deuxième-Cœur-de-Dieu ».

Ne cherchant qu'à se maintenir en vie en gardant un équilibre très précaire dans leurs « Mandjit », qui s'affaissaient lourdement au creux de vagues de plus de douze mètres, les malheureux ne pouvaient songer à se préoccuper d'une étrangeté supplémentaire céleste. Ils ne réaliseraient pleinement la portée de ce changement dans l'Harmonie Divine qu'à partir de l'instant où Dieu leur accorderait la possibilité de retrouver une existence plus humaine. À ce moment-là seulement, le Temps reprendrait sa signification dans une nouvelle année solaire normalisée.

Quelques heures plus tard dans cette journée inoubliable, l'harmonie cyclique prit véritablement son nouveau sens. Les éléments s'étant calmés, commença le rejet sur les plages de sable des premiers survivants ; le Soleil symbolisa dans tous les esprits le signe par lequel Dieu démontrait l'action de sa Puissance, tout en montrant le Renouveau qu'il offrait.

Dans sa sainte colère, le Créateur avait fait disparaître la partie malsaine de sa création et tendait la main à ses créatures survivantes. En preuve éternelle, il avait changé la face de la Terre, inversant ainsi la face du monde. Ainsi les mouvements célestes au sein du « Grand Fleuve Céleste » - la Voie Lactée -, s'effectua à partir de ce jour-là d'est en ouest, s'achevant ainsi au-dessus de l'horizon où reposaient désormais les millions de « Bienheureux » engloutis !

Durant plusieurs jours, sur des centaines de kilomètres en deçà et au-delà de l'actuelle station balnéaire d'Agadir, dans le Sud marocain[7] des milliers d'êtres humains, hagards et blêmes, accostèrent plus ou moins en catastrophe. Sur toute cette partie du rivage, fort heureusement, les plages étaient sablonneuses. L'arrivée n'augmenta

---

[7] *Agadir* vient du hiéroglyphe « Gad », qui veut dire étroit et par extension, détroit. C'était le point de fermeture sud de « Bouches de la Fente », verrouillant l'accès de la mer orientale. Le tremblement de terre qui détruisit Agadir en 1964 à 98% prouve la violence de cette ligne de rupture.

donc pas le nombre immense des cadavres rejetés sans cesse au milieu des débris de toutes sortes s'échouant le long de la côte.

De tous les corps disloqués et déchiquetés, dont les yeux encore exorbités par l'indescriptible effroi qui avait été le leur avant de rendre l'âme, et les membres encore crispés avant de raidir témoignaient de l'effort fourni pour tenter de subsister, les survivants gardèrent un souvenir impérissable qui hanta très longtemps leurs nuits.

Malgré leur immense chagrin, ne pouvant pas assurer les sépultures de tous leurs compagnons d'infortune, ils les regardèrent avec désespoir disparaître avec le ressac, qui les entraînait vers les hauts fonds, où les poissons de mer se régaleraient avec délices de ces chairs humaines tant aimées dans ce premier « Cœur » disparu à jamais ! D'où la haine tenace, longuement entretenue et conservée durant des millénaires contre cette engeance, et bien vivace encore en Égypte sous les premières dynasties.

Les eaux calmées, tous les yeux s'appesantirent de plus en plus douloureusement au-dessus de cet horizon occidental insondable. Hommes et femmes durent se rendre à l'évidence : *rien*, absolument rien, n'émergeait plus de l'immensité liquide !

Plus au sud, mais nul ne le soupçonnait encore, des pics et des volcans entourés d'îlots avaient échappé à l'engloutissement total. Lorsque quelques pionniers parvinrent en ces lieux et qu'ils trouvèrent des survivants, ils furent appelés les rescapés des « Îles Fortunées », nom qui resta en usage jusqu'au XVIe siècle de notre ère, après quoi elles devinrent les « Canaries ».

Fait étrange, le maelstrom qui tourbillonna en spirale lors de l'effondrement du continent est devenu un vent tiède, bienfaisant, qui tourne toujours autour de la même vaste zone : c'est le Gulf Stream, qui encercle encore aujourd'hui parfaitement l'immense superficie de l'Atlantique qui était Ahâ-Men-Ptah.

Buffon écrivait déjà dans son *Histoire naturelle :* « Des courants venant de l'occident et se dirigeant vers l'orient sont très violents. De sorte que les vaisseaux peuvent venir en deux jours de Moura à Rio de Bénin. »

Plus précisément encore, M. Dapprès rapporte dans son *Hydrographie française :* « Ce qui fait que des navires croyant parvenir à Ténériffe, dans les Canaries, et ne connaissant pas le nouveau courant porteur, se sont souvent retrouvés au cap Noun, dans le sud marocain ! »

Or, le cap Noun, qui porte toujours ce nom, qui est celui de la Dame du Ciel, mère d'Ousir et d'Iset et la dernière Reine d'Ahâ-Men-Ptah, est précisément le promontoire où accostèrent Iset et son fils Hor. L'endroit prit donc tout naturellement le patronyme de la dernière « Descendante » directe qui ouvrit la voie au nouveau peuple.

Les Annales conservent le nombre minime de 144 000 êtres vivants parvenant en ce lieu du couchant, Ta Mana, à l'extrême limite de leur endurance, tant physique que morale, qui ne furent sauvés que grâce à l'insubmersibilité des « Mandjit », frêles mais magnifiquement conçues et réalisées. La volonté et l'endurance des pauvres hères jetés dans cette tourmente n'y auraient pas suffi.

Les embarcations s'échouèrent fort heureusement dans le sable des plages, s'y ancrant profondément par les déchirures de leur carénage, évitant ainsi de devenir le jouet des marées. Cela permit aux infortunés passagers, qui se trouvaient à la limite de l'épuisement, de reprendre quelques forces avant de tenter une sortie à l'air libre. À la suite de quoi ils comprirent qu'ils étaient en sécurité, et dans ce havre de paix, ils eurent le temps de méditer sur leur désespérante aventure et leur propre petitesse par rapport à l'immensité qui les entourait...

Du complet abrutissement des premiers jours, avec la profonde tristesse qui emplissait tous les regards, et du manque évident de la moindre organisation, naquirent quelques initiatives, çà et là, qui rassemblèrent localement en divers endroits les familles éparpillées et les esseulés suivant leurs affinités.

Lorsque, après la huitième apparition solaire matinale à l'orient, le bruit se répandit comme une traînée de poudre le long du rivage, que la dépouille d'Ousir avait abordé en compagnie de Nek-Bet, des soupirs de soulagement fusèrent de bien des poitrines. Ousir restait par-delà la mort le « Guide » et l'Aîné de Dieu, et il représentait un espoir certain, quoique personne ne fût capable de dire pourquoi. Sauf peut-être Nek-Bet, justement, qui se sentait investie d'une mission Divine. La sœur jumelle d'Iset avait en conséquence rejoint son époux l'An-Nu, qui avait près de lui leurs quatre enfants, et préparait l'opinion de sa famille à laisser Ousir en paix enfermé dans sa peau de taureau encore quelques jours.

Lorsqu'un envoyé, courant tout le long de la côte arriva le lendemain pour leur annoncer que Nout, la Reine-Mère, arrivait jusqu'à eux, ce fut une ovation tonitruante. Une débandade générale de toutes les âmes en peine s'opéra vers cette plage favorisée où les « Descendants » devinrent le pôle attractif.

L'endroit était particulièrement propice à un développement ethnique. Une large baie le bordait, protégée des vents par un double rideau de hauts cocotiers et de palmiers touffus. Cette humanité désemparée, qui affluait nombreuse, se plaça vite sous cette tutelle traditionnelle des Aînés, seuls susceptibles de leur insuffler le courage de faire face aux problèmes multiples causés par ce nouveau départ en aveugle vers une destination que seul Dieu pouvait déjà connaître.

Cette ruée d'une multitude en détresse fut la bouée de sauvetage qui permit à Nout de surmonter sa propre douleur, car hormis la perte irréparable de Geb, son époux, un drame autrement horrible l'avait frappée dans sa propre chair avec la lutte fratricide qui avait opposé deux enfants issus de son ventre, donc frères sans aucun doute[8].

Les âmes en peine réclamant toute son attention présente, elle s'appliqua à leur redonner courage et à les protéger de leurs sentiments désespérés. Comme il fallait commencer à loger plus humainement tout ce monde, elle indiqua les moyens primitifs pouvant assurer des constructions décentes.

Certes, les moyens mécaniques utilisés dans les grandes constructions royales faisaient défaut, tout autant que les pierres, mais cela n'en était que plus facile pour elle, dont on attendait la solution. Elle se revit dans ses jeunes années en train de pétrir l'argile et de la faire sécher en briques... au temps où elle édifiait un abri pour se cacher.

Et Nout commença par faire tresser en grandes touffes les feuilles des palmiers ; après quoi elle les fit assembler en panneaux et monter en huttes précaires mais constituant un premier abri sûr. En une journée, une grosse bourgade était née, chacun ayant en peu de temps participé à ces constructions provisoires. La Reine-Mère fit ensuite entourer ce village d'un haut mur de terre desséchée, très large pour assurer une bonne résistance puisqu'elle lui assigna huit coudées, soit plus de quatre mètres d'épaisseur.

Rien dans son aspect ne rappelait le mur d'enceinte majestueux de son Palais d'Ath-Mer, mais Nout n'en fut pas trop mélancolique ; cette muraille rappelait plutôt les premières défenses encerclant les antiques villages primitifs d'Ahâ-Men-Ptah. Des milliers d'années avaient fui... et le peuple se retrouvait au même point ! Ici il n'était

---

[8] Cette loi matriarcale impérative des Atlantes se retrouve encore aujourd'hui chez les Berbères qu'un proverbe explique en peu de mots : « Le ventre fait l'enfant. » Si une femme noble a un enfant d'un paysan, l'enfant est noble ; s'il naît d'une paysanne et d'un noble, l'enfant est paysan.

pas question de se défendre, mais d'endiguer le flot d'animaux qui trouvaient là une nourriture bien à leur portée.

Mais il se trouva que cette enceinte eut une utilité autrement importante et en un sens inespérée. Parmi les nombreuses espèces animales proliférant alentour, certaines étaient paisibles, venant mâchonner quelques végétaux épars, rappelant des mammifères fournisseurs de lait à certains paysans qui en attrapèrent sans grande difficulté. Il y eut ainsi des mouflons, des gazelles, des daims, quatre gros bœufs aux bosses pendantes et plusieurs brebis dont le lait fit la joie des petits et des grands.

Dans ce temps d'adaptation mixé par beaucoup de mouvements, un fait passa inaperçu ou presque. Il prit cependant la plus grande importance. Nek-Bet, aidée par quelques femmes, avait construit sur un monticule une « Demeure » provisoire pour y laisser reposer Ousir, que le mur d'enceinte engloba tout juste dans son emprise. Ce fut le « Iat-Ousir » ou le tertre d'Ousir.

Cette construction émanait d'une vision que la jeune femme avait eue, et qui lui intimait, sans qu'elle puisse dire pourquoi, l'ordre de ne pas ensevelir le corps du fils Aîné de Nout, ni de l'enlever de sa peau de taureau. Le Pontife, son époux, avait manifesté quelques réticences à ce repos dénué de rituel funéraire, mais connaissant le pouvoir divin de seconde vue qu'elle possédait, il ne s'y était pas opposé.

Comme d'autre part ce tertre comportait en son sommet un sycomore, le souvenir et la similitude avec le Nahi Sacré où s'était réfugiée Nout la veille de son mariage avec Geb incitaient l'An-Nu à attendre patiemment que des éclaircissements lui parviennent d'une manière ou d'une autre.

Le Pontife n'en avait pas moins décrété, pour les raisons précitées, que ce lieu « Iat-Ousir » serait Sacré. Une limite le sépara du monde profane par une petite enceinte carrée qu'il dessina lui-même. Nout, à cette occasion, fabriqua les premières briques crues, montrant à tous la technique antique du mélange de l'argile rougeâtre semblable à celui qui recouvrait les routes d'Ath-Mer et du Palais.

La première notion de l'unité divine refit surface en force avec la dévotion et la vénération qui furent apportées au « Descendant-de-l'Aîné » dès cet instant. Mais l'irritation de Nout n'en fut pas calmée pour autant, car elle ne comprenait toujours pas pourquoi le Pontife avait autorisé que son fils reste dans cette peau exécrable avec l'assentiment de Nek-Bet. La Reine-Mère avait d'ailleurs fait part bien haut à sa fille de ce que tous chuchotaient. La jumelle d'Iset s'en était excusée par un demi-mensonge, en prétextant que seule sa sœur, épouse d'Ousir, avait le pouvoir de décider ce qu'il conviendrait de faire de cette peau de taureau, devenue Sacrée à son tour par son contenu lui-même. Iset seule serait apte le moment venu à prendre la décision « qui apporterait l'apaisement tout autant qu'une réalité nouvelle à Ousir ».

Ces énigmatiques paroles, tout en soulageant Nout, l'intriguèrent beaucoup, car elle savait le pouvoir dont sa fille était investie. Elle céda donc, malgré quelques réserves.

Arrêtons la narration simple, pour participer directement au dialogue, tel qu'il est presque totalement rapporté par les Archives des *Quatre Temps* :

- Cela est bien, Net, mais nous n'avons aucune nouvelle d'Iset...

- Ne crains rien à son sujet, ô toi notre mère bien-aimée ; elle s'occupe de son fils très blessé, mais vivant. Mais ils sont en route pour venir ici.

- Quelle heureuse nouvelle ! J'étais tellement anxieuse ! Dis-moi : ne pourrait-on pas envoyer au-devant d'eux quelques hommes ? Où sont-ils ?

- Ils n'ont besoin de personne, ô ma mère, ils font les rencontres nécessaires sur leur chemin. Prévois seulement beaucoup de huttes supplémentaires pour loger tous ceux qui arriveront avec eux.

Nout songea à la joie qu'elle aurait à serrer Iset et son petit-fils dans ses bras. Elle prépara fébrilement une demeure propre à accueillir Hor, blessé, qui avait toujours été son préféré, car « ce fils était la protection de son Père ». Les Annales sont formelles sur ces termes.

Durant ce temps, Iset, ex-Reine en titre d'un continent n'existant plus, ex-épouse d'un corps inerte attendant son arrivée, poursuivait son calvaire. Échouée à l'embouchure d'un fleuve, épuisée par cette interminable nuit, elle s'était effondrée auprès de son fils, toujours solidement maintenu au restant du mât cassé de la « Mandjit »t, auquel elle l'avait attaché. Hor, éborgné, ensanglanté, le genou droit cassé et une épaule démise, restait dans un état second, fluide, où son âme avait beaucoup de peine à surnager.

Lorsque le Soleil avait été bien haut et ses hardes quelque peu séchées sur elle, elle avait tiré son fils hors de l'embarcation, moitié le portant, moitié le poussant.

À bout de forces, elle l'avait traîné le plus loin qu'elle l'avait pu, sur le sable fin plus ferme, le réconfortant déjà de sa propre chaleur.

À peine reposée, ne sachant quel chemin prendre et désirant trouver le plus vite possible de l'aide pour soigner son pauvre enfant dans l'impossibilité de se déplacer par lui-même, elle l'avait agrippé à ses épaules. Ainsi lourdement chargée, elle avait suivi le cours de cette eau remontant vers l'intérieur du pays. Ce fut très pénible, et elle se rendit compte bien vite que le panorama ne lui rappelant rien, Dieu était leur seul Protecteur.

Hor, quant à lui, s'agrippait lourdement et instinctivement aux frêles épaules maternelles, ne retenant pas les gémissements que la douleur arrachait de ses lèvres tuméfiées. Les élancements montant de sa jambe déformée par les plaies à la hauteur du genou devenaient intolérables. Sa figure ravagée à hauteur des yeux l'empêchait de se rendre compte de l'état lamentable où sa mère et lui-même en étaient réduits.

Pendant cette lente progression, Iset se demanda en quoi elle avait péché pour en être réduite à cet effroyable cauchemar. Si son peuple n'avait pas su conserver sa Foi traditionnelle, en quoi était-elle rendue responsable de cette impiété, pour en être aussi durement punie '*!*

Aucune réponse ne vint troubler les faibles échos qui lui parvenaient d'un monde ambiant réfractaire à toutes les supplications. Prête à se laisser tomber d'épuise- ment dans un jour déclinant d é jà par-delà le nouvel horizon occidental, elle se crut soudain le jouet d'une hallucination : elle entendait des voix l

Affolée par la fatigue, elle s'arrêta et leva les yeux vers le ciel, mais les branchages mouvants des grands arbres ne lui révélèrent rien. Elle ne réalisa pleinement la situation que lorsque les paroles qu'elle avait entendues sans les comprendre se transformèrent en apparences humaines. Iset se laissa glisser à terre, hagarde, comprenant cependant que l'aide qu'elle avait tant appelée parvenait à ses côtés.

Il s'agissait d'un petit groupe de rescapés qui s'était aventuré à l'intérieur des terres et avait été stoppé par de hautes montagnes. C'est en revenant à son point de départ qu'avait eu lieu la rencontre. Dès ses premières paroles, Iset fut reconnue malgré l'extrême faiblesse où elle se trouvait. Hommes et femmes tombèrent à ses genoux, cependant que l'un d'eux se relevait vivement pour la soutenir, car elle venait de s'évanouir pour de bon.

Deux couches épaisses de feuillage furent vite pré- parées pour les deux corps et des fruits juteux posés près d'eux pour le réveil, tous campant là pour la nuit. Au matin, après une brève explication avec Iset, le groupe reprit sa marche vers l'embouchure, l'avance n'ayant donné aucun résultat. Deux hommes prirent doucement Hor dans leurs bras entrecroisés, lui assurant une assise soulageant ses jambes.

Le retour au point de départ fut sans histoires, Iset voyant dans cette rencontre le signe favorable qu'elle espérait. Son moral redevint un peu plus optimiste pour finalement se remettre au beau lorsque leur groupe, arrivant à l'embouchure, y aperçut une vingtaine d'autres rescapés qui, eux, remontaient vers le nord en suivant les contours du rivage. Un messager leur avait dit, la veille, que l'An-Nu, son épouse Nek-Bet, et surtout la Reine-Mère Nout, la Protectrice Aimée de Dieu, réunissaient autour d'eux tous les survivants qui désiraient retrouver un Deuxième-Cœur et une seconde patrie.

En comprenant qu'ils avaient retrouvé Iset et son fils Hor bien vivants, une joie délirante s'empara de tous. L'ex-Reine, qui s'était un moment crue orpheline et perdue dans un monde hostile, se sentit étreinte d'une gaieté telle qu'elle se transforma en une crise nerveuse de larmes, probablement la première de sa vie, autant qu'elle put s'en souvenir.

Elle apprit plus tard, lorsque le convoi augmenté eut repris sa marche dans la nouvelle direction pour rejoindre sa mère, que le bruit de cette agglomération nouvellement implantée courait à toute allure à travers les grands arbres, de tous les côtés, car chaque fois qu'un groupe se mettait en mouvement d'un point quelconque, il déléguait un membre solitaire pour porter la bonne nouvelle à d'autres survivants esseulés.

Après une dizaine de journées d'une avance moins fatigante, les hommes se relayant pour porter Hor et faciliter sa marche, Iset estima qu'ils avaient parcouru la moitié de la route. Ce jour-là, un autre messager leur apprit que Nek-Bet, en attendant leur arrivée, avait mis dans un abri sûr le corps d'Ousir.

En apprenant ainsi, non seulement qu'elle était attendue, mais qu'elle pourrait très bientôt assurer elle-même une sépulture décente à son époux, Iset reprit entièrement goût à la vie. Son fils n'allait pas plus mal, soulagé qu'il était de tous efforts inutiles. Il y avait, d'autre part, autour d'elle, assez d'appels désespérés et de sanglots inépuisables, pour qu'elle ne s'abandonne plus à sa douleur.

Devant l'insondable mystère qui avait présidé au cataclysme, et devant la mort posant le problème inéluctable de l'impuissance humaine face à un phénomène céleste indépendant de la volonté de l'Homme, la

Foi se retrouva en un resserrement des liens avec les « Descendants » qui avaient été si malmenés dans les derniers temps d'Ahâ-Men-Ptah.

D'où cette idée qui se propagea rapidement, de former une deuxième patrie, qui serait un nouveau cœur reliant le Créateur et ses créatures, là où personne ne songerait plus à le combattre.

Mais un autre problème, presque aussi angoissant pour sa conscience, mit Iset en face de ses responsabilités lorsque, dès le lendemain, leur troupe s'augmenta de quatre hommes qui avouèrent leur appartenance aux États rebelles, donc aux ex-Provinces ayant participé à l'anéantissement des « Descendants ». Ces rescapés, s'ils n'avaient sans doute pas participé directement à l'assassinat de son époux et l'assuraient de leur entier dévouement, n'en posaient pas moins un point d'interrogation qui deviendrait vital par la réponse qui y serait faite : que faudrait-il dire aux « Fils de la Rébellion de Sit », survivants, qui voudraient se joindre à eux ? Et que faire plus précisément de tous ceux qui ne le diraient pas, mais qui avaient fait partie de cette bande de brigands, *avant* ?

Iset regarda autour d'elle, mais n'exprima pas tout haut ce qu'elle pensait. Son frère Ousit, devenu Sit lorsqu'il avait renié sa descendance, était même peut-être mort. Désorientée, elle finit par le souhaiter au fond d'elle-même avec une grande ferveur.

Mais ce frère rebelle était bien vivant. Il avait très mal supporté la traversée hallucinante, après la dramatique lutte qui l'avait opposée à Ousir « l'infect bâtard usurpateur ». Cette haine ressassée dans sa solitude détraquait irrémédiablement l'esprit affaibli de Sit, qui se trouvait à deux jours de marche plus au sud, assis sur une pierre à l'embouchure d'un fleuve qui prendrait le nom d'*Iliouna*, c'est-à-dire les « Rescapés du Ciel[9] ».

Mais Sit, gardant encore quelques parcelles lucides au tréfonds de son âme, dressait un bilan sur la tuerie sans nom qui avait précipité le déclenchement et l'anéantissement de *son* pays. La conclusion, certes, était que « l'abominable » Ousir était bel et bien mort, et qu'il en était délivré, mais que ni l'un ni l'autre ne pouvait plus régner sur un pays qui n'existait plus.

Ce fut pourquoi l'idée germa rapidement dans son cerveau fiévreux d'obtenir un autre succès malgré tout, par une revanche posthume. Il tenta de rassembler les quelques épaves humaines qu'il croisait. Il réussit facilement auprès de ces errants, abandonnés à leurs plus bas instincts, livrés à qui savait les mettre en valeur. Sit, dans sa folie inconsciente, n'eut aucune peine à leur démontrer que tous les maux qui s'étaient abattus sur leurs épaules avaient été provoqués par l'insouciance des « Descendants » heureusement morts.

Le chef des ex- « Fils de la Rébellion » se persuada ainsi qu'il était toujours un guide que nul autre ne pourrait égaler. À force de le

---

[9] M. de Rougé, dans le tome XVI de la *Revue archéologique*, réitère une théorie insoutenable quant à cette appellation. Ce nom est gravé en de multiples endroits dont le tombeau de Sésostris. M. de Rongé cite un pays conquis : Dardani, devenu Dardanos l'homérique (ce qui est exact), ainsi qu'un autre : *Iliuna* , « cette antique cité Ilios ou Ilion, capitale des Dardaniens » (*sic* !). En effet, si Dardani est bien un nom thrace par excellence, Iliuna ne signifie rien, même en grec, de près ou de loin. Par contre, la phonétique hiéroglyphique nous transmet E-Iou-Na, soit les « Rescapés du Ciel ». Ce sont eux qui, au départ, ont permis à Sésostris, descendant de Sit, de devenir le « Grand Victorieux ».

répéter, chacun s'imprégna de cette vérité. Quelques jours plus tard, la troupe qui s'augmentait petit à petit fut avertie de la création d'un grand centre où Nout et Nek-Bet, aidée de son époux, organisaient déjà une vie parfaite, et quelques-uns émirent le désir de s'y rendre, au lieu de vivre là de l'air du temps et de belles paroles.

Le lendemain, un autre messager leur apprit que la dépouille d'Ousir, depuis son enclos Sacré, assurait la protection efficace du nouveau village, et que tous étaient invités à s'y regrouper.

Écumant de rage et bavant littéralement, Sit l'étrangla de ses propres mains, avant de tenir un long discours à ses « troupes ». Afin de faire cesser les tergiversations des hésitants, il ordonna de se mettre en route pour cette cité qu'ils investiraient et placeraient sous leur domination et leur contrôle. Cette annonce assez diplomatique plut à la plupart, qui ne surent jamais que la première chose que voulait Sit était de renvoyer Ousir à la mer, croyant que ce frère détesté était déjà dévoré par les poissons.

Dès la première halte, il prit en aparté ceux qu'il pensa susceptibles de ne plus posséder ni foi ni loi, et leur prouva qu'il fallait stopper net le règne de ces deux femmes pour assurer le leur, en omettant de leur avouer que l'une était sa mère et l'autre sa sœur, ce que tous savaient cependant.

Mais ne songeant plus qu'à une nouvelle mainmise très lucrative sur cette communauté, les nouveaux rebelles en eurent par avance des lueurs de convoitise dans les yeux. Aucune voix ne s'éleva contre ce projet d'invasion, et Sit en grimaça d'aise, clignant des paupières en un tic nerveux, afin de ne pas montrer que sa conception du despotisme englobait ses soldats dans le troupeau des esclaves.

Un millier de personnes environ, sans compter les enfants, formèrent le premier chaînon de ce clan qui deviendrait bien plus tard le rival acharné des dynasties pharaoniques sudistes. D'ici là, une lutte incessante, titanesque, creuserait entre les deux Géants un fossé qui deviendrait vite infranchissable.

Chaque soirs les rapprochait du phare éblouissant qui les attirait, et cela leur donnait l'occasion de se livrer aux préparatifs de l'invasion, dans un coin éloigné des feux du camp. Sit leur ayant montré comment fabriquer des massues efficaces et des arcs aux flèches meurtrières, les « Rebelles » se mirent à l'œuvre, plus ou moins à la sauvette, afin de ne point effrayer les femmes. Il devenait cependant difficile de cacher toutes les armes ; aussi, à ceux qui s'étonnaient, ils rétorquaient qu'il ne s'agissait que d'engins destinés à assurer leur défense contre les bêtes féroces.

Prenant leur temps pour voyager, car ils désiraient parvenir au terme du voyage frais et dispos, et en compagnie des femmes et des enfants, afin de ne pas effrayer les habitants et surtout donner le change à Nout qui ne manquerait pas de se poser des questions sur Sit et d'organiser la défense si tous les apaisements ne lui étaient pas immédiatement fournis, ils eurent tout le temps voulu d'organiser la « prise du pouvoir :..

Quelques jours avant d'arriver, dans un moment de colère terrible, le chef dévoila ses intentions au grand effroi des plus paisibles. Sit avait été pris d'une fureur subite devant le refus d'une jeune femme de le suivre. Il écuma, menaça de la tuer, tout comme « il le ferait avec Nout, Nek-Bet et toutes celles qui s'opposeraient à son désir quand ils seraient arrivés ».

Comme la troupe était proche du but, personne n'osa s'enfuir de peur de subir un sort peu enviable de la part des gens armés aux mines de plus en plus patibulaires qui les encadraient.

Quarante-huit heures avant qu'ils n'arrivent sur place, Iset et son groupe, maintenant nombreux, pénétrèrent dans l'enceinte de la cité. Réconfortée au long de la route par ce respect amical qui l'avait si bien entourée, malgré son épuisement, elle se redressa pour répondre aux ovations qui saluaient son arrivée.

Hor, très affaibli, mais ayant repris peu à peu conscience de ce qui l'entourait, essaya tant bien que mal de se dresser sur la couche de feuillages où il se trouvait, portée par deux hommes comme un brancard. Sa vision était nulle, son œil blessé étant fermé par le sang qui s'y était coagulé, mais sa mère l'avait tenu au courant jusqu'à la fin, du chemin suivi.

Sous les acclamations et bientôt portés en triomphe, Iset et Hor, ahuris par l'engouement de ce peuple à leur égard, se retrouvèrent devant la hutte où les attendaient Nout, Nek-Bet et l'An-Nu. Ils y furent déposés précautionneusement, entourés de mille attentions de la part de tous.

Pendant que la Reine-Mère serrait enfin ses enfants contre elle et que la jumelle regardait cette scène attendrissante, son époux, le Pontife, s'inclina respectueusement, suivi par toutes les personnes présentes. En un instant, la Tradition reparut, ramenant la civilisation, par les paroles que prononça l'An-Nu d'une voix forte :

- O toi, Iset, Divine Maîtresse du Ciel, tu as permis en retrouvant Hor vivant, que cesse le Grand Cataclysme ! Car il est le Fils du Fils, et c'est lui qui dirigera désormais le nouveau peuple de Dieu reconstitué. Sois la bienvenue, Iset ; sois le bienvenu, Hor ; ce village est le vôtre, éternellement, car son nom est Ta Mana aujourd'hui et pour l'Éternité !

Chacun avait repris sa dignité durant la brève allocution, après quoi les effusions et les ovations reprirent. Nek-Bet, cependant, dit simplement à Nout :

- Il est urgent, ô notre Mère bien-aimée, qu'Hor bénéficie du repos dans la hutte que tu lui as préparée. Je reviendrai pour t'assister dans les soins que tu lui prodigueras, dès que j'aurai conduit ma sœur

Iset, mon autre moi-même, auprès de son époux. La « Iat », édifiée spécialement pour le maintenir dans l'attente paisible de celle qui, seule, a la délégation des pouvoirs célestes, est prête à la recevoir !

Les groupes partirent chacun de leur côté, cependant que le Pontife s'occupait des nouveaux arrivants qui s'étaient amassés, hébétés par cette intense activité qui les dépassait.

En chemin, Nek-Bet entreprit de réaliser la première partie de sa mission en tâchant de faire le vide total dans l'âme de sa sœur, afin que celle-ci soit très réceptive à certaines influences lors de son arrivée sur le tertre, dans la « Demeure Sacrée ». Pour y parvenir elle devait parler intensément d'un sujet susceptible d'accaparer toute son attention. Aussi choisit-elle d'expliquer la signification du « Couchant » dont se parait Ta Mana[10] :

- Pour montrer sa toute-puissance, la colère divine a choisi des signes invincibles. Elle a changé le cours du Soleil en provoquant le Grand Cataclysme et tous les bouleversements qu'il a entraînés à sa suite. Nul humain ne pouvait lutter contre. La veille de ce jour horrible, le soleil se levait à l'ouest comme il le faisait chaque jour auparavant. Nous avons assez contemplé les magnifiques rayons dorés de ce globe lorsqu'il se levait à l'occident, t'en souviens-tu ?

Iset hocha la tête en un signe affirmatif, ce qui prouvait qu'elle avait bien suivi ce monologue malgré sa fatigue évidente et son désir d'arriver auprès de son époux. Mais elle n'ajouta rien, et Nek-Bet reprit très vite :

---

[10] Ta Mana est toujours le nom d'un village situé à 60 km au nord d'Agadir. Et s'il est présentement éloigné du bord de mer de quelques lieues, il est toujours bâti sur le sable, où les coquillages non fossilisés abondent, preuve qu'ils ne sont là que depuis une dizaine de millénaires.

– Le lendemain, après la catastrophe, l'évidence apparaissait à tous les yeux hébétés : Dieu s'était manifesté en faisant reculer le Soleil dans le ciel, l'obligeant ainsi à se coucher là où précisément auraient dû briller les lumières des maisons d'Ath-Mer, et où il ne restait plus que la mer qui recouvrait les millions d'âmes de nos chers ancêtres...

Frissonnant à ce rappel sanglant, Iset resta sans voix. Elle marcha sans plus penser à ses propres problèmes, tentant de comprendre ce qui avait entraîné cette suite d'événements catastrophiques. Sa sœur, qui suivait parfaitement le cheminement des pensées chez sa jumelle, fut satisfaite de cette évolution qui faciliterait indéniablement l'arrivée de quelque chose d'extraordinaire. Elle s'empressa de reprendre, afin que cet état d'esprit continue jusqu'à l'arrivée au tertre :

– Les signes Divins doivent servir d'expérience, pour nous, les survivants, car ce sont punitions qui peuvent se racheter. L'anéantissement s'est produit durant la navigation solaire sous la domination des « Fixes » de la Grande Force : celle qui nous vient du Lion. Celle justement qui dépendait de notre premier Pêr-Ahâ, l'Aîné. Dieu a donc voulu que l'Humanité comprenne enfin, « après », qu'il était Dieu et en même temps que le Soleil était un de ses propres yeux en colère, et que le Lion lui servait de bras : Dieu est tout, à lui seul[11].

Soumise à la pression verbale émanant de cette évocation, Iset ne remarqua plus rien de ce qui l'entourait, notamment la foule qui se faisait de plus en plus dense au fur et à mesure de leur approche de l'enclos Sacré, ni des regards gênés ou apitoyés qui se détournaient rapidement des deux femmes qui ne tarderaient plus à se trouver devant *la* peau contenant Ousir.

---

[11] « Je suis Râ ! Et je suis aussi le Lion ! » ( ) *Livre des Morts,* au chapitre 62, VIII.

Le contenant et son contenu précieux attendaient en effet leur arrivée. Nek-Bet, qui, elle, ne pensait qu'à ce moment, se demanda soudain anxieusement si elle avait bien présumé des visions qui l'avaient possédée. Mais il n'était plus temps de reculer, et il fallait qu'Iset continue à penser à autre chose qu'à son époux. Elle reprit donc, afin de ne pas se concentrer elle-même trop tôt sur le tertre :

- Aujourd'hui, un Conseil s'est réuni à Ta Mana. C'était le premier et personne ne savait ton arrivée, sauf moi. Mais je n'ai rien dit, car les décisions prises allaient dans le sens du renouveau qu'il fallait. Des liens harmoniques sont prévus pour renouer avec le nouveau Lion et son double, par plusieurs symboles qui n'auront leur pleine signification que si un « Descendant », et lui seul, tient le lien ferme entre son peuple et son Père, Dieu. Aussi, dès que ton fils, Hor, sera guéri et apte à reprendre les rênes de Pêr-Ahâ, une cérémonie le sacrera par l'immolation d'un lion. La queue de cet animal lui servira de ceinture, en signe d'Alliance céleste « ceinturant » les *Douze*. Ce lien, unissant la Terre au Ciel, sera sa protection tout autant que celle de son peuple, éternellement. Car du jour où il en sera autrement, un cataclysme encore plus horrible détruira à jamais notre civilisation, et il n'en restera rien que des pierres, qui ne seront plus que les symboles d'une gloire passée.

Poterie prédynastique où le grand cataclysme est également bien rendu.

Ces dernières paroles résonnèrent lugubrement dans la tête d'Iset, qui gravit sans s'en rendre compte le monticule qui les mena sous le sycomore, devant l'Iat d'Ousir. Alors seulement la sœur de Nek-Bet reçut comme un coup en plein cœur. De l'autre côté de cette faible paroi, le corps de son époux l'attendait... Elle se sentit poussée par la main ferme de sa jumelle qui la regarda pénétrer dans la « Demeure »…

La première partie de son plan avait réussi, et Nek-Bet se dit qu'il était temps pour elle de rejoindre Nout, fort occupée à soigner Hor.

Chapitre Troisième

OUSIR-LE-RESSUSCITÉ

Il est l Aîné, le chef de quatre enfants, et c est lui qui fera régner la paix sur la deuxième terre à jamais. Sur le Trône, il placera son fils Horus qui fut la louange de Geb et l amour de Nout. Cela sera imposé à celui-là même qui le hait pour l avoir tué lâchement : son frère Sit.

Hymne à Osiris
(I – 17/24)

Arrière à toi : « Taureau céleste, ennemi du Soleil », car tu n as plus de corps, ni de bras ni de jambes et tu ne peux plus vivre car tu n as plus de tête ! O âme morte, détourne-toi du soleil, tu es devenu, pour tous un sujet d abomination ! Mon âme ne remplacera jamais la tienne dans cette peau, et tu ne te dresseras plus contre moi !

Papyrus de Nesi-Amsou
(La Colère de Sit)

Le genou semblait remis en place, et les morceaux d'os consolidés par un enduit épais fait avec une sorte de terre argileuse que l'on qualifierait aujourd'hui de « radioactive ». Nout l'avait découverte le jour même de son arrivée, fumant en bordure d'une source chaude où elle venait se laver. Elle avait senti là une nouvelle vigueur l'envahir et s'était rendu compte bien vite de son usage. Avant de l'étendre sur les cassures de la rotule, elle avait imprégné la boue d'eau de mer.

Dès son entrée dans la pièce, Iset avait hoché la tête en approbation. Il était évident qu'Hor était entre des mains expérimentées, et qu'il se rétablirait rapidement, en ce qui concernait ses jambes tout au moins. Elle se pencha sur le visage afin de scruter les yeux sanguinolents qui venaient d'être lavés. Une orbite était vide, mais l'autre, dont la paupière fermée était gonflée, n'avait pas trop mauvais aspect. Nek-Bet en déduisit que la rétine devait être encore saine.

Tout en murmurant à son neveu des paroles apaisantes de réconfort, la jeune femme mit sa main gauche sur les deux yeux. Elle laissa ainsi s'écouler dans le corps affaibli une partie de son fluide vital, afin de permettre une régénération plus rapide des tissus partiellement détruits.

Hor sentit instantanément un apaisement général s'emparer de l'intérieur de son corps. Une force essentielle lui revenait d'emblée, le calmant, tout en relaxant un certain nombre de ses cellules, les obligeant à se reformer et à reproduire à nouveau toutes les fonctions interrompues.

Pris d'un sommeil soudain, sous ses paupières closes, il s'endormit si paisiblement pour la première fois depuis bien longtemps, que les deux femmes, émues et attendries, se laissèrent aller à montrer leurs sentiments réciproques en pleurant dans les bras l'une de l'autre.

Cela ne dura guère, car Nek-Bet sentit que le grand moment pour Ousir était arrivé. Elle devait rejoindre très vite sa sœur qui risquait, dans sa précipitation, de faire rater l'*Événement*. Laissant sa mère au chevet du malade en voie de guérison, elle repartit vers la « Demeure », où cette peau de taureau ne poserait plus longtemps l'énigme très particulière qui la rendait elle- même si fiévreuse.

En entrant dans cette pièce auréolée d'une paix vrai- ment extraordinaire, elle s'aperçut avec soulagement que sa jumelle était toujours effondrée sur la peau contenant le corps de son époux et qu'elle n'avait encore touché à rien. Approchant plus près, elle se rendit compte en souriant que sa sœur, cédant à une fatigue compréhensible, s'était endormie après avoir encerclé l'encolure, comme si la peau était inexistante, et qu'elle serrait simplement son époux par le cou.

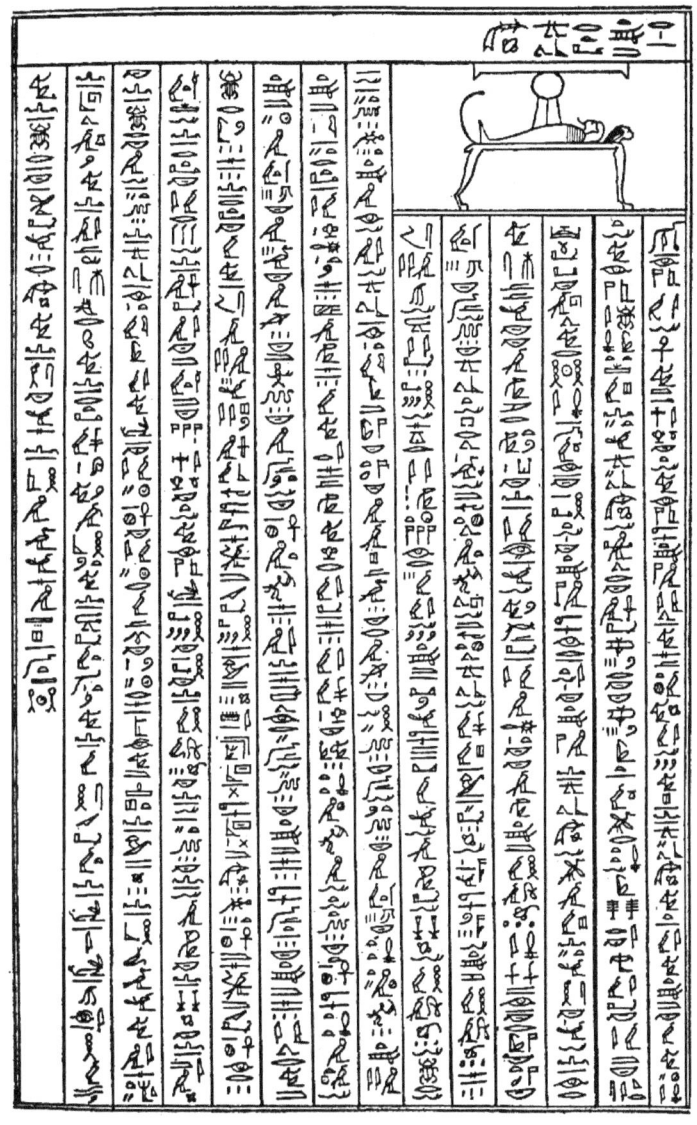

Voici un extrait du « Livre de l Au-delà de la Vie » expliquant l épopée des « Rescapés » et la résurrection d Osiris.

Le bruit que fit sa sœur en se penchant vers elle, suffit à éveiller Iset, qui sursauta en se soulevant, comme prise en faute. Elle fronça les sourcils avant de demander d'une voix hésitante :

- Dis-moi, Nek, toi qui sais tout... Pourquoi ne suis-je pas écrasée de douleur, moi qui l'aimais tant ?... Cela devrait me rendre folle et incapable de te parler, et pourtant je suis honteusement calme !

À la vue d'Iset, tellement désemparée par son manque de tristesse, sa sœur répondit d'une voix légèrement moqueuse :

- Peut-être as-tu cet état d'âme parce que celle-ci est, justement, en parfaite communion avec celle d'Ou- sir, ton époux adoré et mon frère bien-aimé.

- Ne te moque pas de ta sœur qui est dans la désolation ! C'est trop horrible d'être ainsi ! Son esprit est certes toujours en moi, en permanence, mais il est mort !

- Peut-être, oui ; et peut-être... non.

- Que veux-tu dire ?

Très effrayée soudainement, Iset se recula en tendant le doigt vers la peau rebondie par le corps qui s'y trouvait :

- Il... Il est bien là ?... Ou veux-tu me faire comprendre que ce n'est pas lui qui se trouve dans cette affreuse peau ?

- Autant que je le sache, c'est bien Ousir, ton époux, qui repose là, avec son âme reliée à la tienne. Cette peau a é té serrée fortement, empêchant ainsi son esprit de rejoindre ceux des Bienheureux.

- Ce doit être pour cela que je n'ai pas osé couper les entraves : j'avais peur que son âme parte à tout jamais.

Un petit sourire de malice effleura furtivement les lèvres de Nek-Bet. Elle se rapprocha de sa sœur, et lui proposa d'une voix douce et persuasive

- Désires-tu le laisser ainsi et lui construire sa

Demeure définitive ?

- Que proposes-tu là ? Tu voudrais que je le laisse dans cette peau ?...

Horrifiée par cette image, elle se cacha les yeux avec ses mains, mais très peu de temps. D'une voix farouche, elle reprit :

- Oh non ! Cette enveloppe animale ne lui servira pas de robe d'apparat pour entrer dans l'Au-Delà Éternel... Jamais !

- Tu dépasses ma pensée en me prêtant une telle idée, ô toi qui es mon autre moi-même ! Je voulais juste savoir si ton désir était de voir Ousir dans un autre « ailleurs :., ou qu'il reste près de toi.

- À mon côté ?... Ce serait si magnifique si la vie ne lui avait pas été ôtée par son Père. Il serait encore vivant... Et dire que je ne parviens même pas à ressentir un désespoir quelconque, ni même le moindre sentiment de solitude !

Son expression faisait peine à voir lorsqu'elle se rapprocha de sa sœur pour lui demander, les yeux dans les yeux :

- Dis-moi, Nek, deviendrais-je un corps sans âme, pour n'éprouver aucun chagrin de la mort de mon époux, que j'adorais tant et tant ?

Nek-Bet eut un petit rire teinté de moquerie pour mieux cacher sa tendresse et son émotion, car le moment pathétique approchait à grands pas avec la venue de sa mère et de son propre époux. Elle caressa la chevelure de sa sœur, tout en « voyant » Nout, le Pontife et deux autres prêtres entreprendre la courte montée du tertre pour parvenir jusqu'à elles. Effectivement, ils ne tardèrent guère à entrer dans la pièce.

Lorsque tous furent assemblés, Nek-Bet sut que l'instant voulu par Dieu était arrivé. C'était à elle que revenait l'honneur de faire accomplir ce qui avait été écrit par Lui afin que la Foi renaisse en ce « Deuxième-Cœur ». Elle laissa donc Iset perdue dans ses réflexions et se porta vers son époux, dont elle contempla l'allure noble, retrouvée enfin malgré son air simple qui l'avait conquise plusieurs années auparavant.

Elle éleva son front pour l'appuyer respectueusement tour à tour sur les deux fortes épaules, si réconfortantes lorsqu'elle en sentait le besoin, comme en cet instant où elle devait solliciter son aide spirituelle tout autant qu'une aide morale. Ce qu'elle prononça, cependant, ne cadrait pas avec ses pensées intimes, en apparence tout au moins, aussi ne fut-elle pas surprise de voir le Pontife froncer quelque peu ses sourcils en signe d'incompréhension. Mais il essaya de comprendre le sens caché des paroles pour aider son épouse qui avait besoin de lui.

— Notre Iset bien-aimée enfin retrouvée, notre sœur vénérée enfin entrée dans notre cercle familial des « Aînés », éprouve un dilemme dans sa conscience. O toi, mon époux favorisé de Dieu et de ses conseils, voici le moment de l'aider afin qu'elle retrouve un parfait équilibre. Cela devrait être assez facile puisque son fils Hor va guérir et que notre sœur avoue ne ressentir aucune tristesse devant le corps du noble Ousir enfermé et inerte à nos pieds. Cette animale conception de la fin d'un époux ne la désespère pas, et...

Outrée par ce ton persifleur, Iset se dressa sur la pointe des pieds pour lui couper la parole :

— Nek ! Comment peux-tu parler ainsi ?

L'ironie incompréhensible de la diatribe de Nek-Bet les surprenait tous, et plus encore sa sœur, qui courut à son tour vers le Pontife, son beau-frère, qui venait de repousser légèrement son épouse pour la regarder et tenter de percer le mystère qu'il sentait poindre sans encore comprendre ce qui allait se produire.

Entrecoupée de sanglots retenus, la voix d'Iset reprit, angoissée :

- Oublies-tu, ma sœur, par quelle horrible fin s'est achevée la vie d'Ousir ?

Le sourire énigmatique de Nek-Bet persista, sans qu'elle fasse mine de se justifier. Iset reprit, plus véhémentement :

- Cette peau de taureau contient le corps de mon époux ! L'aurais-tu oublié ? C'est lui que tu bafoues en te moquant de moi !

Prenant une main du Pontife et la serrant fortement, elle l'implora :

- O toi, qui es le vénérable conducteur de nos âmes sur le fragile chemin de la renaissance, toi, qui es le Pontife introducteur de la nouvelle espérance dans tous les cœurs, toi, qui es le justificateur des actions humaines devant Dieu, donne l'ordre de construire près d'ici, la « Demeure d'Ousir ». Qu'elle soit la plus simple possible, mais la plus agréable afin que son âme reste éternellement dans la Paix qu'il a toujours demandée pour nous !

Tous les assistants restèrent muets devant ces justes paroles. Nout gardait un regard réprobateur sur Nek-Bet tandis que l'An-Nu, soudainement très inquiet, lui jetait des regards furtifs et gênés, car il lui fallait apaiser Iset. Or, c'était son épouse qui avait presque exigé de laisser ainsi la peau et de ne point l'ouvrir. Cela allait à l'encontre de la Tradition Sacrée, alors que par ailleurs il œuvrait pour le rétablissement intégral du rituel ancestral.

Nek-Bet, qui lisait évidemment en lui, ne le laissa pas plus longtemps se hasarder dans une expectative néfaste. Avant qu'il n'émette des paroles regrettables, elle intervint, le devançant de peu :

- Si tel est ton désir, ô ma sœur, de construire une simple demeure à Ousir pour y laisser reposer son corps, dont les louanges seront éternellement glorifiées, il n'y a rien de plus facile. Et les Annales des petits-enfants de nos arrière-petits-enfants chanteront une Âme s'envolant d'une peau de taureau, et transportée sur une barque dorée rejoignant le Royaume des Bien- heureux, mue par les Douze...

Iset éclata en sanglots convulsifs, ne sachant plus que dire ni que faire, devant sa sœur jumelle qui lisait dans l'avenir et qui semblait la narguer. L'An-Nu la serra contre lui, faisant ainsi comprendre sa désapprobation à son épouse. Nout, quant à elle, se changea en statue comme les deux autres prêtres, ne comprenant plus rien au déroulement d'une situation qui la dépassait.

Cependant, parfaitement calme, Nek-Bet ne pressa pas les événements, qui devaient se dérouler peu après au coucher du Soleil. Comme elle était seule à savoir, elle sut que le Temps était présent, les derniers rayons solaires dardant leurs lueurs changeantes sur le tertre et le sycomore.

Se dirigeant vers l'ouverture de la « Demeure », elle pria ceux qui attendaient silencieusement au-dehors de les rejoindre pour la « cérémonie voulue par Dieu ». Revenant ensuite sur ses pas, elle traversa la pièce en silence et s'arrêta devant l'aération du fond, pour retirer de sous une pierre plate, un des couteaux métalliques sauvés de la débâcle et récupérés parmi les débris semant les plages, qu'elle avait mis là en attente de la tâche exceptionnelle qui serait sienne.

Elle revint vers son époux qui pressentait à son tour quelque chose d'extraordinaire sans pouvoir en définir la qualité. Elle éleva la lame de ses deux mains, en regardant la foule amassée et changée en immensité muette, et parla sur un ton solennel, cette fois :

- Que notre Pontife vénéré prononce les paroles de purification sur ce couteau afin qu'il puisse trancher le lien fétide et toutes ses impuretés, pour délivrer le corps d'Ousir de son long sommeil dans cette peau. Que le rituel antique prévu pour la « Protection des Vivants se déroule devant nous. Que le « Fils-Aîné » soit rendu à son épouse et à tous les « Cadets » !

Très perplexe par le contenu de ce discours imploratoire, car c'était plutôt les phrases du rite consacré à la « Protection des Bienheureux » que le Pontife comptait énoncer, il n'en vint pas moins auprès de son épouse pour prendre délicatement la lame tendue, « à laquelle s'attacherait désormais le pouvoir d'ouvrir toutes les bouches, avec l'aide du Père très juste et bon ». Telle était du moins la pensée de Nek-Bet, tout en suivant attentivement les mouvements de son époux qui se tournait vers les deux officiants qui l'avaient accompagné là.

D'un regard rapide, il leur demanda leur aide, afin d'être secondé efficace ment durant la cérémonie qui allait avoir lieu. De la même manière, ceux-ci acquiescèrent en s'inclinant respectueusement, avant de venir se placer de chaque côté du Pontife. Les trois serviteurs de Dieu s'approchèrent alors lentement de la peau rebondie, du même pas lent et solennel.

Étant arrivé devant la forme Sacrée, l'An-Nu éleva le couteau, bien au-dessus, suspendant durant quelques secondes tout mouvement. Un silence recueilli plana, jusqu'à ce que l'officiant prenne une profonde inspiration, pour implorer le Créateur avec une ferveur poignante. Dès ses premières paroles, tous les assistants se mirent à genoux.

Glorifions Dieu en cet instant exceptionnel, afin qu'il nous assiste de son immense bienveillance, et nous guide pour l'ouverture de cette bouche. Gloire à toi, notre Père à tous, pour les bienfaits que tu mets à notre portée depuis notre débarquement sur cette seconde terre.

Les deux officiants élevèrent alors leurs bras également en signe d'imploration avant que le Pontife ne reprenne d'une voix vibrante de passion :

- Viens à nous, ô Père Tout-Puissant, afin de nous soutenir tout au long de cette cérémonie qui ramènera Ousir, ton fils et le père d'Hor, parmi nous. Il est venu de Toi, le Créateur illimité dans ses créations, il est retourné vers Toi, le Père de tous les Bienheureux.

Mais nous te supplions de nous le rendre sous son apparence humaine, afin que son âme ne devienne pas une « errante ». Que cette lame tranchante, que nous te présentons pour la purification, soit lavée de toutes ses impuretés et que le lien tranché, les lèvres béantes de cette peau, de cette bouche, laissent apparaître Ousir à nos yeux, tel que tu le désires[12]…

Porteuse d'une espèce de petite cruche creusée dans l'écorce ligneuse d'une grosse noix de coco, Nek-Bet s'approcha. Elle l'avait elle-même purifiée la veille en préservant minutieusement le déroulement du rituel antique. L'un des deux prêtres prit la précieuse amphore en s'inclinant, et il la tendit au Pontife qui y plongea le couteau, avant de lever le tout et de dire d'une voix forte :

- Jette un regard bienveillant sur cette eau vive, ô Toi, Dieu de l'Éternité ! Que la purificatrice offrande de ce liquide renouvelle la portée de nos actes et la Foi qui les anime ! Que ce métal purifié, béni par Toi, devienne ton instrument libérateur et présente Ousir à nos yeux, tel que nous l'avons toujours connu !

Abaissant la cruche, le Pontife s'apprêta à formuler l'incantation bénéfique précédant l'acte tant attendu, lorsqu'il sentit la pression des

---

[12] Les implorations liturgiques reproduites au long de ces pages proviennent des divers textes relatifs à l'« Hymne à Osiris » et aux « Lamentations d'Isis », ainsi qu'aux chapitres du *Livre des Morts*.

doigts d'une main de son épouse tirant légèrement sur sa robe de lin. Surpris, il suspendit ses paroles un instant. Comme sous le coup d'une inspiration subite, elle en profita pour émettre des mots, qui firent des phrases à peine croyables. L'An-Nu en trembla intérieurement dès le début, car la prophétisation se manifestait dans l'irréel et l'invraisemblable. Mais il n'émit aucune protestation et ne fit rien pour endiguer le flot des sons qui pénétrait dans toutes les âmes d'abord interloquées :

- O Toi qui es notre splendeur, resplendissant dans l'or de tes millions d'années, Toi dont personne n'a encore contemplé la face sans en être aveuglé, Toi le Maître de la Justice et de la Vérité, Toi notre Seigneur, adoré des deux sœurs ici présentes qui t'implorent, Toi, l'Aimé de tous tes Cadets ici réunis qui te supplient, Toi, le vénéré de Nout, la Mère de ton fils, qui t'implore... Que ta bénédiction s'étende sur cette Demeure où est étendu Ousir, dans cette peau encore cousue ! Que ton Souffle puissant purifie l'ouverture de cette bouche, et rende son apparence humaine endormie, à celui qui est toujours vivant en nos cœurs, car il y vivra éternellement ! Rend-nous l'Aîné, ô Toi le Tout-Puissant à qui *rien* n'est impossible.

Après un court silence qui oppressa tous les assistants agenouillés, Nek-Bet parut reprendre conscience et elle tira son époux, doucement, de façon qu'ils se trouvent exactement au-dessus du corps emprisonné. Elle se raidit de nouveau, et éleva ses bras jusqu'à sentir les mains de son époux tenant la cruche. Elle l'aida à baisser le récipient, tout en prononçant d'une voix farouche, lourde d'une émotion intérieure extrême :

- Que cette lame purifiée apporte la renaissance de notre peuple ! Que celui dont le corps est ici, inerte, renaisse ! Que celui dont les membres sont ici emprisonnés reparaisse ! Que celui qui est ton fils, Ousir, renaisse et reparaisse parmi nous ! Qu Ousir ne soit plus inerte ; que ses membres reprennent vie car il est ton fils, à Toi qui as créé la multitude ! Rend-le-nous VIVANT !

L'étonnement devant de telles paroles atteignit alors son comble, figeant de stupeur la totalité de l'assemblée devant le déroulement fantastique pris par la cérémonie. Chacun sentait inconsciemment, sans encore réaliser complètement le sens précis de ce qui allait suivre, que quelque chose d'inhabituel ne tarderait pas à se produire.

Dans la pénombre qui envahissait de plus en plus la pièce, tous retenaient leur respiration, cherchant à comprendre l'incompréhensible. L'impossible se réaliserait devant leurs yeux, afin de démontrer que la Puissance Divine n'était pas un leurre et qu'elle pouvait tout accomplir.

Nek-Bet fit un signe d'une main à l'intention de son époux, distinctement, de haut en bas. Le Pontife comprit ce qu'il lui restait à faire, mais il ne maîtrisa qu'avec peine le tremblement qui s'emparait de ses doigts alors qu'il devait accomplir l'action de sa vie. Prenant une bonne réserve d'air dans ses poumons pour se donner l'assurance nécessaire, il se pencha vers la lanière de cuir desséchée qui s'était resserrée ainsi, enfermant plus étroitement encore la dépouille d'Ousir.

À son tour, il émit à haute voix une fervente prière, tout en cherchant une faille dans les bords de la peau pour y introduire la lame :

- Que ton serviteur fidèle et soumis, qui célèbre ta puissance, puisse avec cette flèche trancher ce lien, selon ta volonté ! Fais que ton fils soit préservé de toutes les impuretés et de toutes les malédictions passées et à venir. Que ta volonté s'accomplisse, ô Toi le Puissant Seigneur de l'Univers...

Cette dernière phrase fut répétée une première fois par les deux officiants, puis trois autres fois par les autres assistants. Ce temps permit au Pontife d'affermir la prise qu'il venait de trouver sous la lame. Dans le silence qui suivit, chacun entendit le crissement du couteau qui, tel un scalpel manié avec l'art consommé d'un chirurgien moderne, trouva son chemin sans difficulté à la base postérieure de la peau, à la jonction du cuir liant les deux cuisses du taureau entre elles.

Suivant la sorte de pointillé laissée par le laçage, la pointe remonta, guidée d'une main sûre. Cela n'était pourtant pas la facilité même. Mais le Pontife avait agi avec une telle rapidité, comme en un état second, qu'il ne comprit sa réussite qu'en voyant la peau se détendre d'un coup. Les lèvres s'écartèrent largement, ouvrant ainsi cette bouche énorme qui rendit son contenu.

Toutes les poitrines exhalèrent une respiration retenue trop longuement, cependant que les corps agenouillés, en un même réflexe, se reculèrent en se traînant, autant pour ne pas sentir les effluves qui devaient se dégager de cette chair en putréfaction, que pour ne pas voir l'affreux spectacle qu'elle devait présenter.

Nek-Bet, après une brève hésitation bien compréhensible, se pencha cependant car l'obscurité était presque totale. S'était-elle trompée ? Elle ne tarda. point à se rendre à l'évidence : elle avait fort bien supputé la signification des prémonitions qui l'avaient assaillie tant de fois. Ousir n'était pas réduit en poussière, il semblait endormi depuis quelques heures seulement.

La barbe seule avait poussé, noircissant le visage et démentant le simple sommeil ; mais l'attitude générale du corps dénotait un alanguissement et une somnolence qui étaient loin du raidissement mortel.

Peu à peu, devant l'immobilité joyeuse de Nek-Bet, sa sœur s'approcha à son tour et poussa une exclamation. Les sanglots qui la secouèrent de nouveau, nullement horrifiés, semblait-il, firent revenir peu à peu tous les assistants derrière Nout. Les cris fusèrent, surpris et joyeux pour la plupart devant ce miracle de préservation d'un corps dont même les traits du visage étaient sereins.

Alors plus rien ne parut impossible à Iset, de la part d'un Dieu qui lui permettait de voir son époux ainsi rendu, après avoir été « dévoré :. par un taureau. Ce miracle de la contemplation d'une image chérie, toujours pareille à celle qu'elle en avait conservée au fond de son cœur, lui faisait pressentir un bouleversement encore plus grand, spirituellement, que celui occasionné par le Grand Cataclysme. À cette vision, elle éclata en cris hystériques et s'écroula sur le corps de son époux retrouvé, et dont toute l'élasticité *vivante* était intacte !

Elle inonda de ses larmes le visage barbu, commençant ainsi le processus de déclenchement de l'Événement, dont les Annales répercuteraient les échos éternellement. Iset entreprit de faire entendre les litanies de ses c Lamentations qui sont devenues le type même de l'Amour à l'état pur. Elles sont retranscrites sur les parois de dizaines de tombeaux royaux, à Thèbes, à Saqqarah et dans bien d'autres, afin qu'un être aimé par un autre revive à la suite de ces incantations. Elles ne peuvent être que les répliques orales retransmises, génération après génération, depuis le temps où l'épouse d'Ousir les adressa à Dieu.

Une gravure cernant la vérité de près, malgré les 12 000 ans qui l'en séparent, est suivie de cette invocation[13] :

> « O toi, Maître Suprême de la chair et de l'esprit, cette demeure est aussi la tienne ! O toi, Seigneur sans ennemi, ce sont tes enfants qui t'implorent ! Réponds à la prière de ta fille que tu ne peux pas abandonner avec l'espoir que tu as fait naître en son cœur. Mon âme s'envole vers Toi, à qui je donnerai mes yeux, en te priant de revenir dans cette Demeure qui est aussi la tienne. Viens voir celle qui aime ton fils de tout son cœur et de toute son âme, comme elle t'aime

---

[13] Citation du « Papyrus de Berlin », enregistrée dans la collection égyptienne sous le N°3008, et plus connue sous le nom de : « Lamentations d'Isis ».

pareillement. O Seigneur, viens à l'appel de ta fille ! Viens... VIENS ! »

Terrassée par ses implorations, et l'intensité même dégagée par son esprit, l'épouse d'Ousir se laissa retomber sur le corps qu'elle inonda de nouveau de larmes. Elle caressa doucement ce visage retrouvé, d'une tiédeur *vivante !* Manifestement, le corps semblait reposer. Mais était-ce possible ?...

La nuit était tombée dans la pièce, où toutes les têtes accumulées juste au-dessus de la sienne, renforçaient cette impression de fantasmagorie. Des lumignons baignant dans une huile fumeuse apparurent à ce moment, créant des lueurs dansantes qui apportèrent un environnement des plus hallucinants. Un halo irréel s'était créé sur la peau étalée autour d'Ousir, entouré d'un ensemble mystique extraordinaire, d'où montaient des cris incrédules et étonnés.

Mais Iset ne vivait pas cet instant pour l'entourage : elle se concentrait sur son époux. Avec une voix vibrante d'émotion, ce fut à lui qu'elle s'adressa, lui parlant à l'oreille :

- Mon Aimé, que j'aime si profondément ! O toi, Ousir, reviens étendre tes bras sur celle qui a de ton sang en elle, qui est de la même mère que la tienne, qui est aussi celle qui a donné la vie à ton fils Hor !...

Elle s'arrêta un instant, pour se persuader que ses paroles pénétraient bien jusqu'au plus profond de l'âme encore ensommeillée, mais réceptrice de son époux. Sans s'occuper de ceux qui haletaient au-dessus d'eux, elle appuya sa joue contre la barbe drue, à plusieurs reprises, comme pour lui remémorer quelques joies communes passées. Rien ne se produisant, elle reprit d'un ton plus implorant encore :

- Je suis ton épouse, ô mon adoré ! Elle a besoin de toi, ainsi que tout ton peuple. Reviens auprès de nous tous, ne reste plus allongé inerte, si près et pourtant si loin. Ramène ton âme à la vie terrestre, pour tenir compagnie à la mienne qui te baigne de ses larmes ! Je t'en supplie, RÉVEILLE-TOI !...

Prête à défaillir sous l'effort mental prodigieux qu'elle venait de fournir en tentant en vain de ramener son époux à la vie, Iset se souleva pour admirer ce visage où rien ne laissait présager une entente du message qu'elle avait si ardemment lancé. Nek-Bet s'agenouilla plus près d'elle pour tenter de l'aider dans cette tentative de résurrection qui, elle en était certaine, était voulue par Dieu. Ce ne devait être qu'une question de Foi et de Prière pour que le résultat intervienne.

Elle étendit ses deux mains au-dessus du corps inerte, fermant les yeux pour mieux parfaire la vision qu'elle avait de la suite de l'Événement. Certaine dès lors que seule une communion totale de tous en une seule prière fervente permettrait le retour à la Lumière, elle prophétisa d'une voix basse :

- Nous tous qui sommes ici, unissons notre demande en une prière unique *et palpable*. Que toutes nos paroles prennent ainsi leurs racines dans l'âme d'Ousir pour le ramener à nous... Seigneur notre Père, éveille ton Fils, nous t'en prions tous ! Éveille-le avant que le Soleil ne touche l'Horizon Occidental et caresse les Bienheureux. Qu'Ousir renaisse parmi nous afin de nous guider selon tes commandements !

Le Pontife se laissa à ce moment choir sur la terre battue, comprenant que l'Éternel ne pouvait plus rester insensible à cette force émanant des deux sœurs. Sa face écrasée contre le sol, il cria le plus fort qu'il put sa prière, car il se sentait soudain si faible et si démuni devant la grandeur de l'Amour Divin ; les deux sœurs devaient obtenir cette « Renaissance »[14] :

- Dieu Tout-Puissant ! Oui !... Qu'Ousir s'éveille ! Qu'Ousir s'éveille !

Les deux prêtres se prosternèrent à leur tour, leurs fronts touchant la peau largement étalée, répétant sous forme d'incantation les mêmes paroles, reprises à leur tour par l'assistance presque en transe :

- Éveille Ousir ! Éveille Ousir ! O Toi le Tout-Puissant !

ET ISET SENTIT SOUS ELLE LE CORPS VÉNÉRÉ TREMBLER ENTRE SES BRAS !

Des narrations aussi multiples que grandiloquentes tentent de décrire justement l'Événement, mais sans y réussir parfaitement. Gravés sur les Temples consacrés à Isis, Osiris ou Horus - qui sont la majorité des édifices religieux - les textes font ressortir toute- fois la vénération ayant suivi cette Résurrection du Fils de Dieu, l'Aîné des Cadets.

Le résumé, que nous citons ici, de la scène qui suit, s'il n'est pas le plus ancien, souligne la Foi intense qui obtint le résultat[15] :

> « Alors le Dieu mort, celui qui deviendrait le Taureau Céleste, s'éveilla. Ousir reprit son âme à son Père qui la lui rendit avec plaisir, la Foi ayant retrouvé sa place parmi le peuple. L'époux d'Iset allongea tout d'abord un bras pour se mettre plus commodément sur le flanc, comme s'il s'éveillait simplement d'un long sommeil. Il appuya sa tête sur les deux mains tremblantes de son épouse prête à défaillir de

---

[14] Texte de « La Veillée des deux Sœurs » au petit temple d'Isis de Dendérah.
[15] Tiré du « Rituel de la Résurrection » du grand Temple de Médinet Habou.

l'émotion trop forte qui l'étreignait. Il lui sourit afin de calmer sa nervosité. Après tant de temps passé dans les ténèbres de cette peau où il avait été protégé de tout et de tous, l'immense amour de son épouse accompagné d'implorations ferventes l'avait éveillé de son long sommeil. Le triomphe de la Foi éclatait dans toute sa splendeur avec la Résurrection d'Ousir ! »

Un grand moment de délire collectif autour du couple tendrement enlacé sur la peau du taureau, devenue dès l'instant un objet sacré de vénération, parut suspendre le temps. Une intensité spirituelle au-delà de toute description s'empara de toute l'assistance.

Les deux jeunes prêtres hurlaient aussi fort que les autres, les bras levés, dansant sur place leur chant d'allégresse. L'An-Nu, très pâle, sentit que le Souffle Divin l'avait frôlé. Il serrait dans ses bras son épouse et Nout pour les calmer, car elles pleuraient toutes les deux à chaudes larmes, mais il n'aurait pu parler, l'étonnement l'ayant rendu muet !

Ousir se leva enfin, sans trop d'efforts, aidant galamment son épouse à faire de même. La foule se remit à genoux et se prosterna à leurs pieds, avant d'embrasser la peau de taureau et de la lacérer afin que chacun possède un lambeau de cette enveloppe animale, de cette bouche conservatrice qui devenait d'ores et déjà Sacrée.

C.G. Jung, le célèbre philosophe qui s'intéressa beaucoup au symbolisme, cita dans un ouvrage la signification de cette peau « le contenant de l'âme[16] », qu'il aurait certainement développée beaucoup plus dans un livre suivant si la mort ne l'avait emporté à ce moment, car si le contenant contient l'âme, celle-ci contient elle-

---

[16] Dans sa remarquable étude *Wandlungen und Symbole der Libido*, C.G. Jung cite un bas-relief du temple de Dendérah, où le corps d'Osiris, enveloppé comme une momie est retenu par une branche de sycomore.

même « la Force Divine qui, par son Souffle donne et redonne la Vie ».

Toujours est-il que cette peau devint très vite l'objet d'une vénération toute spéciale, symbolisant, quelques millénaires plus tard, par un culte privilégié, l'alliance du peuple des « Descendants d'Hor » avec le « Taureau Céleste ». La subtilité hiéroglyphique entraîna chez les « traducteurs » *(sic)* une série de méprises qui transforma les rites religieux compréhensibles en une série de « contes abominables ».

Les textes parlant du « taureau », citent Apophis, « le serpent » ! Or, tout comme Ptah est devenu Phtah en grec (le P se lisant « fe »), Apophis est, en hiéroglyphique, « Ap'Pis », ou *Api-Apis,* c'est-à-dire « Taureau de la Voie Lactée », qui est le nom Sacré d'Ousir. Il n'y a donc là rien d'abominable, tout au contraire !

Pour en revenir au « Iat-Ousir » de Ta Mana, une effervescence extraordinaire y régna toute la nuit. Ne voulant pas réveiller Hor qui dormait sereinement pour la première fois depuis bien longtemps, Iset et son époux se retirèrent loin des cris joyeux qui continuèrent de résonner en leur honneur. Il est vraisemblable que le nom de Dieu ne fut pas souvent glorifié et remercié avec autant de ferveur qu'il le fut cette nuit-là.

Mais au milieu de cet enthousiasme populaire, les effusions d'Iset à son Ousir-le-Ressuscité, qui devint très vite le nom de son époux, lui prouvèrent encore mieux son retour à la Vie. Cependant, il n'était revenu que pour accomplir une tâche bien précise : éduquer son fils Hor, afin qu'il puisse régner, tout en apprenant à son peuple quelle serait sa destinée d'« élu de Dieu ». Cette nouvelle Alliance contractée ne devrait plus jamais être reniée, car cette seconde fois signifierait une destruction encore plus effroyable que celle qui avait englouti Ahâ-Men-Ptah[17].

Bien que connaissant la suite attendant ses Cadets, l'Aîné savait que Dieu aurait toujours, et Lui seul le pouvoir de diriger l'avenir en combinant de la façon dont il restait seul juge, le mouvement des astres. C'est ainsi, et pour qu'il puisse en informer Hor, que la Vie lui avait été rendue.

Durant sept millénaires, la Résurrection d'Ousir fut ainsi glorifiée partout dans le « Deuxième-Cœur ». Grâce à son retour et à l'enseignement que prodigua par la suite son fils, l'œuvre de Dieu, sa loi et ses Commandements furent très bien compris et respectés. Il en alla de même dans la transmission des arts, des lettres et des sciences, qui passèrent à la postérité pour le plus grand bien de l'œuvre du Créateur. Mais l'oubli se fit...

Au temps des Césars, des centaines de stèles ne glorifièrent plus qu'un panthéon carnavalesque. Les élucubrations gréco-romaines se substituèrent à la décadence théogonique, et mêlèrent aux hiéroglyphes, en partie incompréhensibles déjà, une nouvelle iconographie sauvage, dénuée de toute spiritualité monothéiste.

Et si, avant d'aborder l'histoire de cette « longue marche » et de la « Lutte des Deux Géants » un préliminaire est introduit au prochain chapitre avec la Vie d'Hor, c'est qu'il devint effectivement le Guide qui dirigea le premier instant de l'immense Exode vers le « Deuxième-Cœur » tout en commençant le combat contre son oncle Sit, et parvenant à le neutraliser le plus souvent grâce à la Connaissance acquise à l'écoute de son Père. Ainsi devint-il « Horus-le-Pur »...

---

[17] Ce texte, « Nahi de la peau de taureau », est gravé sur les murs de l'escalier conduisant à la fameuse salle des Archives du temple de Dendérah, derrière laquelle venaient méditer dans le « Saint Lieu » les Pontifes successifs, et eux seuls.

La meilleure référence hiéroglyphique existant sur cet épisode important est la stèle dite de « Metternich », qui fut la découverte la plus importante de l'égyptologue russe Vladimir Golenitschef. Sa traduction est très sujette à caution, car sous les épithètes dithyrambiques et emphatiques se retrouvent les « contes abominables », que la retraduction française n'améliora d'aucune manière.

C'est donc par une compréhension personnelle des anaglyphes insérés dans cette stèle, que s'est récrite l'histoire d'Hor-le-Pur pour votre instruction. Cette pierre ne fut certes gravée que sous le règne de Nectanébo Ier, de la XXXe dynastie en 365 avant Jésus-Christ.

C'est ce que nous apprend son scribe qui recopie ce texte à la demande du Grand-Prêtre Nestoum, du temple de la nécropole des taureaux sacrés d'Am, ou Héliopolis, afin que le rituel ancestral spirituel subsiste. Un très vieux manuscrit en voie de perdition, déjà lui-même reproduit d'un document très ancien, en attestait l'origine et la véracité.

Le titre général, d'après la première traduction de V. Golenitschef, est *Horus Sauveur*. Mais nous lui préférons sa véritable appellation hiéroglyphique *Hor-Ro*, c'est-à-dire « Horus-le-Pur ». L'extrait ci-dessous (col. 126/130) est parfaitement logique pour conclure ce présent chapitre :

> « Il s'approche de son enfant blessé :
> Il est Sirius, qui navigue tel le Soleil,
> Il est aussi le Taureau Céleste !
> Il a quitté sa « Demeure » provisoire :
> IL EST OUSIR LE RESSUSCITÉ ! »

Chapitre Quatrième

HORUS-LE-PUR

> *De toute la théologie égyptienne, domina le système d'émanation qui consiste non seulement à distinguer mais à séparer ses divers attributs du Grand Être, de telle sorte que chacun d'eux devienne une personne à part et qu'un Dieu passe une multitude de dieux.*
>
> G. F. Creuzer
> (Religions de l'Antiquité)

> *Je suis Horus, le Descendant des millions d'années ! Le trône m'a été transmis et je le gouvernerai, car la bouche parlait mais elle s'est tue ! Osiris est parti pour l'Horizon Occidental ; je deviens par son Souffle celui qui possède en lui ce dont il a besoin, et qui, cycle après cycle, redevient le Guide.*
>
> Horus-le-Pur
> (Temple d'Edfou 3, IV)

Les différentes interprétations de la stèle d'Horus, découverte par le Russe Golenitschef, proviennent essentiellement de l'adaptation effectuée en vue de faire concorder le texte avec les élucubrations plutarquiennes du *De Iside et Osiride* qui a fait autorité en la matière bien qu'à la limite extrême de l'indécence, ou peut-être à cause de cela. Seul un Grec d'il y a 2 000 ans pouvait « traduire » une très haute spiritualité par des « contes abominables » seuls à la portée de son faible entendement, mais qui satisfaisaient grandement ses compatriotes en mal de supériorité.

Rétablissons donc, en nous aidant également d'autres documents bien antérieurs, la rédaction originale d'un récit toujours gravé sur la pierre, à peine déformée par une anaglyphique hiératique des temps anciens. Les affabulations perceptibles des derniers siècles précédant le christianisme furent faites essentiellement par les Grands-Prêtres eux-mêmes, qui désiraient laisser croire aux Barbares gréco-romains que ce n'était pas eux qui étaient les sauvages.

Hor-Pa-Ro reste le titre de ce rituel qui symbolise tout à fait ce passage du rituel ancestral. L'article hiéroglyphique « Pa », placé entre « Hor » et « Ro », a une importance dépassant largement une simple étude linguistique et philologique. Ainsi que chacun des signes gravés dans les 249 colonnes verticales et horizontales concernant la vie héroïque d'Hor, il a une signification *de précision*.

Car si la langue antique n'emploie habituellement pas dans son contexte usuel d'articles, ni définis, ni indéfinis, laissant le soin déterminatif de son genre au sens général d'une phrase (par exemple dans une phrase latine le mot *frater* veut aussi bien dire « frère » ou « un frère », ou encore « *le* frère »), des caractères idéographiques assurent une précision indispensable en certains cas, comme sur cette stèle et sur les murs du Temple d'Edfou.

L'article « Pa », notamment, qui est masculin singulier, élève le nom qui y est accolé en une précision céleste. « Pa » est représenté par un canard volant : Il donne toute sa valeur symbolique au nom, en l'occurrence « Ro » : « Pur ». Hor-Pa-Ro est donc la certitude de la pureté de l'âme d'Hor, car elle est reliée à Dieu par cette parcelle engendrée par la Divinité.

Or, cette pureté fait totalement défaut dans les interprétations concernant Horus, qu'elles proviennent des textes conservés dans les musées de Turin, de Leyde, de Berlin, ou dans celui du Louvre à Paris. Par contre, les scènes de magie ou de sorcellerie y foisonnent, alors qu'elles n'existent nullement dans la véritable histoire.

Une des nombreuses copies sans cesse recopiée depuis des millénaires, contant la vie d'Horus, fils d'Isis et d'Osiris.

Mais il est temps de suivre Ousir qui, le matin venu, bien reposé, entrait sous le toit de feuillage épais et frais de la hutte où dormait Hor. L'apercevant, étendu sur une épaisse litière de plumes et de poils, il émit cette constatation :

- Tu as espéré en la clémence de Dieu, ô mon fils, et tu as eu raison : tant que ton âme restera pure, ton corps ne pourrira point.

Voyant que son Aîné ne se réveillait pas, il s'approcha de lui et passa une main apaisante sur l'œil estropié mais désenflé, tout en murmurant :

- Hor ! Hor !... Ton âme n'a pas cédé au feu du Grand Cataclysme. La marche du Temps s'est suspendue dans l'attente de ta décision. C'est pourquoi ton cœur a continué de battre cette nuit-là. Puis le jour est revenu ; depuis, ne crains plus !

Au son de la « Voix », tout autant que sous la douce caresse, les paroles convaincantes firent s'ouvrir l'œil valide. Hor eut un sourire béat.

- Père ! Je suis sauvé !

- Tu l'étais déjà, ô mon fils, car tu dois me succéder. Tu guériras très vite, et ceux qui ne désespèrent pas de la Bonté Céleste guériront pareillement. Ta force renaîtra et ceux qui s'insurgeront contre tes ordres devront s'enfuir. Nul ne s'emparera jamais de cette terre, notre « Deuxième-Cœur », que Dieu met à notre portée *et où seuls régneront ceux qui porteront le titre de « Descendant-de-l'Aîné »* !

Ce vœu pieux fut toujours réalisé durant les millénaires qui se succédèrent sur cette terre d'Ath-Ka-Ptah, car même les usurpateurs, tous les envahisseurs et les Romains eux-mêmes se parèrent du titre de *Pêr-Ahâ* (Pharaon) qui signifie en hiéroglyphique « Descendant de l'Aîné ».

Ousir savait déjà cela, mais il pensait que, Dieu laissant le libre arbitre agir chez les humains, les Aînés pouvaient empêcher cette déchéance qui amènerait la fin du peuple élu : les Cadets du Deuxième-Cœur. Aussi fallait-il bien éduquer, sans plus tarder, son propre fils. Pour cela il convenait de le remettre sur ses deux pieds.

Nout et Nek-Bet avaient bien préparé la guérison du genou cassé, en comprimant les morceaux de la rotule avec de la boue séchée ; aussi se redressa-t-il pour dire en levant les yeux vers le Ciel, sous forme d'un monologue d'un père s'adressant au Père :

- O Toi qui es mon Créateur, Toi qui es le Premier, l'Unique, le Seul, tu es la protection d'Hor car il est pur. Tu as arrêté la navigation du disque des millions d'années afin qu'il survive. Tu es la protection d'Hor car il est l'espoir des Cadets. Tu t'es placé sur « Meskit » afin que le Lion soit renversé et pousse les « Mandjit » jusque sur Ta Mana. Tu es la protection d'Hor car tu as entendu les pleurs de sa mère et les cris de sa sœur. Tu es la protection d'Hor car tu as permis que les ténèbres se dispersent. Tu es la protection d'Hor car tu es son nom et sou âme. O Toi, mon Père, fais que notre Aîné se lève, qu'il puisse accomplir la tâche qui lui est assignée. Fais qu'il retrouve l'usage de sa jambe et qu'il recouvre la vue !

Se baissant sans attendre de réponse, Ousir entreprît d'ôter, délicatement l'épaisse couche de boue consolidant le genou. Ayant vu que tout était parfait, il appliqua ses mains sur la rotule brisée, en la comprimant. Il regarda fixement son fils, qui le contemplait toujours, muet d'étonnement, et qui ne grimaçait même pas sous la douleur qu'il devait ressentir, et il lui dit :

- Ta tête est à toi, Hor, aussi solide que celle de l'Éternel : elle supportera tes pas en les guidant au mieux sur la route de la deuxième terre. Ton œil droit est toujours à toi, Hor, aussi perceptif à toutes les visions que celui de l'Éternel ; il supportera les réalités qui te guideront vers l'horizon oriental. Ton genou droit est à toi, Hor, aussi vaillant que celui de l'Éternel : il supportera tous les aléas semés sur le chemin du « Deuxième-Cœur ». Toutes forces renaissent déjà dans ton corps, aussi puissantes que celles de l'Éternel, car tu es à présent le Protecteur des blessés et le Défenseur des faibles : elles supporteront vaillamment le lourd fardeau de toutes les hésitations humaines dans cette marche vers la Lumière, à la rencontre de l'Aimé, à la rencontre de Dieu.

Sur ce dernier mot, Ousir se saisit solidement d'une main de son fils et l'aida à se lever de sa couche. Il le maintint debout le temps nécessaire à ce que les *deux* jambes retrouvent leur assurance au contact du sol. Le genou reprenait sa teinte rosée naturelle, très rapidement. Sous peu, cette lutte épique vécue avant le Grand Cataclysme ne laisserait plus aucune trace visible, hormis l'œil droit irrémédiablement perdu. Seule, la postérité s'emparerait vraisemblablement de l'événement, pour en fabriquer une légende.

Ousir, pensant à ce réflexe populaire, et voulant l'éviter, remarqua :

- Que tes yeux deviennent un symbole vivant, qui présidera au renouveau de l'Histoire. Le peuple apprendra dès demain que tant qu'il respectera les Commandements de Dieu, tu resteras leur défenseur grâce à cette vision totale *de tes deux yeux*. Le temps cyclique nouveau ne poursuivra son cours harmonique que si cette condition n'est en aucune façon désavouée par toi.

Ton œil gauche symbolisera le jour, car il sera la protection du jour, veillant sur la navigation solaire durant son périple de millions d'années dans le Grand Fleuve Céleste. Ton autre œil, fermé, sera le Justificateur de la nuit, où le temps est comme suspendu. Tu seras l'apparition de la Lumière et la séparation des Ténèbres, jusqu'à la fin des temps. Tu seras le « Guide »...

Hor se recula un peu, et se tint seul, les sourcils froncés :

- Mais tu es encore parmi nous, Père ! C'est à toi qu'il revient de guider le peuple. J'ai le temps d'apprendre toutes choses en t'observant. Ousir secoua lentement la tête.

- Mes jours sont comptés, mon fils : dès à présent je dois t'inculquer les symboles initiaux et leur signification. Descendons tous les deux au bord de la mer, afin d'y parler tranquillement.

Prépare-toi cependant à faire face à la vivacité du bon peuple, lorsqu'il te verra sur tes deux pieds !

-Tu es cependant plus miraculé que moi, Père ! S'il y a un symbole à perpétuer dans l'avenir, c'est bien celui de la peau de taureau qui t'a si bien conservé.

Si les premiers pas furent plutôt incertains et trébuchants, les suivants furent plus assurés. L'enthousiasme soulevé par leur apparition côte à côte, aida à contrôler les derniers spasmes nerveux du genou qui acheva ainsi sa bonne remise en place. Les ovations les poursuivirent tout au long du chemin menant à la plage. Les eaux y étaient calmes, d'un bleu limpide, rappelant une époque proscrite. Ousir, avec un soupir las, fit un large geste du bras, avant de parler à son fils qui s'appuya un peu sur lui pour se reposer.

- Tu vois, Hor, la mer est la même qu'avant, mais elle est cependant différente par le soleil qui se lève à l'opposé. Un nouveau cycle recommence...

- Je me souviens des prophéties de ton Père, le vénéré Geb. Elles se sont toutes réalisées... Pourquoi fallait-il qu'un si grand malheur survienne, Père ?

- Pour que les hommes comprennent, Hor. C'est tout le problème de l'intelligence qui est ainsi posé, avec son essentiel lien avec Dieu, l'Âme. Mais elle est très fragile, car elle est faite à la fois de force et de fragilité !

- Que veux-tu dire, ô mon Père ?

Ousir ne répondit pas immédiatement, scrutant les environs afin de trouver un endroit propice à leur dialogue. Il aperçut une petite élévation non loin de là, et il y entraîna son fils, tout en lui répondant :

- L'Âme est invisible et impalpable, à l'image de notre Créateur. Pour forger un « Deuxième-Cœur-de-Dieu », la multitude des consciences spirituelles ne devra en avoir *qu une seule,* à l'image même des nouvelles « Combinaisons-Mathématiques », qui édifiera jour après jour l'Harmonie avec les mouvements célestes.

- Mais nous avons perdu tous les écrits, Père ! Nous n'en avons plus...

- Comme quelques rescapés, je connais les clés de la Connaissance, mon fils. Je t'ouvrirai les portes inconnues des autres ; ensuite le Pontife et Nek-Bet t'aideront à modeler ce Savoir. Ce qu'il ne te faudra jamais oublier, Hor, c'est que nos âmes doivent être en parfait équilibre entre les desseins de la Terre et du Ciel. Car ce sont elles qui ont créé le déséquilibre fatal en Ahâ-Men-Ptah !

- Cela nécessitait-il cette colère destructrice, Père ? Tout aurait pu devenir merveilleux dans le meilleur des mondes. Pourquoi l'avoir détruit ? Pourquoi ?...

Ousir marqua un léger temps d'arrêt, comme pour mieux réfléchir à sa réponse. Puis les deux hommes reprirent lentement leur route vers la colline. Alors il dit :

- Peut-être, justement, n'était-il plus le meilleur malgré les apparences. Car il n'était plus Ahâ-Men-Ptah l' « Aimé-de-Dieu ». Oublierais-tu que Geb, mon Père en est mort, car ce pays avait cessé de l'être bien avant sa disparition ?

- Dieu n'en est-il pas le seul responsable, Père ? L'Homme manquait de réflexion...

- Au début, peut-être ; mais il y a eu l'impiété sacrilège. Au début, cette grande quiétude instaurée par le règne de Dieu, génération après génération, durant des centaines de siècles, s'accentua tellement au fur et à mesure que s'écoulait le Temps, qu'elle apparut toute naturelle, dans l'ordre des choses établi une fois pour toutes. Et l'oubli se fit ainsi sur les devoirs de l'Homme envers Celui qui l'avait modelé en lui insufflant une âme capable de choses bien plus magnifiques que ce qu'elle était en train d'accomplir. Ce qui l'amena à nier toute forme de prière ou de remerciement envers ce Dieu qui ne pouvait plus leur procurer un bien-être matériel qu'ils possédaient déjà. Ainsi commença ce bonheur impie et stérile, où la spiritualité n'avait plus aucune place.

- Je comprends certes cela, ô mon Père vénéré, mais l'Homme étant ce qu'il est de par la volonté Divine en dernier ressort, il n'est pas complètement fautif : il n'est que le dépositaire de la parcelle constitutive de l'Âme...

- Non, Hor ! Car les humains ont fait un pacte solennel avec Dieu, et leurs Cadets n'ont pas respecté cette alliance. C'est ce parjure qui a déclenché la colère du Ciel. Bien avant Geb, l'égoïsme, l'envie, la haine, commencèrent l'œuvre de destruction. Si le peuple avait continué de fréquenter les lieux de culte pour prier, Dieu se serait certainement laissé fléchir, car il est le Père de tous. Mais les temples furent abandonnés ou devinrent des endroits voués à l'abomination. Ce fut cette impiété qui déclencha l'horreur du Grand Cataclysme.

- Pourtant, cette impiété ne peut justifier les dizaines de millions de morts, mon Père ! C'est tellement monstrueux...

- Peut-être apparemment, mon fils ; mais les quelques milliers de survivants qui ont survécu et abordé sur ces côtes sont la preuve de la clémence Divine. S'ils comprennent, grâce à toi et aux « Descendants ». qui te suivront, qu'ils doivent suivre les Commandements institués par l'Harmonie Universelle, ils rebâtiront un deuxième pays, qui sera leur « Deuxième-Cœur ». Et cette nouvelle humanité formera une puissante nation de millions et de millions d'êtres vivant en accord avec Dieu, et recommencera la Vie au sein d'une nouvelle Alliance reconstituée, où le bonheur régnera de nouveau sur toute la Terre.

Tout en parlant, ils avaient atteint la petite colline. Le père et le fils l'escaladèrent lentement. Hor sentit son genou craquer, mais les os tinrent bon. Il fit une rapide grimace pour constater son peu de foi, avant de constater en réponse à la dernière phrase d'Ousir :

- Le retour d'un tel oubli ne risque-t-il pas de se renouveler, étant donné la faiblesse de l'âme humaine ?

- Tant que les Prêtres rappelleront à la face de tous l'histoire de l'engloutissement du « Premier-Cœur-de-Dieu », la Paix, la Prospérité et le Bonheur progresseront dans la seconde patrie.

- Tu as raison, ô mon Père : tant que les Prêtres n'oublieront pas eux-mêmes la signification des enseignements qu'ils prodigueront, ils seront les garants de la Résurrection que tu personnifies aujourd'hui. Mais s'ils oublient, ou s'ils se laissent dévier dans leurs dogmes par les nouvelles générations ?

- Alors ce sera la négation définitive de tout droit à la suprématie de l'Homme sur la Terre. Dieu le rayera des êtres vivants ou le fera asservir par une autre catégorie faite de chair et d'os, à qui Il transférera nos Âmes.

- Il faut donc trouver les moyens d'instituer une vénération éternelle envers le Créateur qui a fait de nous ce que nous sommes.

- Vénération n'est pas exactement ce qu'il faut ; pas plus qu'une adoration. Il est le Père, et doit être honoré comme tel, toujours. C'est ce culte qu'il faut éterniser et remettre en usage courant et quotidien. C'est un devoir de piété filiale autant que de reconnaissance pour nous avoir doué de cette parcelle Divine qui nous permet d'émerger au-dessus de la masse des animaux de toutes sortes, pour être des *hommes.*

- J'ai appris la formation de cette Âme, Père, au temps où j'étudiais encore avec le Grand Maître de la Mesure et du Nombre, à

Ath-Mer, et la façon dont toutes ces circonvolutions recevaient la trame des émanations du Grand Souffle Céleste. Et je conçois fort bien les défauts à combattre chez les hommes, malgré eux !

- Pas tous, mon fils ! Cela est une étude de longue haleine, qu'il te faudra ensuite apprendre et réapprendre sans cesse à tous les jeunes garçons et filles, avec l'aide du Pontife et de Nek-Bet. Eux-mêmes devront alors transmettre leur Savoir à leurs enfants des générations suivantes, et ainsi de suite jusqu'à ce que les textes écrits réapparaissent dans la nouvelle Patrie.

- Et les « Paroles Sacrées » ?

- Chaque An-Nu et chaque Aîné en détiendront en leur esprit une partie, qui ne devra jamais se perdre, jusqu'à la réouverture solennelle des « Maisons-de-Vie ».

Comme ils parvenaient au sommet du tertre, un léger air tiède les surprit agréablement, tout autant que le silence qui semblait avoir recouvert toutes choses ici.

Ousir désigna un emplacement moelleux, tapissé d'herbe tendre.

- Asseyons-nous ici, ce sera parfait pour poursuivre notre conversation. La Force Vitale constitutive de l'Âme est le symbole même de la Foi qui flamboiera toujours. Elle est Toi. Elle est chacun de nous, telle une flamme vivante, aussi vive que le Soleil lui-même. C'est cette Force seule qui dispense dans les cœurs la multitude qui formera les corps autour de la multiplicité des âmes immortelles. C'est cela que l'esprit oublie le plus rapidement...

- O Père !

Oublierais-tu à ton tour qu'il y a à peine huit jours tu passais pour un être illuminé, et l'impie pour un sage ?... L'hypocrite devenait brave et l'âme n'était plus qu'une conception périmée, à tout le moins inutile. D'où ce reniement de Dieu et de Ses œuvres et la préférence des Ténèbres à la Lumière.

- Mais l'Âme reste présente en nous, Père !

- C'est bien pourquoi il ne faudra plus uniquement se fier à la seule compréhension populaire pour être certain que les « Paroles Sacrées » atteignent les Âmes. Et si certaines figures symboliques des textes écrits exprimaient parfaitement les idées représentées, il faudra désormais les expliquer dès qu'ils seront de nouveau en usage, car ils n'ont pas suffi à empêcher à eux seuls la destruction des enveloppes charnelles qui se croyaient intelligentes. Or, l'Âme est la seule personnification Divine chez l'homme. C'est le symbole « Ka », avec ses deux bras levés et les mains ouvertes en un appel à l'unité vers le ciel, afin de relier l'âme humaine à son créateur.

- Et c'est ce qu'il faudra expliquer désormais, puisque la seule image n'a pas créé ce lien d'union.

- Je vois que tu comprends, mon fils. Puissent tes descendants être comme toi, et qu'il n'y ait plus de divorce entre Dieu, le « Ka » Créateur, et ses images de chair, les « Ka » engendrés. Le « Deuxième-Cœur », s'appellera alors *Ath-Ka-Ptah,* autant pour perpétuer la mère-patrie que pour remercier l'Harmonie Divine d'avoir conduit les rescapés vers une nouvelle terre habitable, semblable à la première, afin qu'il y ait un recommencement.

- Ce souvenir sera éternel, Père ! Ath-Ka-Ptah rappellera à tous la belle terre d'Ahâ-Men-Ptah, la « Terre-Aînée », la « Terre-Aimée ». Elle en sera le double physique pour l'Éternité.

- Le « Ka » démontrera par son symbole qu'on ne saisit pas Dieu de ses deux mains, mais qu'il convient d'implorer son aide de ses deux bras. Et cette aide viendra. N'oublie jamais cette phrase si réconfortante de nos écrits disparus : « La Vie et la prospérité te sont données plus qu'à tous les autres vivants. Je t'ai destiné à l'excellence, à l'abondance, ainsi qu'à toutes les bonnes choses que j'ai placées sur la terre, en te donnant cette Force Vitale qui te fera semblable à moi ; tu seras mon image, mon double, mon « Ka » ! »

– Ainsi serait née l'âme chez un quadrupède qui s'éleva au-dessus des autres en ne marchant plus que sur deux pieds. Mais il peut la reperdre à jamais, et le Grand Cataclysme en est l'avertissement.

– Tu commences à comprendre, mon fils ! Ta tâche sera rude pour éviter un renouvellement plus catastrophique encore pour la race humaine.

Un court silence suivit, durant lequel chacun des deux interlocuteurs laissa vagabonder sa pensée au sein de ce passé atroce, si proche, et pourtant si lointain pour ceux qui en avaient réchappé. Ce qui fit murmurer à Ousir :

– Des flots de sang qui souillent encore le fond de cette mer, il ne reste plus à nos regards que ce bleu d'une limpidité céleste. Tout est déjà en recommencement ; l'oubli s'est étendu sur le passé alors que le peuple ne s'est pas encore éveillé sur l'avenir qui l'attend. Ce sera à toi de tout faire pour lui rappeler sans cesse qu'il doit vivre dans la crainte éventuelle d'une abomination pire et définitive pour sa perte s'il ne noue pas des liens indissolubles avec Dieu. Car en vérité je te le dis solennellement, Hor, si les survivants ne créent pas une nouvelle tête de pont vers le Ciel en signant une nouvelle Alliance avec leur Créateur, ils périront cette fois dans les affres d'un châtiment éternel.

– Ils signeront ce pacte, ô mon Père, car ils n'oublieront jamais le choc subi.

– Eux, non ! Leurs enfants peut-être pas non plus...

Mais leurs petits-enfants ? Et que dire des nouveau-nés de la centième génération ?

- Les Commandements très stricts des Grands-Prêtres les aideront à se souvenir.

- Si le peuple restait uni, peut-être ! Mais il y a déjà deux souches ennemies. De nombreux autres rameaux peupleront non seulement notre seconde patrie, cette terre promise à tous, mais bien d'autres contrées, formant ainsi d'autres clans...

- Pourquoi cela serait-il cause de nouvelles dissensions ?

Pour justifier un désir d'indépendance, de nouveaux dieux factices seront inventés et invoqués, provoquant l'impiété originelle, comme en Ahâ-Men-Ptah !

- Que faire, alors ?

- Survoler les dizaines de siècles pour prévoir ce qui se produira lorsque notre peuple parviendra au « Deuxième-Cœur :.. Qu'en sera-t-il alors ? L'oubli total du passé qui est notre présent. C'est l'évidence même... Ton seul objectif sera de prévoir que tout ne recommence pas. Que chaque homme se sente surveillé par Dieu et une multitude de facettes, sa vie durant, à chaque seconde du jour, pour chaque acte qu'il fera quotidiennement. Que chacun sache désormais qu'au moindre écart, il attirera la pire des calamités pour toute l'espèce humaine, et que sa propre entrée dans l'Au-Delà de la Vie ne lui sera accordée qu'après une pesée rigoureuse de son âme, où la plus petite mauvaise action commise lui sera décomptée du poids requis par la réglementation des Commandements. Que chacun soit éduqué en vue de cette compréhension prioritaire et qu'elle se perpétue au plus profond de la nuit des âges, quels que soient les gouvernements au pouvoir.

- Le peuple ne se demandera-t-il pas alors à quoi rime cette crainte qui lui est inspirée ? Surtout s'il vit dans un nouveau confort, semblable à celui qui pré- céda l'engloutissement d'Ahâ-Men-Ptah.

– Aussi faudra-t-il graver pour ces générations oublieuses, dans la pierre impérissable, l'histoire du Grand Cataclysme, avec sa date précise et ce qui en est résulté. Les deux lions opposés par un Soleil central pourraient en être la symbolisation, compréhensible par tous les jeunes futurs esprits des prochains millénaires, quel que soit leur degré d'intelligence. La crainte survivra...

– Tu penses donc, ô mon Père, qu'il serait préférable que l'Alliance avec Dieu soit fondée sur une croyance absolue et inconditionnelle en la Toute-Puissance de l'Éternel ?

– Elle ne pourra être efficace et effective qu'automatisée par certains actes quotidiens qui en assureront l'omnipotence tout autant que l'omniprésence. La Bonté Divine, tout autant que Sa Colère ne devront jamais plus être mises en doute. Le Soleil se couche désormais à l'opposé de chaque fin de navigation journalière, là même où il retrouve chaque soir à l'horizon les millions d'âmes de nos Bienheureux Ancêtres. Quelle meilleure preuve pour inspirer la crainte dans cet avenir lointain où l'astre solaire fera encore de même ?

– Tu as raison, mon Père, et j'ai encore beaucoup à apprendre. Mais il faudra en ce qui nous concerne, refaire toutes les « Combinaisons-Mathématiques », afin de se retrouver en harmonie avec les mouvements du ciel. Un long temps sera nécessaire, puisque la course du Soleil a totalement changé le cours de sa navigation.

– Je ne pense pas que cela entraîne tant de complications. Si je ne m'abuse, tu comprendras vite que, dans sa grande clémence, le Créateur a conservé dans son intégrité les mouvements de l'Univers. Seule la Terre a basculé et les êtres vivants fautifs disparus de l'endroit même où ils avaient péché. Cela n'a donc pas entraîné de changement dans l'ordre tourbillonnaire spatial. Rien n'a donc été modifié dans l'ordre préétabli !

– Le Soleil est donc toujours à la même place ?

- Oui. Mais la Terre ayant modifié sa course, l'astre solaire « recule » pour nous seuls dans cette constellation « Akher », le Lion.

- Nous pourrions donc nous remettre en harmonie avec le ciel sans difficulté ?

- Je t'ai dit que la Bonté Divine était immense. Si le Soleil a stoppé sur sa barque dorée son avance au sein du Grand Fleuve laiteux, dans cette configuration du Lion, justement, c'est en signe de colère et d'opposition à cette tuerie fratricide déclenchée par mon frère Ousit. Mais cela ne changera pas grand-chose aux sens des « Combinaisons-Mathématiques ».

- Que peux-tu m'apprendre sur ces calculs, que je ne sache pas encore, Père ?

- Il y a tant de problèmes aussi importants à aborder, que je n'aurai hélas pas le temps de t'aider à les résoudre tous. Mais ce Savoir Mathématique te viendra au fur et à mesure des besoins que la Connaissance t'obligera d'aborder. Et les éléments de compréhension que je vais t'inculquer te permettront d'achever seul, dans le recueillement méditatif, ton éducation. Tu as appris qu'à l'Origine Dieu créa par le Verbe. Il fut le feu d'où jaillit la Lumière engendrant le monde matériel, physique, d'où naquit ensuite l'image terrestre humaine. C'est pourquoi le Verbe-Lumière est en toi, à présent. Il te faudra le retransmettre à ton tour aux êtres vivants, par l'intermédiaire de ton « Ka » aux autres « Ka », afin que l'élévation continue graduellement, au lieu de disparaître. C'est cette âme qui permettra d'entendre les Commandements de Dieu, d'agir en cette Connaissance, de créer et de procréer, en complémentarité au Verbe, par la Parole !

- Cette Force Divine engendrant à partir du Néant m'était connue, Père : « Dieu a dit, et cela fut... » C'était donc Dieu, mais Il a tout détruit !

- Pas tout, Hor, puisque nous sommes ici, bel et bien vivants, en train de voir comment enseigner aux milliers de rescapés la meilleure méthode pour revivre dans une Harmonie Universelle.

- Me crois-tu capable d'accomplir une telle mission, mon Père ? Je me sens tellement diminué...

- Tu l'es d'autant moins, que ton esprit, sûrement intact, est développé vers une compréhension que ne possédera jamais aucun humain ! Tu sauras te rendre digne de cette supériorité en enseignant le Savoir. La Parole est basée sur vingt-deux articulations phonétiques, qui reflètent l'Âme qui la meut ; c'est pourquoi elle est le miroir de chaque individualité au sein de la multitude. Grâce à ton nom, et à celui qui identifie chaque personnalité, chacun devient lui-même et nul autre. C'est le fondement de l'édifice qui émergera bientôt du rassemblement sous ton aile protectrice, s'il veut subsister par la suite en un « Second-Cœur ». Il faut donc que tu lui assures dès à présent des assises si profondes, qu'elles en deviendront inébranlables.

- La raison humaine acceptera-t-elle ce nouvel effort, alors que l'âme vient de subir un tel choc, ô mon Père ? Les morts n'ont même pas eu la sépulture qui leur était due !

- Dieu leur a assuré la plus belle de toutes : Ahâ-Men-Ptah ! C'est pourquoi chez les survivants l'Esprit reprendra le pas sur la Raison, en signe de renaissance. La nouvelle Parole Sacrée fera éclore en chacun des impulsions, des intuitions, qui ouvriront la route à l'avenir. L'Âme, sortant enfin de la léthargie stérile qui l'éloignait de Dieu, percevra enfin le sens des mots. Ce sera l'illumination qui forgera les idées et formera toutes les facultés en éveil.

- La Parole sera vraiment un don Divin, si cela se passe ainsi !

- Cela se passera de cette façon, mon fils, mais ce don est extérieur à la nature humaine, et donc très fragile, dangereux.

- Il faudrait par conséquent entourer les Paroles Sacrées de toutes les précautions oratoires prévisibles, d'un rite intangible, prévu pour l'Éternité.

- Oui. Il ne devra rester aucune place pour une intervention quelconque d'une intuition personnelle, qu'elle soit populaire ou émise par une élite qui voudrait faire preuve d'intelligence, là où celle-ci ne serait d'aucune utilité.

- Ainsi la catastrophe qui vient d'être vécue restera le fait historique voulu par le Créateur. Il demeurera gravé dans tous les esprits, occupant toujours la prépondérance dans les préoccupations quotidiennes en tant que symbole de crainte Divine. Les Annales qui en découleront en retraceront ainsi l'origine véridique.

- Encore une fois, tu oublies que les survivants auront des enfants, qui en auront eux-mêmes et ainsi de suite pour chaque nouvelle génération. La Vérité se modifiera et atténuera sa portée au fil des siècles. Dans 10 000 ans, qu'en restera-t-il, Hor ?

- C'est si loin, Père !...

- Le cycle des Fils de Dieu ne se perpétuera qu'en prévoyant ce qui se produira dans cent siècles. Et si des Lois strictes ne sont pas édictées dès à présent pour l'observance rigoureuse des Commandements, les fondements s'effriteront et le chaos renaîtra, avant la disparition finale de tous.

- Tu ne pourras pas éviter que l'Écriture renaisse, et qu'elle permette à la pensée de s'épanouir, aidée par le raisonnement. Il y aura alors ce développement de toutes les facultés qui apportera avec lui un constant progrès formant une nouvelle civilisation, mais aussi un recul de la spiritualité nécessaire à toute vie harmonique.

- C'est pourquoi il faudra opposer la Foi à la Rai- son, mon fils. La révélation qui fut la nôtre subira au cours des prochains millénaires de multiples mutations qui seront la rançon de ces progrès. Il faudra donc faire intervenir la Foi en Dieu dès les premières paroles que tu prononceras. La Foi devra rester inébranlable, afin que malgré les coups à venir portés par des raisonnements déraisonnables, elle reste intacte dans son inviolabilité éternelle. La Foi continuera d'être la preuve flagrante et tangible de l'Origine Divine de l'Humanité, et elle ne pourra pas être entamée en quoi que ce soit, nulle part, d'aucune manière.

- Que deviendra le raisonneur, Père ?

- La Raison simplement humaine, Hor, ne possédera jamais de raisonnement raisonnable pour atteindre la compréhension de Dieu. Sa perception et sa conception de la Divinité étant nulles, cette Raison est vouée à l'anéantissement par sa formation même. C'est pourquoi la Foi doit se substituer à la Raison, car elle n'a nullement besoin d'une justification raisonnée. La certitude d'une unique Loi originelle et des Commandements qui en découlent pour éviter un renouvellement cataclysmique devrait suffire à occuper un raisonnement. Car qui, sinon Dieu, pourrait être le Législateur réglant l'Harmonie Céleste, puisque l'Homme n'existait pas encore ?

- Cette logique est fort bien raisonnée, ô mon Père ! Il faudrait énoncer clairement cette Loi de la Création, sous une forme humanisée, afin que l'ensemble de la population s'en imprègne et suive ses règles.

- C'est une des difficultés voulues par Dieu de laisser ce doute subsister. La Foi doit justement permettre à l'être humain de s'élever par lui-même en reconnaissant tout ce qu'il doit à l'Éternel, au-dessus même de ses propres doutes. La forme parabolique ancestrale des calculs des « Maîtres de la Mesure et du Nombre » reste la seule valable, et il ne nous appartient pas de la rendre perceptible à la foule. Il faudra même dorénavant compliquer un peu plus l'enseignement des « Combinaisons-Mathématiques », car l'exemple de ceux qui nous ont précédés n'a guère été concluant, dans le sens de la Foi tout au moins.

- Quelle honte pour le Collège des Grands-Prêtres, Père ! Ils ont cédé partout et se sont humiliés en vain. Les railleries et les sarcasmes des innombrables sceptiques résonnent encore d'une manière assourdissante dans mes oreilles. Pauvre Geb qui aura tout tenté pour sauver tous les fils de la Lumière, nés sur la Terre, et qu'il considérait comme ses propres enfants !

- C'est pourquoi Maître Geb restera dans les mémoires comme le Père de la Terre, et ce à double titre, puisque c'est grâce à sa ténacité que les « Mandjit » nous ont permis d'échapper à cette horreur. Tu es son petit-fils, Hor, et tu auras toi aussi un Aîné, qui, en te perpétuant, assurera notre liaison à tous avec les prochains « Descendants ». La voie que tu dois suivre dès à présent pour fortifier la nouvelle souche qui se développe déjà est l'obéissance aveugle dans les Commandements de la Loi, et la crainte de ne pas les suivre.

- En attendant la formation d'un nouveau Collège de Grands-Prêtres qui apprendra cette capacité aux novices, c'est évidemment la meilleure méthode pour insuffler cette Foi inébranlable qui assurera une bonne marche vers cette Lumière qu'est la seconde patrie.

- Elle est la promesse de l'Alliance, et il faudra l'appeler Ath-Ka-Ptah lorsque le moment propice défini par les configurations célestes sera arrivé. Ainsi, les futures générations, en y foulant le sol, sauront qu'elles sont bien parvenues dans leur deuxième « Âme ». Jusque-là, toi et tes successeurs devront agir comme si vous parliez à des aveugles et comme si vous indiquiez une route à des sourds.

- Je comprends, Père ; il faut permettre au peuple de distinguer sans voir, tout en entendant sans rien comprendre. Ainsi ils obéiront plus aisément et surtout sans aucune restriction.

— Ainsi ce « Deuxième-Cœur » accueillera la multitude qui y vivra éternellement, sous la conduite éclairée de « Pêr-Ahâ » issus du premier Aîné de Dieu, engendré en Ahâ-Men-Ptah, disparu par l'aveuglement de ses habitants.

— Pour conserver son souvenir intact, il faudrait appeler ce royaume disparu qui fit notre Bonheur, d'un nom vénéré à jamais.

— Le « Royaume-des-Bienheureux » serait une parfaite image de l'accueil que Dieu en a fait. Il s'appellerait ainsi *Amenta,* rappelant le pays originel où les Âmes n'ayant pas péché rejoindraient celles des Ancêtres...

— Ainsi notre continent disparu, si cher à notre souvenir, tout en restant le rappel avertisseur d'un terrible cataclysme, pourra-t-il être également le refuge de tous ceux ayant mérité la Vie éternelle.

— Tu as fort bien compris cette leçon, mon fils. Tous nos Cadets sont réellement devenus des Bienheureux, en rémission des fautes collectives dont certains n'étaient pas coupables. Et c'est pour cette raison que je ne tarderai pas à les rejoindre...

— O Père !

— Il faut bien que quelqu'un assiste à la Pesée des premières Âmes qui ne tarderont pas à se présenter à Dieu ! Et rappelle-toi, Hor : gare à celles qui auront par trop transgressé la Loi et ses Commandements !

— Je veillerai à le rappeler sans cesse à tous, ô mon Père vénéré !

— À présent, nous allons revoir le mécanisme des « Combinaisons-Mathématiques », pour que tu connaisses l'ensemble Harmonique Céleste et que tu accomplisses l'œuvre pour laquelle tu es né.

- Y compris celle d'être « le Vengeur de mon Père[18] » !

---

[18] Cette phrase commence tous les papyrus consacrés à Horus, donc Hor. Cet ensemble hiéroglyphique signifie : « Horus, vengeur d'Osiris, Fils de Dieu et du Soleil, Deux fois Vivant et Ressuscité. »

Chapitre Cinquième

L'ALLIANCE AVEC DIEU

Comprendre Dieu est difficile, en parler est impossible, car le corps ne peut pas exprimer l'incorporel, car l'imparfait ne peut pas embrasser le Parfait. Comment associer Dieu à ce qui dure si peu de temps ?

Stobée
(Florilegium, LXXVIII)

Qu'il vive l'Aîné qui vient du Lion ! Qu'il vive désormais sous le sceptre du Protecteur des Terres opposées. Qu'il suive le chemin des Étoiles Fixes pour être conduit avec son peuple en la seconde Âme de Dieu. Et l'Est, ainsi uni à l'Ouest, sanctifiera l'arrivée des « Aînés-du-Soleil ».

Inscription d'Ounas
(Tombe de Saqqarah Nord-Est)

Après la nuit folle qui suivit la résurrection d'Ousir, qui avait tenu l'An-Nu éveillé pour présider les actions de grâce que la foule soudain consciente de son origine, n'avait cessé d'adresser au ciel, une vie bien plus active avait renouvelé spirituellement les Âmes. Le goût de reformer une deuxième nation se matérialisait soudainement, s'ancrant sur la pierre angulaire que représentait le « Fils » réapparu vivant parmi eux.

À l'aube, enfin, le Pontife vint contempler son épouse paisiblement endormie. Il avait ensuite caressé le front de leurs quatre enfants, avant de retourner à l'autel provisoire qui servait de tremplin pour la célébration du lever de l'astre du jour et l'action de remerciement à l'Éternel. Tout en se dirigeant vers l'aire consacrée, poursuivi par les cris de joie des vivants, il songea avec une consternation angoissée, à ce qu'il serait advenu d'Ousir si Nek-Bet n'avait pas eu cette vision de son frère ressuscité. Il aurait rejoint sa dernière « Demeure » sur cette terre !... Mais en parvenant sur le lieu des prières, le Pontife convint avec sa conscience, que Dieu lui aurait bien fourni un autre signe pour démontrer Sa Puissance en lui rendant Son Fils.

Ath-Ka-Ptah, le « Deuxième-Cœur-de-Dieu » est la signification de cette flamme, qui est celle du second cœur renaissant de ses cendres grâce à Osiris, l Aîné, et de ses descendants.

Cette fête sacrée comprend aussi le transport de la « Mandjit », ou barque sainte qui transporta le corps a Osiris durant le Grand Cataclysme, sans le décomposer, jusqu'à Ta Mana.

Les premiers rayons bienfaisants du Soleil apparurent à l'est. Tout en pénétrant dans les esprits, ils éveillèrent encore l'étonnement de ceux qui contemplaient ce prodige insolite. Cette habitude « naturelle » entrait difficilement dans les mœurs. Même l'An-Nu s'en étonna malgré lui, tout en remerciant le Créateur sur le miracle quotidiennement renouvelé de cette apparition solaire. À la fin de cette cérémonie, les fidèles se dispersèrent, le laissant méditer sur l'incroyable destinée qui devenait la sienne, le portant à la tête de ceux qui rétablissaient Dieu sur son Trône jusqu'à la fin des Temps. Il se sentit une Âme revivifiée par le Souffle Divin, qui lui communiquait ainsi un surcroît de forces nécessaires au plein succès de la mission à accomplir et dont il se savait investi.

Le jour resplendissant s'étalait en l'enveloppant. Avant de se rendre à son enseignement, il ne résista pas à la tentation de contempler le « trésor inestimable » que lui avait confié un des colons de cette terre au cours de cette nuit. La vue d'Ousir vivant avait transformé tous les esprits, rétablissant les valeurs à leurs proportions. L'An-Nu ramena précautionneusement de sous la table une sorte de baquet, évidé dans un gros tronçon d'arbre...

L'homme lui avait expliqué que « l'engin » était en sa possession depuis un très long temps, après avoir fait l'objet d'un troc avec un nautonier[19] qui l'avait échangé contre du *Kesbet*[20], C'était un *Gô-men* très ancien, datant de bien avant le cataclysme qui prenait aujourd'hui une valeur exceptionnelle que nulle autre chose à Ta Mana ne concurrençait.

Car cette cuvette, grossièrement évidée, contenait l'instrument le plus précieux du monde en cet instant ! Il nageait au gré des mouvements du liquide qui s'y trouvait. L'An-Nu contempla avec un ravissement attendri la roue pleine qui flottait ; cela lui rappelait les vieux écrits de sa prime jeunesse, lorsqu'il apprenait que cet objet restait à l'horizontale, quel que soit le mouvement du baquet. La masse liquide n'était en rien influencée par l'inclinaison du contenant. La roue, légère, planait toujours sur la même ligne horizontale.

Le plus important de ce vieil ouvrage résidait dans la tige qui s'y dressait perpendiculairement, dont la grandeur de l'ombre portée permettait de repérer l'endroit exact recherché, les opérations de calcul s'effectuant quotidiennement à l'instant nul du zénith.

---

[19] Il était le pilote expérimenté des navires côtiers qui commerçaient jusqu'à l'extrémité du monde.

[20] Le *Kesbet* était un dérivé métallique très précieux par ses propriétés. Il s'agissait vraisemblablement de l'orichalque, dont parlait Hérodote. Dans les textes hiéroglyphiques, ce nom venait tout de suite après l'or dans l'énumération des métaux précieux.

Une série de cercles concentriques gravés dans le bois à des largeurs différentes précisément définies à l'avance, permettait à son possesseur d'aller en n'importe quel endroit. Le développement de la navigation, dû au commerce extérieur d'Ahâ-Men-Ptah, avait nécessité la mise au point d'un tel appareil bien des millénaires auparavant. Il n'avait été abandonné au profit de cadrans perfectionnés que bien plus tard.

Le Pontife soupira longuement au souvenir de son Père compulsant les Combinaisons sur le « Cercle d'Or » d'Ath-Mer. Que ce temps lui paraissait loin ! Il ne devrait pourtant pas être trop compliqué de façonner avec les moyens du bord un cadran plus « moderne ». Douze plans inclinés mutuellement dans un terrain bien modelé à cet effet couperont toujours de 15 en 15 degrés les 24 fuseaux égaux d'une représentation terrestre dont le premier plan serait le méridien de Ta Mana. Partant de ce point en se dirigeant vers l'horizon occidental, et non plus vers l'est, ils marqueront ainsi de 1 à 12 au-dessous de cette ligne imaginaire, et de 1 à 12 au-dessus. Ainsi, le Soleil, décrivant uniformément sa nouvelle navigation céleste, coupera les cercles horaires du côté occidental la nuit, et du côté oriental pour la journée...

Un nouveau soupir s'exhala de la poitrine de l'An-Nu à la pensée de l'ignorance qui risquait de recouvrir cette terre s'il ne trouvait pas une cinquantaine de jeunes pour réapprendre à fond les Sciences. Mais peut-être cet engin-là, docile sous ses yeux, envoyé par le Ciel, lui permettrait-il d'enseigner bien plus facilement aux néophytes toutes les données antiques qui avaient précédé. Les Paroles Sacrées, ces textes antiques que chaque Pontife révélait à son Aîné, l'avaient amené non seulement à connaître parfaitement tous les rouages des « Combinaisons-Mathématiques·Divines », et à comprendre l'accomplissement du terrible cataclysme, mais également à prévoir le mécanisme qui permettrait de renouer la Nouvelle Alliance entre Dieu et son deuxième Cœur.

Ce pacte, s'il était tenu, assurerait la Paix, jusqu'à l'occupation de cette autre Terre qui leur était promise. Celle-ci serait la réalité tangible et humaine du pardon de Dieu, quelles que soient les souffrances endurées au préalable pour y parvenir. Heureusement, les rescapés ignoraient encore cette clause.

Que de drames Hor devrait déjà déjouer pour donner l'ordre de départ. Cette longue marche « vers la Lumière » serait si périlleuse ! Ousir devait déjà apprendre à son fils ce que serait ce calvaire. Heureusement que la présence d'un Pontife n'était point requise pour un tel enseignement, ce qui lui permettait de réfléchir aux moyens les meilleurs d'organiser spirituellement le voyage. L'engin baignant au sein d'une myriade de reflets solaires lui en fournissait la possibilité, car *il assurait à son possesseur exclusivement la connaissance exacte de la route à suivre pour arriver au « Second-Cœur », Ath-Ka-Ptah !*

Certaines annotations de base différaient, limitant les terres connues ; mais comme le Soleil partait d'un horizon opposé, il devrait nécessairement calculer de nouveaux repères. D'autant qu'il ne s'agirait pas ici de conduire un navire en haute mer, mais bel et bien de guider une caravane innombrable par voie de terre. Le point inconnu en était fort éloigné, certes, mais les « Combinaisons » appropriées en seraient peut-être plus simples à étudier qu'il n'y paraissait, car il *se situait sur le même parallèle qu' Ath-Mer*. Les manuscrits étaient formels et c'est pour cette raison que cette terre avait été désignée par Dieu.

Dans sa jeunesse studieuse, l'An-Nu avait appris que si chaque cadran n'était calculé que par rapport à un seul lieu donné pour son repérage, il pouvait être reproduit d'une manière identique pour tout autre endroit de la Terre situé sous le même méridien, *pourvu qu'il y soit disposé en une situation parallèle à celle qui était la sienne auparavant.*

Or, la « Maison-de-Vie » des « Combinaisons-Mathématiques-Divines » du Temple d'Ath-Mer avait les mêmes coordonnées que l'endroit actuel, ce que démontrait le chemin des étoiles fixes qui, elles, n'avaient pas changé de cap, et avait également les mêmes configurations que l'endroit choisi comme point de ralliement dans la seconde Patrie pour y établir le nouveau lieu de calcul des données célestes. LES DESCENDANTS VIVRAIENT SOUS UN MÊME CIEL RETROUVÉ GRÂCE À LEUR ALLIANCE ANCESTRALE AVEC DIEU.

Connaissant les coordonnées de la capitale engloutie, encore gravées sur la roue qui flottait doucement, en un point quasi invisible pour un non-initié, et qui se trouvait en bordure du huitième cercle, il serait aisé de déterminer la route à suivre pour atteindre la lointaine terre, promise par Dieu, et vers laquelle les Pontifes successifs mèneraient les fidèles « Descendants » sans aucune faiblesse, tant que ceux-ci garderaient l'Éternel dans leurs cœurs et dans leurs âmes.

Le point de départ de Ta Mana étant parfaitement connu grâce à l'exposition d'Ath-Mer, il suffirait d'un petit calcul quotidien en partant de l'ombre portée elle-même : serait-elle trop longue ? Il faudrait que la longue caravane oblique vers le sud pour rejoindre sa route. Serait-elle trop courte ? Il conviendrait, au contraire, de faire remonter toute la population vers le nord.

La route des Étoiles Fixes étant toujours identique par rapport à la route contraire effectuée par le Soleil dans les grandes configurations, comme celle du Lion, l'observation nocturne d'Orion et de Sirius donnerait la position qui mènerait sans défaillir à la seconde Patrie.

Ainsi, comme les textes l'affirmeraient plus tard :

« L'Est uni à l'Occident par le *Cœur-du-Lion* guidera l'arrivée dans Ath-Ka-Ptah, le Deuxième-Cœur-de-Dieu[21]. »

---

[21] Le *Cœur-du-Lion* est l'étoile « Régulus du Lion », dont l'éclat très vif, mais fort variable, la fait ressembler aux palpitations d'un cœur.

Il faudrait pouvoir instruire tous les jeunes garçons et filles sans aucune exception. Mais le manque d'initiés en ayant les capacités était flagrant. La Tradition et la Connaissance n'étaient pas des jeux d'échecs à mettre dans toutes les mains sans explications préalables. Et pourtant, la révélation devait en être effectuée intégralement et répétée sans cesse aux jeunes âmes jusqu'à ce qu'elle s'ancre sans erreur, et puisse ensuite être répétée de père en fils aîné, génération après génération, et ce jusqu'à ce que la Parole se transforme en une Écriture qui rétablirait la civilisation.

Les ultimes « Descendants » qui, dans plusieurs siècles, ou peut-être même plusieurs millénaires, parviendraient à la destination choisie par Dieu, devraient être prêts à rétablir sur-le-champ les sciences apprises, y compris la mathématique des « Combinaisons », mais dans une école spécialisée dès le départ.

Au moment de la première installation au sein du « Deuxième-Cœur », le peuple béni par le Créateur dans son Alliance, assurerait sa suprématie sur les peuplades autochtones qui étaient encore en l'état où eux-mêmes, par une ironie du sort voulue, se retrouvaient présentement : se taillant des outils de pierre ! Mais les « Descendants » auraient très vite récupéré, alors que les autres seraient en cet état encore dans deux ou trois mille ans.

Des équipes étaient déjà parties dans les hautes montagnes pour se procurer du cuivre et du plomb dans des mines déjà ouvertes avant, à une dizaine de journées de marche de Ta Mana. La difficulté serait de refondre les minerais, pour en tirer le métal.

Le Pontife se prit à sourire : Dieu voulait que les survivants qu'ils étaient repartent de rien, comme leurs ancêtres lointains, mais aussi comme ces hommes qu'ils rejoindraient là-bas, au bout du monde, afin qu'ils comprennent mieux les difficultés de ces gens et leur viennent en aide. Au lieu de les anéantir ou simplement de les ignorer, les « Descendants », se feraient un devoir de leur montrer les moyens de s'adapter et de s'élever aux mêmes structures civilisées.

Mais, d'ici là, le temps progresserait lentement dans cette désespérante marche rétrograde au sein du Grand Fleuve Céleste, abordant les constellations zodiacales, les *Douze,* l'une après l'autre. Le cycle solaire mettrait encore une durée appréciable avant de quitter ce Lion Vengeur, personnifiant si bien Hor. À raison d'un degré de recul pour deux générations en moyenne, l'éducation de ces jeunesses montantes ne serait pas une petite affaire[22].

Le Temps ne se rattrapant jamais, les prévisions devraient s'échelonner sur les ères suivantes également. Après le Lion, l'astre du jour pénétrait dans l'Écrevisse, dont les pinces dangereuses fermaient presque l'accès à la configuration suivante, celle des « Deux Ennemis » irréductibles[23].

Comme la marche serait très très longue, parsemée d'embûches terribles, il fallait l'harmoniser avec les probabilités célestes. Nek-Bet lui avait appris que Sit n'était pas mort dans le cataclysme, et qu'il avait débarqué non loin de Ta Mana, grâce à une de ces « Mandjit » qu'il avait tant décriées. Il arriverait dans les parages de la cité nouvelle peu après Iset.

Si rien ne se produisait ici, d'après son épouse, il n'en irait pas de même dans la lutte sans merci qui opposerait continuellement tout au long de l'Exode, les « Deux Frères », ou plutôt leurs descendants. Cette coïncidence stellaire ne pouvait pas en être une, d'autant plus que l'arrivée dans le « Second-Cœur » se produirait lorsque le Soleil entrerait lui aussi dans la constellation du Taureau qui était l'emblème victorieux d'Ousir, le « Cœur-de-Dieu ».

---

[22] Dans le cycle précessionnel où le Soleil paraît rétrograder, ce recul est de *un degré en 72 ans.* Une génération est donc décomptée pour 36 années.
[23] La constellation de l'Écrevisse est devenue depuis celle du Scorpion, mais les pinces conservent la même signification mortelle. Quant à celle des *Deux Frères,* elle est devenue bien évidemment celle des *Gémeaux.*

Cette « Bataille des Géants » opposerait les *Suivants d'Hor*, tous natifs de la descendance du « Taureau Céleste », aux *Frères de la Rébellion*, ces « Fils de Sit » pourtant issus de la même mère originelle. Peut-être pourrait-il y avoir à ce moment-là une réconciliation en une seule communauté où régneraient Sagesse et Connaissance, et non Ruines et Désolation.

Déjà aujourd'hui l'avantage reviendrait au clan d'Ousir puisque celui-ci savait que Sit arrivait, évitant ainsi toute surprise funeste. Encore faudrait-il que son épouse lui dise pourquoi la victoire leur échoirait sans combat…

- Si tu t'occupais de réunir les membres du Collège que tu projettes de former, ô toi mon époux rêveur, tu avancerais plus aisément dans le retour de l'enseignement de notre peuple. Toi seul peux résoudre ce problème.

Le Pontife sourit devant ce rappel affectueux de son épouse, survenue près de lui sans qu'il l'entende. Il n'en resta pas moins inquiet.

- Mais pour Sit ?

- Je préviendrai Ousir et Hor, dès le moment venu. Crois-tu vraiment qu'il n'envahira pas notre paisible village ?

- J'en suis certaine. Avec l'aide de notre Aîné, j'ai préparé l'accueil qui arrêtera sa progression vers nous. Va travailler en paix, ô toi qui es ma vie !

- Merci à toi, qui es toute ma fierté !

- Remercie personnellement Anepou dès que tu le verras. Notre Ainé m'a aidé tel un homme mûr, tu sais[24] ?

L'An-Nu hocha la tête de satisfaction ; à treize ans, Anepou promettait de faire plus tard un Pontife hors du commun. Ne pourrait-il pas, déjà, lui confier une organisation de cours, et lui laisser le choix d'une trentaine de jeunes gens de son âge pour leur inculquer plus spécialement les méthodes de développement de la mémoire ?

Un enseignement de trois ans leur apprendrait un des chapitres essentiels des « Combinaisons-Mathématiques », par exemple. Grâce à Anepou, ce premier chaînon se mettrait à l'ouvrage, le premier épisode de la lutte contre Sit terminé. Avec la classe d'adultes qu'il comptait ouvrir ce même jour, apprendre les éléments de la Connaissance aptes à être assimilés par des non-initiés. La plus grande difficulté résiderait sans nul doute dans le recrutement de ceux qui seraient destinés à apprendre l'enseignement que seuls les Grands-Prêtres de première classe devaient connaitre ! Quant à...

- N'oublie pas, ô mon époux toujours rêveur, de ranger ton si précieux « Gô-men ». Il est le seul à avoir été sauvé de la débâcle. Dieu a utilisé un moyen détourné pour te le donner, ne le perds pas. Si demain un des amis de Sit l'apercevait et comprenait sa valeur, une guerre sans merci se déclencherait pour sa possession.

Avec un sursaut rétrospectif, le Pontife acquiesça à la sage recommandation de son épouse. Comme pris en faute, il cessa de méditer, car il était bien temps de se remettre à l'ouvrage. Il souleva le précieux baquet, tout en faisant un sourire contrit à son épouse, et lui

---

[24] Anepou est devenu en phonétique hellène « Anubis ». Ce fut ce fils de Nek-Bet (ou Néphtys en grec) qui enseigna les secrets de l'embaumement et de la Vie Éternelle après la Pesée des Ames, qu'il assuma personnellement.

fit regagner sa cachette, qu'il camoufla avec de gros galets superposés en précaution supplémentaire.

Calme et sereine à son habitude, Nek-Bet s'en alla doucement après s'être assurée de l'invisibilité extérieure du baquet. Elle partit à la recherche d'Ousir et de son fils, ses grandes nattes noires se balançant harmonieusement au rythme de ses pas.

Peu de temps après, elle s'arrêta ; des voix la hélaient respectueusement, car elle passait pour être quelque peu magicienne, aux ordres de Dieu, et inspirait de ce fait une crainte appréciable. Les appels provenaient d'un groupe de femmes accroupies qui lui indiquaient quelque chose qu'elles étaient en train de faire. Leur ton joyeux indiquait déjà que cela méritait son attention et des compliments.

La jeune femme se dirigea vers elles en souriant à son tour. Elle reconnut, au centre de leur cercle, un moulin primitif servant à écraser le grain. Les femmes avaient vite repéré une sorte d'orge sauvage qui poussait en abondance non loin du village. Elles avaient immédiatement cherché le meilleur moyen d'en sortir la farine, si bonne une fois cuite. Des pierres de forme oblongue avaient été recherchées et trouvées, elles servaient de rouleaux compresseurs, aplatissant et écrasant les grains sur de larges pierres plus ou moins elliptiques, dont la face supérieure, légèrement convexe, conservait bien dans son creux la farine onctueuse.

Cette méthode, chère aux arrière-grand-mères des temps oubliés, retrouvait toute sa splendeur. Elle nécessitait certes beaucoup plus d'ardeur, mais ces femmes y mettaient farouchement toutes leurs forces pour bien prouver qu'elles participaient pleinement, comme elles le pouvaient, au renouveau.

Les félicitations sincères de Nek-Bet allèrent droit à leurs cœurs, et les firent roucouler d'aise. La jeune femme reprit son chemin plus allégrement vers la hutte où se tenaient le Père et le Fils. Elle savait que la partie importante de leur entretien avait déjà eu lieu par l'annonce, faite à Hor, du départ définitif d'Ousir, permettant ainsi l'élan du peuple vers sa nouvelle destinée.

Dès son arrivée, la jeune femme apparut aux deux hommes comme l'arbitre qui, connaissant toutes choses, départagerait judicieusement des avis opposés. Comme elle savait ce qui les dressait ainsi, elle sourit en s'adressant plutôt à Hor :

- Qu'y a-t-il qui ne va pas, ô toi le fils impétueux de ma sœur ?

- Mon vénéré Père préconise une Alliance avec Dieu, en la scellant par une Foi inconditionnelle en notre Créateur.

- N'es-tu pas d'accord avec cela ?

- Avec l'Alliance, bien sûr que si ! Mais la Foi n'étant pas éternelle, ce ne sera qu'en faisant appel à la Raison, que l'accord sera durable.

- Cela serait valable pour toute autre signature qu'une Alliance avec Dieu, Hor. J'imagine que c'est ce que ton père tient à te faire comprendre. Car dans ce Pacte, il n'y a *qu'un* signataire humain, imperfectible de ce fait, et qui dure si peu de temps en regard de ce Partenaire Parfait qu'est le Père de l'Éternité.

- Je comprends fort bien cela, ô Nek-Bet vénérée, mais la raison pourrait plus volontiers faire admettre que...

- Que ta contestation est une déraison. Elle prouve que la Foi reste toujours le seul fondement possible. Les unes après les autres, les générations qui montent, raisonneront de plus en plus faux sur la Puissance de Dieu et Sa Colère.

- Serait-ce un mal, si Dieu reste tout de même Dieu ?

- Pour toi, non, puisque tu as vécu toi-même le terrible fléau. Mais lorsque les Cadets des deux-centièmes « Aînés » entameront l'ultime révisionnisme polythéiste de l'unique vérité originelle, il ne restera plus que le Néant.

- Veux-tu dire par là. qu'un autre cataclysme balaiera notre nouvelle patrie ?

- N'est-ce pas en définitif un athéisme total qui a provoqué celui qui a effacé notre pays de la surface de la Terre ? Aurais-tu déjà oublié ?... Si l'appel à la Raison pour justifier la Foi t'apparaît comme inévitable, c'est que celle-ci est par avance inutile, tout comme l'Âme qui dépend d'elle, et tout comme l'enveloppe charnelle qui renferme l'Âme.

- Autrement dit : l'Homme n'aurait plus sa raison d'être !...

La jeune femme ne répondit pas. Son silence renforçait évidemment la constatation venue toute naturellement à la bouche d'Hor. Ousir, qui avait approuvé en hochant souvent la tête, savait en outre que son fils ne serait jamais prophète, malgré son retour miraculeux. Nek-Bet avait le don incomparable d'avoir sans cesse les mots touchant le cœur. Aussi attendit-il qu'elle reprenne la parole, ce qu'elle ne tarda pas à faire sur le même ton inspiré :

- Dieu préside au gouvernement de l'Univers parce qu'il est Dieu. Comment veux-tu persuader une raison humaine de ce fait incontestable ? Par un axiome qu'une vie entière ne suffirait pas à démontrer ? Ne complique pas la loi Divine, alors que la Foi suffit pour expliquer ce qui est immuable dans la permanence des mouvements incessants des « Combinaisons-Mathématiques ». Il faut que les Prêtres et leur Chef tout autant que les « Maîtres » qui se succéderont, et dont tu es le premier, se solidarisent pour maintenir, au fond des âges à venir, l'intangibilité du dogme de la Puissance de Dieu, et de Son Pouvoir sur toutes choses et tous les êtres, en toutes occasions.

- N'est-ce pas une charge trop lourde pour moi qui commence ?

- Absolument pas, Hor ; car tu es l'image du Créateur : son représentant par la chair. Tu limiteras comme tel le libre arbitre des âmes, afin qu'il ne raisonne pas sur la Loi et ses Commandements. Seule cette notion préservera le peuple. Tu devras uniquement inculquer aux enfants ce Principe fondamental de la Loi Divine, qu'eux-mêmes enseigneront le moment venu, sans rien omettre ni changer, à leur descendance. Tous resteront ainsi imprégnés de l'ouvrage permanent de Dieu sur la nature tout entière, qu'elle soit minérale ou végétale d'essence, ou bien de chair animale ou humaine, *parce que le Créateur est Dieu, et que nul autre ne peut réaliser ce Grand Œuvre en perpétuelle évolution.* Devant le froncement de sourcils de son fils, indiquant une intense réflexion, Ousir ajouta :

- Depuis l'Origine de toutes choses, il est de fait que les changements physiques, les transformations biologiques et les migrations organiques se sont multipliés sous l'empire de cette Loi non humaine, seule possibilité puisqu'elle s'effectue en millions et en millions d'années. Que représente l'Homme au sein de cette immensité, lui qui ne vit même pas le temps d'une seconde céleste ? Sa raison, pour développée qu'elle soit, même à l'égal de la tienne, n'est en aucun cas en parallèle avec celle de Dieu.

- Ton père a la Voix Juste, Hor. La Foi doit devenir partie intégrante de la vie quotidienne de chacun.

En tant que « Descendant-de-l'Aîné » tu dois être le Guide que nul ne devra remettre en question, sous aucun prétexte. Tout sera lié à ce processus de continuité dans la lignée divine comme dans la Foi en Dieu.

L'accord apparaîtra ainsi très naturel aux vivants de chaque nouvelle génération. Ce sera ce rythme raisonnable dans les cœurs qui les reliera sans cesse aux événements décrétés dans les combinaisons célestes. Nul, parmi les rescapés qui vivent à Ta Mana, ne se rend compte de l'importance des liens qui relient chaque fait l'un à l'autre. Il en est ainsi pour Sit, qui arrivera dans les environs de notre village, demain très tôt, avec un millier de personnes. Ce n'est que l'effet mineur d'une cause ancienne, mais qui durera un long temps, que Dieu seul peut prédéterminer.

Le ton de la voix de Nek-Bet n'ayant pas changé durant cette conclusion inattendue, les deux interlocuteurs ne réagirent qu'après plusieurs secondes. Hor en pâlit, et se redressa lentement. Quant à Ousir, avec un petit sourire, il retint son fils d'un bras confirmant ce qu'il savait déjà :

- Oui, Sit a échappé à la forêt en flammes. Oui, Sit a réussi à s'enfuir de la terre qu'il a aidée à s'engloutir ! Oui, il est parvenu jusqu'ici grâce à une des « Mandjit » qu'il n'avait pas réussi à détruire auparavant. Oui, il persévérera dans le Mal pour qu'il triomphe... C'est pourquoi, Hor, ce sera à toi de veiller à ce que ce soit le Bien qui triomphe. Le Mal est d'ores et déjà sollicité afin que le Bien ne reprenne pas corps en notre peuple ; c'est ta mise à l'épreuve, Hor. Une Alliance signée dont personne ne sollicite un désaveu n'est plus une Alliance. Le peuple doit la ratifier dans sa totalité.

- Mais, Père, le sang va de nouveau couler entre les membres de notre famille ?

- Si nous laissions parler Bet, elle nous apporterait la solution. Son calme montre qu'elle a préparé un tour à sa façon pour vaincre Sit...

- Tu sais tout toi aussi, ô mon frère vénéré ! La combativité de notre frère est pour le moins... délirante.

Aussi, il m'a semblé plus sage d'agir sur son esprit que de le provoquer sur place.

- Dis-nous ce que tu as imaginé.

- La peau de taureau, qui a frappé toutes les âmes, ici, par la manière dont elle a conservé ton corps, reste le point faible qui désarmera l'âme et les bras de Sit. C'est pourquoi, aidé par Anepou et quelques-uns de ses petits camarades, nous avons forcé trois bœufs à la course, les avons tués et dépecés. Après quoi, en petit homme avisé, mon aîné, en compagnie de deux de ses compagnons, est allé les placer bien en vue en deux endroits précis, par où toute la troupe des révoltés passera immanquablement. Le premier endroit est à quatre heures de marche et la peau pendra à la plus basse branche d'un tamaris ; l'autre est une vaste clairière à moins de deux heures d'ici. Ils doivent effectuer leur dernier rassemblement là, et les deux autres peaux seront étalées, bien en vue.

Ousir fronça à son tour les sourcils.

- Ton idée est très séduisante, Bet ; mais pourquoi es-tu certaine qu'il ne viendra pas combattre ici-même ?

- Parce que les peaux ne constituent que le prélude à la débandade de son esprit. En deux heures de route, et après trois rappels fulgurants de son crime, il se dira en effet, qu'après tout, ni toi, ni ton fils n'étant là parmi les humains pour lui barrer efficacement le chemin, Ta Mana, à peine à une heure de marche, est sous sa coupe. Il avancera donc encore un peu dans notre direction, jusqu'au moment où, savourant prématurément sa victoire, il flanchera...

Hor ne résista pas à la curiosité qui le piquait. Et c'était malicieusement que Nek-Bet s'était interrompue pour lui permettre de s'enquérir :

- Si tu dis que Sit flanchera, c'est que tu sais déjà pourquoi...

- Parce que c'est toi qui assureras cette victoire. Un sourire éclaira le visage d'Ousir qui avait compris, alors que son fils, stupéfait, ne put que répéter :

- Moi ?... Mais comment veux-tu que...

- Lorsque Sit arrivera devant la dernière colline qui protège Ta Mana des vents de l'intérieur, il lui faudra la contourner pour continuer son avance. Or, au premier détour, sur un tertre à mi-hauteur, se dresse fièrement un énorme sycomore. Tu apparaîtras à ce moment de derrière le tronc qui t'aura caché entièrement. Notre emblème Sacré camouflera aussi Ousir, qui ne viendra au jour qu'ensuite, et vous protégera tous les deux. Mais je doute que Sit, pas plus qu'aucun de ses partisans, tienne à rester en votre compagnie. Ils prendront une route opposée s'ils le peuvent.

- Je m'aperçois que j'ai beaucoup à apprendre de vous deux.

- C'est le début de la Sagesse. Dieu t'inspirera mieux que nous pour la suite de ta vie, Hor. Tu pourras toujours apprendre de nous la science des astres et son influence sur les êtres ; la nature des animaux et leurs instincts ; les pensées des hommes et leurs défauts ; les vertus des plantes et leurs venins. Mais tout ce qui est caché et qui fait la Puissance de Dieu, tu ne l'apprendras que de l'Éternel lui-même. La Sagesse qui sera la tienne te soutiendra pour acquérir enfin la Connaissance de toutes choses et de tous les êtres.

Dès ce moment, tu seras le premier Pêr-Ahâ des générations qui se succéderont pour l'Éternité[25].

Un silence, tout d'émotion, suivit, qu'Ousir rompit, le temps pressant :

- Et les âmes des hommes seront ton soutien. Puissent leurs désirs d'indépendance ne pas les séparer *de* nouveau et volontairement, de cette nouvelle Alliance que tu forgeras, maillon après maillon !

---

[25] Pêr-Ahâ, littéralement « Descendant de l'Ancien », donc « l'Aîné » se phonétise pharaon.

Nek-Bet jugea qu'il était temps de laisser Hor méditer tout à son aise avec lui-même la nuit prochaine.

Aussi proposa-t-elle :

- Si vous désirez voir mon époux : il se trouve dans la nouvelle demeure où il donnera son premier cours de « Mathématiques-Divines » dès demain. C'est là qu'il attend votre venue éventuelle.

Ousir retint un sourire devant la manière de faire de sa sœur. Il inclina gravement la tête avant de répondre :

- Comme notre mission bien particulière nous laisse un moment de libre juste à propos, allons de ce pas rendre visite au vénéré Pontife. D'ailleurs, j'aimerais qu'il remette en usage, dès que possible, un indicateur de temps...

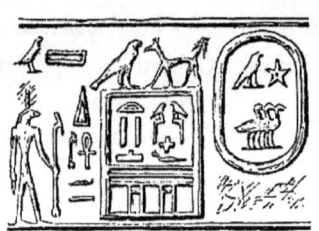

Chapitre Sixième

LA PARABOLIQUE DES NOMBRES

> *Comme le pays très sacré de nos Ancêtres, qui est situé au milieu ae la terre le milieu du corps humain est le sanctuaire du cœur, forteresse avancée de l âme. Cette raison, mon fils Hor, fait que les gens de ce pays sont aussi bien pourvus de qualités que le reste des hommes, mais incomparablement plus intelligents, et plus sages, parce qu ils sont nés, et ont été élevés à l endroit de la naissance du Deuxième-Cœur.*
>
> STOBÉE
(Exc., XXIV - 11)

> *Il n était rien qui fut voilé dans la Connaissance chez ce Sage. Mais il la recouvrit sa vie durant d un voile qui épaissit tout ce qu il enseigna à ses élèves !*
>
> (Inscription figurant au bas de la statue de Ptah-Mer,
Pontife d'Ath-Ka-Ptah - Memphis, qui se trouve exposée
au Musée du Louvre, à Paris.)

Stobée, qui fait parler Isis à son fils Horus dans l'extrait ci-dessus, cite une Reine de la IIe dynastie qui avait repris ce patronyme sacré, et fit de même pour son fils, digne « Descendant » du premier Aîné. Lorsque ce dernier atteignit ses seize ans, il apprit sa Divine lignée originelle, et son attention fut attirée par la différence à faire entre les natifs « intégrés » sur place dans leur civilisation, et ceux provenant en droite ligne d'Ahâ-Men-Ptah, le « Premier-Cœur », qui seuls possédaient Sagesse et Connaissance.

Ceux qui avaient précédé, tout au long de la Ière dynastie, s'étaient employés à rétablir dans leur intégrité l'écriture, le calendrier, la médecine, les mathématiques et les arts, avec en priorité absolue une théologie monothéiste rigoureuse, à suivre dans ses moindres détails, sous peine des pires châtiments. Ainsi, la IIe dynastie débuta-t-elle déjà à l'apogée de sa civilisation.

Par la suite, la principale préoccupation des An-Nu fut de préserver intact le Dogme héréditaire au-delà de tous les temps. Dès que les premiers manuscrits virent le jour, chaque Pontife mit sa mémoire à nu, compilant, annotant et commentant les textes de ses prédécesseurs en une fine écriture dans les étroites marges, à l'aide de signes et d'abréviations, que seul il pouvait comprendre. Ces repères facilitaient d'ailleurs la remise en usage des formulations et des instructions mathématiques, ainsi que des interprétations numériques à en tirer.

Dès la IIe dynastie, les écoles de scribes florissaient, et les jeunes n'étaient pas peu fiers d'y entrer. Ce furent eux qui relatèrent les premiers l'origine de l'Histoire des lointains Ancêtres, bien avant que les hiéroglyphes ne réapparaissent gravés sur les murs des Temples. La fabrication du papyrus était devenue une véritable industrie, et les Paroles Sacrées, *écrites,* virent le jour !

Il est évidemment bien difficile de dire qui fut le scribe, qui, le premier, eut l'idée de transformer ses annotations obscures en *anaglyphes* compréhensibles dans le texte principal lui-même, mais des seuls initiés qui en posséderaient la clé. C'est à cette époque si lointaine que le Pontife d'Ath-Ka-Ptah recouvrait déjà son enseignement d'un voile, spécifiant qu'il devait désormais en être ainsi pour que la Foi reste la Foi, symbole de la Lumière dans la vie de chaque jour.

Lorsque comme à Saqqarah, le touriste voit encore cette inscription à l'entrée d'une tombe : « Dieu a créé l'homme à son image », il ne peut qu'être troublé. Il est tentant, d'autre part, d'associer cette phrase à l'idée qui a présidé à ces représentations animales à corps humains, *images du « Ka » Divin,* c'est celui d'un animal semblable dans l'idée anaglyphique, qui sert de « double ».

La symbolique des Nombres débute avec l'étude du ciel et de ses « Combinaisons » afin de comprendre le processus qui a mis fin à la vie sur Ahâ-Men-Ptah. Aussi les représentations d'Horus maîtrisant la nouvelle navigation solaire sont-elles nombreuses.

Cela excuse peut-être un peu les auteurs grecs de *notre* Antiquité d'avoir si facilement accepté le thème des « contes barbares » des « abominables sauvages ». Une occasion facile leur était fournie de se situer au-dessus d'un niveau spirituel qui les dépassait de cent coudées. Sans parler des « mathématiciens » et des autres « philosophes », dont il sera question plus loin, citons simplement le cas du fameux *(sic)* Plutarque qui, avec son « Isis et Osiris », publia une « bible » qui servit à tous les exégètes-égyptologues durant 2 000 ans à asseoir l'incompréhension des religions de l'antique Égypte. Toutes les absurdités accumulées à plaisir par un homme écrasé de la grandeur des ruines contemplées par lui sur les bords du Nil furent considérées comme paroles d'évangile, par des générations d'érudits.

D'une veine identique sont nés les mythes d'Amon, d'Aton et de Râ traités comme les figures spécifiques de divinités distinctes, alors qu'ils sont, par le nom qui les différencie, les manifestations séparées émanant d'une seule origine du Verbe distinguant les aspects divers du principal instrument terrestre de Dieu, le Soleil.

Cet élément cosmique essentiel est formellement expliqué dans les plus vieux textes, comme étant le conditionneur de toute vie. C'est pourquoi l'astre solaire est, depuis la plus haute Antiquité, considéré comme le plus puissant symbole numérique de toute l'iconographie, et la parabole instrumentale de la Justice Divine. Cela se comprenait sans difficulté, le souvenir du Grand Cataclysme étant maintenu dans les âmes de cette époque par l'image du Soleil ne reparaissant pas un matin au-dessus de l'horizon devenu oriental, auquel cas plus rien de vivant ne survivrait à la surface du globe terrestre.

Le chapitre primordial de la *Théologie Memphite,* la plus reculée de celles qui nous sont parvenues, règle sans équivoque les égards dus au Soleil, en tant *qu instrument* de l'Harmonie Divine :

> « Après le chaos[26] de l'été et la mort qui suivit, Râ fit sortir du liquide un second univers vivant ; une Création répétée par Ptah pour un second cycle où son pouvoir cosmique, opposé à celui des hommes, n'aura pour ultime fin que la victoire du Créateur ! »

Tout au long des intronisations des « Descendants-de-l'Aîné », et durant plus de quarante siècles consécutifs, les Pontifes accueillirent les Pêr-Ahâ également comme « Soleil et comme Dieu », ceci permettant de conserver cette unité apparente de deux rameaux. La formule rituelle en resta identique : « O Puissant Amon ! Contemple ton Deuxième-Cœur, où régneront désormais Ton ordre et Ta puissance. »

Cinq millénaires de répétitions incessantes, de patience incomparable, d'une abnégation totale, ont permis la réalisation immédiate d'Ath-Ka-Ptah, qui étonne encore nos chercheurs contemporains. Pour comprendre, il faut rétrograder tel le Soleil,

---

[26] Le mot *chaos* doit être pris ici dans son véritable sens : « fissure des entrailles de la Terre ».

pour se retrouver de nouveau « en Lion », à la veille de l'arrivée présumée de Sit en Ta Mana, où le plus paisiblement du monde, Ousir et son fils, le Pontife et son épouse, préparaient leur seconde marche qui allait défier le Temps. Ce fut le Ressuscité qui constata, en appuyant ses deux mains sur les épaules du premier An-Nu de ce nouveau cycle :

- Tu es le « Pontife des Deux-Terres ». Ce sera le titre de chaque nouveau Grand Sage, chef du Collège des Grands-Prêtres, donc tien, ô toi qui enseignes les survivants de façon si magistrale ! Tu prépares déjà l'avenir de tous nos « Ka » pour qu'ils rejoignent leurs Ancêtres en toute sérénité.

- J'essaie de le faire de la façon la plus positive permise par Dieu en cette circonstance, ô vénéré Ousir !

Le Lion qui veille sur le Soleil et sur Ta Mana, devient le nouveau symbole de la suprématie divine, que tu symboliseras pour l'Éternité. Le Lion foulera désormais l'eau du ciel sous ses pieds pour en faire une base solide comme le roc[27].

- C'est fort bien ; mais les hommes auront la mémoire de plus en plus courte au fur et à mesure que la civilisation avancera dans le confort et la paix.

- Là réside effectivement la difficulté la plus importante. L'évolution des esprits reproduira toutes les erreurs qui viennent de coûter si cher à notre peuple. Et l'impiété, l'inconscience et l'insouciance renouvelleront la malédiction éternelle, si nous ne trouvons pas le moyen d'y mettre efficacement un terme avant que le mal ne se développe.

---

[27] Le Lion sur sa barque, foulant aux pieds le signe du Déluge (▨) guidant les onze autres constellations célestes à sa suite, à reculons, ne laisse aucun doute quant à sa signification sur le « Planisphère de Dendérah. »

- Les Humains ne peuvent penser qu'en temps très court, au maximum celui de la durée de leur vie. C'est pourquoi l'appréciation des textes antiques par nos futurs descendants, ne doit faire l'objet d'aucune interprétation et être rigoureuse dans ses moindres détails.

- Ceux-ci devront pourtant être établis à l'aide d'emblèmes mathématiques d'ordre céleste, à l'exclusion de tous autres.

- Pourquoi cela, vénéré Pontife ?

- Parce que la Parole et l'Écriture telles que nos Ancêtres d'Aha-Men-Ptah les connurent subiront des variations sensibles, mais la mathématique et ses combinaisons seront toujours fondées sur les mêmes principes. Ainsi donc, à n'importe quelle époque dans le futur, la restitution de l'état astronomique d'un ciel sera chose aisée. Et les avertissements solennels que nous y ajouterons, quant à la Puissance de Dieu et à la crainte à observer à son égard, ne demeureront pas lettre morte.

- Heureusement que les nouveaux calculs sont facilités !

- Dieu a été bon avec nous, ô Ousir ! Ces nouvelles « Combinaisons », qui sont en fait les mêmes mais suivant un cours totalement opposé, feront l'objet principal de mon premier cours, demain. Il sera dirigé sur l'observation des levers et des couchers des « Fixes ». et comme nous sommes sur le même parallèle qu'Ath-Mer et celui de la seconde patrie, nous commencerons d'établir la carte céleste qui servira à contrôler la marche vers la Lumière, ce deuxième Cœur. Le nouveau mouvement du Soleil déterminera les levers des astres-repères que sa lumière efface lorsqu'il paraît à l'horizon oriental. Il permettra de rétablir la mesure du temps et de recommencer le calendrier le moment venu, à l'instant exact où l'Harmonie sera parfaitement réalisée[28].

- Vous garderez donc, pour temps cyclique, le lever de Sep'ti, qui a toujours été l'année parfaite à ce point de vue. Elle restera *l'Année de Dieu,* celle de l'homme se maintenant à 365 jours, de façon que la mathématique des 1 460 ne soit pas perturbée par 72 années humaines de vie.

- Et la Grande Année cosmique ?

- Elle ne devrait pas subir de changement, dans sa durée tout au moins, car son rythme évoluera dès à présent d'une manière rétrograde, mais toujours en 25 920 ans.

- Autour du même pivot céleste ?

- Grâce à Dieu, oui. La marche lente des « Fixes » dans le ciel reste inchangée, ce qui facilitera grandement le repérage de la route à suivre pour parvenir au « Second-Cœur ». Étant située sur le même parallèle que notre « Ancien », et par conséquent que Ta Mana, l'Harmonie est intacte. La Loi qui règle les « Combinaisons-Mathématiques-Divines » ne subit aucune variation dans son ensemble, sauf en ce qui concerne la navigation solaire qui suit une route opposée.

- Ce signe est bel et bien destiné à nous rappeler éternellement qu'il ne faudra plus jamais rompre la nouvelle Alliance avec Dieu.

- En effet ! Et c'est pour cette raison primordiale que nous rétablirons l'année calculée sur le cycle de Sep'ti.

---

[28] Ce lever d'un astre est son *lever héliaque.* C'est le jour particulier de l'année où l'étoile, jusqu'alors effacée par l'éclat solaire, devient visible à son lever à l'horizon occidental, au-dessus de l'Amenta pour ces Antiques.

- Cette année de Dieu est pourtant fort longue !...

- Mais elle est la seule valable pour ratifier notre accord. Le faible temps des humains n'a que peu d'importance par rapport au rythme général harmonique de l'Univers. Le Soleil, s'il reste pleinement et entièrement l'instrument Divin pour assurer le pain de chaque jour, est inexistant dans la ronde éternelle des « Fixes ». Il ne navigue que selon la volonté du Créateur, et de lui seul...

- Le nouveau calendrier continuera donc la ronde des 365, qui feront varier les rythmes des saisons au fil des années ?

- L'année des 365 n'est qu'approximative et elle nécessite des calculs méticuleux qui ne seront jamais exacts. Or, l'année de Dieu, celle de Sep'ti, avec son cycle de 1460 années vraies, aura un lever héliaque tous les 1 461 ans rigoureusement en harmonie avec tout le ciel. Et le Soleil sera le signe du départ de la marche des « Descendants » vers la Lumière...

- Quand débutera ce nouveau calendrier ?

-- Les observations, recommencées depuis une dizaine de jours avec les moyens du bord, sont très intéressantes. Le recul nouveau du Soleil dans la constellation du Lion montre qu'il est revenu à mi-chemin de sa course précessionnelle, et que, par conséquent, il devra rétrograder durant pratiquement un cycle complet de Sep'ti[29].

- Quelle bonne nouvelle ! s'exclama Hor. Le Pontife opina, tout en ajoutant :

---

[29] Le cycle de Sep'ti, ou Sirius, est de 1461 ans ; il a été vu dans la chronologie à la fin du premier tome que le nouveau cycle laissait 1440 ans à Sep'ti pour « naviguer » en Lion.

- Cela permettra aux survivants que nous sommes de récupérer leurs forces, et à ceux qui sont en âge de fonder un foyer, de le faire !

À cette allusion, Ousir sourit, tandis qu'Hor éclatait de rire :

- J'y songe, ô Pontife. Tu seras le premier à me donner ta bénédiction. Mais, ne crois-tu pas que la tentation sera grande, pour des familles nombreuses vivant paisiblement ici, de ne plus vouloir partir ?

- Non ! Car la terre qui nous est promise comme second « Cœur » est le signe même de notre Alliance pour un bonheur retrouvé. Cette seconde patrie contiendra en elle tous les éléments de prospérité qui nous manqueront toujours ici. L'eau, qui sera le don de Dieu pour fertiliser des terres ; des minerais pour forger notre civilisation, celle des Cadets.

- Nos Cadets, ici, auront en tous les cas le temps d'apprendre à loisir et de bien retenir tous les chapitres de la Connaissance. En combien de temps penses-tu pouvoir faire réciter à chacun de tes élèves la parcelle de Savoir que tu lui auras inculquée ?

- Un tour de 4 navigations solaires, soit une de Sep'ti. Il faudra bien ces quatre fois 365 + 1 pour parfaire la mémoire.

Ousir se redressa, car il était temps de se préparer à la rude journée du lendemain ; aussi conclut-il :

- Ainsi, rien ne pourra plus être déformé de notre Histoire ! Notre Connaissance alliée à la Sagesse que Dieu a insufflée à ses « Descendants », permettra à notre Alliance de survivre à tous les malheurs, et ce, jusqu'à la fin des Temps.

L'An-Nu approuva vivement :

- Puisses-tu dire vrai, ô toi qui es devenu par ta résurrection, le « Seigneur des Deux-Pays »...

- Ce nom me désignera parfaitement d'ici peu, ô Pontife ! Que ta progéniture ait, jusqu'à la fin des temps, des fils pour conseiller ceux d'Hor !

- Dieu y veillera certainement.

Ils se donnèrent l'accolade, comme s'ils ne devaient plus se revoir. Serrant ensuite Hor contre lui, l'An-Nu ajouta :

- L'année de Dieu sera perpétuée par ton nom, ô toi le digne fils d'Ousir ! Son premier mois symbolisera par ton cœur, la communion avec ta mère Iset, et avec celui de la future patrie : nous l'appellerons *Ath-Hor*...

- Le « Cœur-d'Horus », est le bienvenu ; son triple sens portera sans aucun doute chance à nos descendants[30].

Cette tradition verbale, qui débuta au lendemain du Grand Cataclysme, afin de conserver intacte l'histoire d'Ahâ-Men-Ptah tout en servant d'avertissement à ceux d'Ath-Ka-Ptah, devint finalement un conte barbare. Les choses les plus simples s'étaient compliquées malgré toutes les précautions. Le peuple lui-même des « Descendants-de-l'Aîné » disparut en tant que tel, engendrant l'oubli et la destruction de ce qui avait été le Royaume de Dieu. Les invasions multiples effacèrent les derniers vestiges en les enfouissant sous les sables : les Perses, les Romains et les Grecs, les Chrétiens et les Arabes ne laissèrent que barbarie derrière eux.

---

[30] *Athor,* devint Athyr en grec, le mois du Taureau. Il débutait alors l'année sothiaque. Le déplacement précessionnel le plaça en avril à notre époque.

Seul le « Zodiaque de Dendérah », ultime avertissement surgissant intact du lointain passé, fut préservé jusqu'à ce que son message nous soit retransmis à la suite d'une odyssée qui dépasse largement ce que la fiction aurait imaginé[31]. Les divers Pontifes conservèrent religieusement la gravure originale, même lorsqu'ils n'y comprirent plus rien, comme lors de *la sixième reconstruction* du Temple de Dendérah sous Ptolémée, « afin que les Cadets puissent comprendre l'histoire des Deux-Pays et connaître le moment exact où la période cyclique en s'achevant pourrait dégénérer en une fin du monde si l'incroyance se perpétuait ».

Les Maîtres de la Mesure semblaient sûrs d'eux tout autant que de l'intelligence des peuples futurs. Les calculs intermédiaires de dates entre deux périodes de Sirius ne permettaient aucune erreur d'interprétation, puisqu'il n'y avait aucune fraction de jour en plus ou en moins. Aucun besoin de vérification, ni de rectification dans cette arithmétique simplifiée. Les « Combinaisons-Mathématiques » primitives restaient éternelles, sans altération, avec des caractéristiques très particulières pour chaque état du ciel qui garderaient leurs mêmes significations siècle après siècle puisque celles-ci n'évoluaient que dans leurs rapports entre elles dans l'Espace, et non dans leur Temps qui restait cosmique et non solaire.

C'est pour cette raison que le planisphère précessionnel de Dendérah, ainsi que ceux retrouvés par ailleurs en Égypte, comme à Esneh, commençait toujours pat la constellation du Lion, que les « Combinaisons-Mathématiques » et le recul astronomique moderne, calculé par ordinateur, placent tous à la même date : juillet 9792 avant le début de l'ère chrétienne.

---

[31] L'aventure du planisphère de Dendérah, ramené en France par deux Parisiens après une épopée remarquable trouvera sa place dans le prochain tome : *Et Dieu ressuscita à Dendérah !*

Le Lion avançant, puis reculant après le Grand Cataclysme, fut symbolisé par les deux lions dos à dos, au-dessus desquels s'élevait un nouveau Soleil. Il montre admirablement la véritable signification de cette iconographie célèbre : la Mort à l'horizon occidental, là où il regarde comme le fait le Sphinx ; et la Résurrection à Ta Mana.

Manéthon, le fameux prêtre égyptien que Ptolémée II chargea de rechercher dans les textes originaux la chronologie dynastique des Pêr-Ahâ, explique que la première datation enregistrée remonte à ce Lion au solstice d'été conjoint avec Sothis, ou Sirius, qui marqua l'An I du calendrier remis en usage par le fils de Ménès, Athothis Ier, l'Atota des hiéroglyphes, qui devint légendairement le fameux Thot... en l'an 4241 avant Christ.

Il s'écoula ainsi 5 251 ans avant que les « Descendants », ne rétablissent en Ath-Ka-Ptah la chronologie interrompue en Ahâ-Men Ptah.

La Tradition, même devenue incompréhensible, fut retransmise telle quelle, dans toute sa parabolique des Nombres. Divers détails sous forme de clé ne laissent planer aucun doute sur la puissance de Sep'ti, sur laquelle il sera revenu ultérieurement pour confirmer avec la découverte de Sirius B, l'étoile noire qui perturbe sérieusement l'orbe de la première, tout ce que les Anciens affirmaient.

Et lorsque Plutarque assure qu'au grand solstice d'été, celui où Sothis se levait en même temps que le Soleil, on « obligeait toutes les chèvres de l'Égypte à regarder la Fixe pour la remercier d'être en vie précisément ce jour-là », il ne faut pas ricaner inconsidérément pour une fois, car le fonds de vérité est grand. Une cérémonie remontant au début de la nouvelle ère faisait prier les bergers survivants du cataclysme, ayant capturé sur place leurs premières chèvres, au lever du Soleil, pour remercier Dieu de ce nouveau jour qui leur apportait une vie si pareille à celle qu'ils avaient auparavant[32]. Le rire serait facile si tant d'exemples aberrants ne nous étaient fournis par les « philosophes » grecs. Ils enseignaient des âneries monumentales !...

Les astres ne sont que des gousses d'air feutrées, pleines de feu (Anaximandre).

Les astres sont des nuées incandescentes qui ne sont jamais les mêmes, mais qui se succèdent toujours nouvelles, chaque jour, chaque nuit (Xénophane).

Le ciel est une voûte solide où les étoiles sont très solidement attachées (Anaximène).

Pour paraphraser Clément d'Alexandrie, je pourrai ajouter après ces trois méditations transcendantales, que mille pages ne me suffiraient point pour écrire les noms de tous les « génies » grecs qui ont appris leurs connaissances sur les bords du Nil, et qui ont eu honte de l'avouer.

Il est même tellement drôle de le démontrer aujourd'hui, que l'on se demande comment les humains s'y sont laissé prendre. Érathostène, par exemple, qui fut « l'inventeur *(sic)* de la Sphère. Celle qu'il présenta aux gens de son monde ébloui... était un faux manifeste. Le ciel qu'il représentait comme étant celui d'Alexandrie de l'an 255 avant Jésus-Christ ne pouvait en aucune façon lui correspondre, mais il était trop ignorant des combinaisons stellaires pour le savoir.

N'importe quel astronome d'aujourd'hui, disposant de la même sphère, répondrait après quelques calculs simples, que le ciel représenté n'était pas celui d'Alexandrie, mais celui de la latitude de

---

[32] Plut., « Esseque, id firmissimum documentum maxime Tabulis Astronomicis consentiens ».

Dendérah, certaines étoiles n'étant visibles qu'à partir de cet endroit huit cents kilomètres plus au sud. Et que d'autre part, le phénomène précessionnel datait ce ciel de l'an 2864 avant Christ...

Pauvre Érathostène ! Comment pareille erreur fut-elle possible ! Simplement parce que de son temps l'ère thébaine revenait en actualité grâce à plusieurs poètes grecs qui s'étaient rendus à Thèbes. Homère, notamment, vante cette capitale, en faisant parler Achille dans sa fameuse *Iliade* (au chant IX) : « Quelle ville fabuleuse, emplie de trésors, et dont chacune de ses cent portes d'or permet le passage de deux cents guerriers avec leurs chevaux et leurs chars ! »

Cette période prestigieuse entre toutes faisait revivre les Grands-Prêtres dissidents du Collège des Pontifes de la « Maison-de-Vie » de Dendérah, à soixante-dix kilomètres de là. Érathostène se précipita donc à Thèbes, où il put regarder des papyrus, et recopier celui qui l'inspira - maladroitement - pour l'établissement de sa sphère. Or celui-ci indiquait l'état du ciel bénéfique de la quatrième reconstruction du Temple de la Dame-du-Ciel, à Dendérah, 2 600 ans plus tôt.

D'autres « Grands », tel Eudoxe, essuyèrent bien des échecs. Pour Méthon, les Prêtres se moquèrent manifestement de lui, puisqu'une moitié seulement de sa sphère était de son temps, l'autre étant plus vieille de 586 ans. Celle d'Eudoxe, avec son solstice au milieu du Cancer, avait un millénaire d'antiquité de plus qu'il ne l'avançait[33].

Les poètes, par contre, retrouvèrent intuitivement bien des données perdues. Virgile et Homère déjà cité en sont des exemples frappants. Il y eut aussi un autre Grec, Nonnus, qui décrivit le Grand

---

[33] À raison de 1°39' par siècle de rétrogradation, l'arc amenant le Dragon, la Polaire du temps d'Eudoxe, présente une différence entre les deux longitudes de 45°96'39", soit un écart de 3321 ans. Comme Eudoxe vivait il y a 2346 années, la différence exacte *est de 975 ans.*

Cataclysme au travers des perturbations célestes antiques et des annales de Necepsus, jusqu'au moment où la Terre fut renouvelée par « l'écume blanchissante des grandes eaux ».

> « Le dernier jour finissait et la dernière nuit commençait au moment de la Grande Peur, montant au-dessus de l'horizon par le signe opposé au soleil alors en Lion, et qui était le Verse-eau ! »

Cette dernière constellation est symbolisée dans le « Zodiaque de Dendérah », par une urne qui déverse deux fleuves d'eau vive, bien tenue en main par Ptah.

Manifestement, Dieu hésite sur celui qui doit faire jaillir la Lumière ou les Ténèbres : celui qui emportant tout sur son passage, amènera la destruction finale ; ou bien celui qui nourrira le monde en dispensant à tous le limon fertile.

Il ne faut point perdre de vue que derrière le symbolisme gravé ne se cache que la réalité, réservée aux cœurs purs. Les constellations sont les instruments les plus puissants qui unissent le ciel à la terre. En termes plus clairs, chacune de ces douze configurations astrales possède un « Cœur », une étoile de première grandeur semblable à notre Soleil, mais dont le Rayonnement, *la Force Vitale,* est tellement fantastique qu'elle en est à peine imaginable pour nos esprits.

Régulus du Lion, par exemple, qui est à une centaine d'années-lumière de notre système, *est 12 000 fois plus gros que notre astre du jour.* Cela revient à dire que s'il se trouvait en lieu et place de notre Soleil, nous n'existerions pas car la Terre ne serait que cendre impalpable elle-même. Il en va de même pour les autres onze « Cœurs », que ce soit Aldébaran du Taureau, Antarès du Scorpion, ou n'importe quelle autre étoile.

Si donc, au lieu de laisser la Raison repousser la méditation, nous songions aux incroyables mais réelles Forces de ces 12 Cœurs, nous comprendrions que la distance de cent années-lumière en moyenne qui nous sépare d'eux, n'est rien pour ce rayonnement en marche depuis des milliards d'années à la vitesse de 300 000 kilomètres-seconde dans l'espace qui percute la Terre avec une telle puissance qu'il la traverse de part en part dans sa plus grande circonférence en $1/40^e$ de seconde, chiffre fourni par un laboratoire qui étudie assidûment ce phénomène près de Moscou. Ce qui explique le pouvoir instrumental que s'en est fait Dieu.

Dès la naissance, tout nouveau-né émergeant du néant, à qui l'on coupe son cordon ombilical, *se trouve dès ce moment isolé dans l'espace terrestre en tant qu'être humain vivant.* Pour la première fois, dès cet instant, le bébé est littéralement bombardé par ce rayonnement fabuleux, imprimant dans le cortex cervical *une trame* qui est par conséquent différente pour chacun, et à laquelle il réagira personnellement, suivant les configurations des « Combinaisons-Mathématiques ».

« L'Âme humaine participe à l'activité créatrice de la Terre, étant unie à elle par son enveloppe charnelle, animée, ce qui lui permet de faire appel à Dieu en cas de besoin. Si le Ciel et la Terre sont en désaccord, l'influence subie par l'Âme de la part des Douze « Fixes » et du Soleil, risquerait de la soumettre à des passions extrêmement néfastes, et qui seraient opposées à sa véritable destinée Divine. »

C'est une stèle de la quatrième dynastie qui rappelle ces données fondamentales. Peut-être Manilius, cet « astrologue » de la Grèce antique, les connaissait-il déjà en écrivant dans son *Astronomica*, en vers : « J'entreprends dans mes chants de faire descendre du ciel des connaissances véritablement divines. Et les astres eux-mêmes, confidents du destin au pouvoir dirigé par la puissance suprême, produisent tant de vicissitudes dans le déroulement de la vie humaine ! »

Mais ce Marcus Manilius ne reste qu'un farceur, car il fait précéder le tout par ce début qui fausse tout : « J'ai pénétré le premier les mystères du ciel *par la faveur des dieux.* »

N'étant point allé en Égypte, il s'est contenté des explications de Porphyre et de Plutarque, vantant ainsi les dieux, et non Ptah l'Unique. Il rétablit ce qui fut appelé les décans, qui sont une partie des « Combinaisons ». Ces signes dans les signes s'appelaient en hiéroglyphique, des « Khent ». Les inscriptions de Dendérah expliquant la marche du temps cosmique sont formelles sur le principe même de leur valeur mathématique : « *Les 36 Khent forment la demi-couronne de l'équateur céleste.* »

Ce qui, mathématiquement, démontre logiquement que la couronne entière, qui forme la ceinture équatoriale complète, en comprend 36 × 2 = 72.

Devant les « Combinaisons » qu'il préconise, Manilius se sent lui-même pris d'un respect subit. Les actions et les réactions réciproques qu'il déclenche de toutes pièces, en mauvais apprenti sorcier, car il ne connaît que très mal ce dont il pense modeler les figures à venir, ne le font aboutir qu'à une dangereuse altération de la finalité des « Combinaisons-Mathématiques-Divines ».

En fait, ce « poète astrologue » fut suivi par une foule de charlatans. Le temps n'a même pas accompli son œuvre, puisque quelques-uns d'entre eux, certains de ne pas être compris, lui tressent encore des lauriers.

Par contre, pour la symbolique des Nombres, il est intéressant de relire divers papyrus qui décrivent des « thèmes astrologiques ». Datant des débuts de l'ère chrétienne, ils s'inspirent uniquement des configurations chaldéennes et babyloniennes, dérivées de « celles des Égyptiens ». Jusqu'à quel point ? C'est ce qui est difficile à établir.

L'un des plus remarquables parvenus à notre connaissance, est le « thème de Titus », établi en l'an III de son règne (soit en l'an 81 de notre ère). Il est précédé d'une introduction sans ambiguïté, exhortant la fidélité aux règles immuables des « Compositions Célestes Divines » qui étaient en usage dans l'Antiquité.

Il y a aussi le papyrus N• 98 du British Museum, qui retrace le « thème » d'un inconnu, mais qui est établi en l'an 102 « d'après les lois mathématiques égyptiennes ». Un autre document, qui porte le numéro 110, est le thème du ciel d'Anubion, fait en l'an I du règne d'Antonin (donc en 138 de notre ère) d'après les instructions « contenues dans un très vieux rouleau égypien ». Il y a donc certitude absolue de l'antiquité égyptienne des coordonnées mathématiques de l'étude des astres.

Il existe même un ouvrage peu connu, mais authentique, qui est un *Manuel d'observations célestes mathématiques permettant l'étude de la trame d'une Âme*. Le manuscrit indique qu'il s'agit d'une compilation faite à partir de la hiéroglyphique égyptienne par l'astrologue grec Paklos, à la fin du Ve siècle.

Cette étude remarquable, qui fournit la clé parabolique de certains Nombres, solutionne plusieurs énigmes tout au long de ses 149 paragraphes originaux. Il semble, là aussi, que l'incompréhension générale des complications mathématiques apparentes l'ait reléguée au fond d'une cave voûtée pour une autre « Grande Année » de 25 920 ans, les archivistes successifs, devant cette insondable longueur de temps, l'ayant prise pour du délire pur et simple.

Le mouvement stellaire, pour infiniment lent qu'il soit, battait le rythme de la c Grande Année , à Dendérah, pour tout Ath-Ka-Ptah. Le franchissement d'un degré sur la ceinture équatoriale signifiait que 72 années de vie s'étaient consumées dans l'éther, et que l'être humain correspondant retrouvait son Créateur. Comme il y a, nous l'avons vu, 72 Khent ou décans amenant 72 influences primordiales, ce Nombre paraît être doué de propriétés remarquables.

Chacun des 36 Khent est bénéfique, alors que les 36 opposés, les « N'Khent », sont maléfiques ! Ils n'ont chacun que 5° d'étendue, et ne peuvent être qualifiés de décans. Le graphisme hiéroglyphique de cet astérisme est une étoile à 5 branches. Elle qualifie également le Nombre 5 en anaglyphe, l'ensemble formant les configurations de la trame complète du psychisme mental de l'humain.

Ces 72 Khent, fixés sur le cercle zodiacal, ont nécessairement leurs Lois prédéfinies par leurs rapports géométriques avec les « Fixes » et les « Errantes ». Ces lois sont basées sur les affinités harmoniques célestes voulues par le Ciel, et que la mathématique permet de rendre *prévisible en dessinant les configurations et leurs résultantes arithmétiques* par rapport à la trame originelle dessinée en chaque cortex cervical.

Le planisphère de Dendérah a d'ailleurs continué d'opposer les « pour », et les « contre » depuis qu'il est arrivé en France. Une polémique[34] très vive entraîna dans des discussions fort savantes tout ce que la France et ses diverses académies comptaient d'érudits en renom. Trois thèses étaient véhémentement défendues ou contestées aussi énergiquement.

1) Le planisphère de Dendérah était un ornement de plafond sans signification ;

2) Le planisphère était un calendrier rural qui permettait de moissonner à temps ;

3) Le planisphère présentait un ciel totalement différent de celui d'Hipparque, aucune moisson n'était donc possible.

---

[34] Le terme de « polémique » est un charmant euphémisme pour définir les tempêtes d'injures qui bouleversèrent, cent années durant, de doctes savants, tels Ampère, Arago, le baron Cuvier, l'astronome Dupuis, et tant d'académiciens !

Survint alors un perturbateur de plus, et non des moindres, qui émit une possibilité aberrante pour les défenseurs des trois autres points de vue : en opérant une demi-conversion céleste du planisphère, tout devenait clair par la grâce du recul précessionnel, puisque les Égyptiens le connaissaient. Ainsi, les antiques configurations zodiacales primitives se retrouvaient à leur place, dans l'Espace de ce temps-là, *il y avait quelque 12 000 années.*

À l'Académie des Sciences, un beau tintamarre se déclencha contre un éminent érudit appelé Charles Dupuis, qui avait déjà publié un énorme ouvrage, *L'Origine de tous les Cultes*. Durant une bonne vingtaine d'années, la polémique s'amplifia parmi les membres de cette Académie savante, où la simple vérité logique de Dupuis fut qualifiée d'hérétique. À cette époque il ne pouvait être question d'entériner une thèse qui assurait une telle antériorité humaine, alors que la vérité biblique ne faisait remonter le déluge que cinq millénaires avant notre ère.

Lorsqu'en 1822 le « Zodiaque de Dendérah » parvint à la Bibliothèque Royale de Paris, la discussion retrouva son ampleur. Les Mémoires s'accumulèrent, où le ton des signataires était non seulement acerbe, mai: fort polémique. Le prochain volume, consacré à l'histoire de Dendérah, en donnera un compte rendu. L'extrait suivant d'un grand journal parisien de cette époque, *La Quotidienne,* du 27 octobre 1822, montre à quel point en étaient rendus les savants :

« Des esprits étroits, des personnes que la moindre objection épouvante, avaient paru désirer que l'acquisition du monument de Dendérah n'eût pas lieu ! En voyant avec peine les livres de M. de Volney et de M. Dupuis qui sont de monstrueux assemblages d'une fausse science et d'une apparente érudition, se colporter non seulement dans les moindres hameaux français, mais aussi dans toute l'Europe, et même jusqu'aux extrémités de la Russie, ces hommes semblaient craindre que l'exposition de ce monument ne servît à répandre avec plus d'activité encore ces idées d'une antiquité du monde indéfinie, qui ne tendent à rien moins qu'à anéantir l'autorité des Livres Saints, afin *de* détruire toute idée de religion ! »

Car hélas ! en 1822, on en était encore là. Les textes hébreux relativement récents de l'Ancien Testament avaient la préséance sur ceux, rigoureusement chronologiques, gravés sur la pierre, qui narraient dans son intégralité l'histoire du premier monothéisme.

L'idée de rétablir les Annales primitives à l'aide de calculs fondés sur ces fameuses « Combinaisons-Mathématiques », découlant du mouvement éternel et harmonique des « Fixes » qui amène la rétrogradation équinoxiale, n'est donc pas nouvelle. Mais le point de départ de cette spirale temporelle et spatiale restait perdu dans les brumes toujours plus enveloppées du lointain Passé. Les chercheurs se heurtaient au mur infranchissable des supputations héroïques, n'entendant rien aux anaglyphes et partant d'un axiome très primitif sur l'intelligence des barbares. Newton en fut le plus célèbre...

Les calculs de ce grand homme anglais furent les faux les plus retentissants qu'il est possible d'imaginer. Il se persuada en guise de conclusion, en tentant d'entraîner le monde savant à sa suite, que le fameux temps diluvien biblique était encore plus proche de nous, au lieu de reculer cette antiquité de quelque dix mille ans. À tel point que son affirmation fracassante, pièce majeure de son livre *La Chronologie des Anciens Royaumes,* fit oublier pour un temps les hautes spéculations mathématiques que son génie livra à l'humanité, et qui, fort heureusement sont parvenues jusqu'à nous.

Peut-être s'était-il référé à Pline qui attribuait la première description du ciel à Atlas, et à Anaximandre pour les constellations. Il ne pouvait pas alors savoir que le géant mythique personnalisait Hor dans sa traversée de l'Afrique, portant sur ses épaules la lourde charge du repeuplement de la Terre de Dieu décimée, en préservant les Cadets des embûches semées sur leur route vers le Deuxième-Cœur de Dieu, l'Égypte.

Et si les désirs de Bossuet et de Leibniz de voir Louis le quatorzième s'intéresser à des fouilles au pays des Pyramides ne furent que désillusions, Bonaparte rattrapa le temps perdu lors de sa célèbre campagne, au cours de laquelle il se fit accompagner par une équipe scientifique de grande valeur.

Les « Zodiaques » d'Esneh, d'Oumbos et de Dendérah furent sans nul doute le plus magnifique trio de découvertes. Fourier, après Denon, qui dessina sur place le planisphère de Dendérah avant son transport en France, écrivit à Berthollet :

> « La discussion des monuments astronomiques qui viennent d'être découverts, sert à fixer les idées sur les nombreuses polémiques. Elle justifie la chronologie d'Hérodote et celle de Manéthon. Il demeure constant que la division actuelle du zodiaque, qui remonte à environ quinze mille ans, s'est conservée sans aucune altération, et transmise ainsi aux autres peuples. »

Retournons donc suivre les rescapés, pour vivre avec eux le premier choc de cette lutte des Géants antiques, fait historique qui se produisit peu après le Cataclysme, près de Ta Mana, entre Ousir, Hor et Sit. La réalité sera ainsi mieux abordée, la mise au point effectuée à l'aide des symboles ayant plus de poids que la simple description réelle.

Chapitre Septième

LES RA-SIT-OU
(Les rebelles de Sit-Soleil)

> *Il a rempli de peur le cœur de Sit ! Tu es l Aîné car tu es né avant lui. Tu es l Aîné que Geb a mis à sa juste place avec Iset et Nek-Bet à ton côté.*
> *O Ousir ! Hor t a vengé, et ton âme peut demeurer en paix chez les Bienheureux dans l Amenta ! Ton nom restera gravé dans le Deuxième-Cœur afin qu il soit Éternel !*
>
> Textes des pyramides
(7 d - 575/583)

> *Ce serait présomption ridicule et injuste que de prétendre que nous avons plus d énergie ou d intelligence que les anciens : si la matière de notre savoir s est accrue, l intelligence nullement.*
>
> C.G. Jung
(Métamorphoses de l'Âme et ses symboles)

Dans la clairière encore partiellement inondée par les pluies diluviennes récentes, la horde des « Rebelles » entourant un chef rude et jaloux de ses prérogatives, parvint complètement fourbue par sa marche harassante dans la forêt. Il avait été pénible d'avancer entre les arbres géants, parmi les végétaux luxuriants qui proliféraient de plus en plus haut, touffus à l'extrême et ruisselant d'une eau qui semblait toujours de mauvais augure.

Aussi, cette zone subitement découverte leur apparut-elle comme un havre de paix. L'énergie déployée par Sit au cours de l'avance qui les avait menés là, avait fait oublier à la troupe la hargne et les brusques changements d'humeur de leur guide, qui agissait comme s'il se croyait investi d'une autorité céleste. Mais peut-être, durant les dernières journées, un calme relatif s'était-il établi sous ce front coléreux, car il s'était trouvé une jeune compagne solitaire, qui lui devint instantanément très dévouée, sur qui il passa par la suite le plus clair de sa folie. L'approche du village, à quelques heures de marche à peine, le rendait même plutôt aimable, car il savourait par avance une victoire totale sur les « Descendants » encore en vie, sachant qu'il serait sans mansuétude à leur égard.

Le soupir de soulagement et les cris de joie qui soulignèrent l'arrivée dans la pleine lumière, se changèrent pourtant peu à peu en étonnement, en murmures de crainte, puis en un silence épais à peine troublé par quelques cris rauques de rapaces survolant la clairière. Un attroupement s'était formé autour de quelque chose d'énigmatique, étendu à terre.

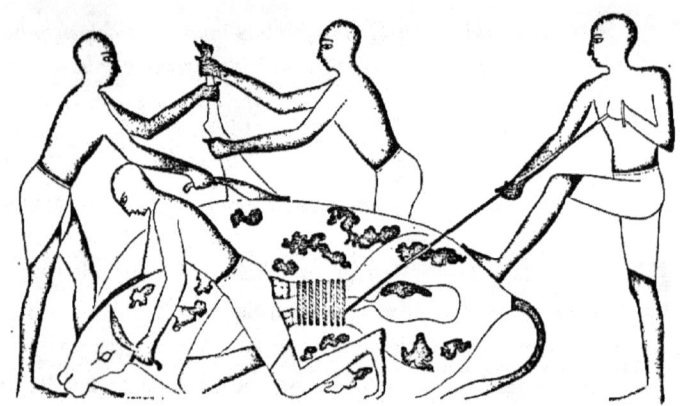

Les Râ-Sit-Ou ou Rebelles du Soleil, les « Descendants du Set », pratiquèrent la fête de Set (ou Sed) au cours de laquelle un taureau est immolé rituellement, afin que sa peau, suivant la tradition, emprisonne le corps d'Osiris et le fasse périr et pourrir.

Fendant brutalement le cercle qui s'évasait de plus en plus, Sit tomba en arrêt devant deux *peaux* largement étalées, aplatissant les hautes herbes, et qui étaient ensanglantées à la hauteur de l'épaule.

Son ahurissement grandit à cette vue intrigante, car, déjà la nuit passée, sa troupe s'était arrêtée devant une peau semblable, pendue à une basse branche d'arbre, pareillement tachée d'écarlate, tel un avertissement du ciel. Certains de ses rebelles avaient murmuré que ce signe les prévenait de ne pas aller plus avant dans leur projet, sous peine d'être réduits à l'état de cette enveloppe décharnée...

La colère du chef avait été terrible, car dans sa folie, il ne voyait pas qui aurait pu lui adresser un tel message. Ces peaux ne pouvaient être étendues que pour sécher, l'isolé qui le faisait s'y prenant comme un débutant. Mais il s'agissait de pelage *de taureaux !*... Cela restait un mauvais souvenir. Il ne fallait cependant pas montrer une peur quelconque devant l'entourage qui l'observait intensément, tentant de scruter le fond de ses pensées. Comme il ne restait personne de vivant sur cette terre pour le narguer ou lui envoyer un avertissement, il valait mieux en rire. Il se redressa, enserrant brutalement les épaules de sa compagne proche de lui, et élevant farouchement la voix, il dit :

- Soyez tous rassurés ! Vous ne risquez absolument rien. Ces peaux ne sont pas le signe d'une faiblesse ou d'un mauvais présage : elles n'ont pas la senteur de la mort. Elles représentent tout au contraire le signal envoyé par le Ciel, qui nous a fait parvenir ces peaux de taureaux, afin que nos cœurs restent énergiques dans leurs légitimes résolutions et que la lassitude n'y pénètre pas. Réjouissons-nous au contraire de cette proche arrivée de notre clan à sa destination prévue. Cet endroit sera nôtre, c'est lui qui assurera notre bien-être, ainsi que notre prospérité. Notre grande famille deviendra la plus puissante sur cette Terre qui prospérera sous le nouveau Soleil, notre seul Maître.

Les murmures reprirent de plus belle, l'incompréhensible apparition des peaux n'étant pas résolue dans les esprits fatigués des voyageurs, malgré les phrases grandiloquentes de Sit. Ce qui apparaissait comme surnaturel gardait le pas sur ce qui n'était pas tout à fait une réalité. Le chef le comprit si bien qu'il s'empressa d'ordonner la dernière pause avant l'investissement de Ta Mana :

– Que les porteurs de nourriture se mettent près de leur groupe et que soient faites les distributions prévues pour les familles ! Il est temps de reprendre des forces. Lorsque les rayons du Soleil recouvriront les peaux, la halte sera terminée. Nous achèverons alors notre voyage pour parvenir tous ensemble à destination. Que mes Râ-Sit-Ou me rejoignent pour recevoir leurs derniers ordres. Nous mangerons tous en chœur, en mettant notre dernier plan au point.

Sit prouvait ainsi qu'il connaissait les âmes de ceux qui l'accompagnaient. Il savait que les ventres pleins apaisaient les consciences en endormant les volontés récalcitrantes. Cela lui permettrait d'insuffler à ses rebelles l'ultime énergie nécessaire à la bonne réalisation de l'attaque générale de Ta Mana. Pour le reste, il serait toujours temps, après, de penser aux promesses faites.

Les divers groupes s'étaient déjà dispersés, se rassemblant par affinité, et se partageant allégrement les quartiers de viande. Les jeunes ramenaient des fruits plein leurs bras ; ils n'avaient eu qu'à lever les mains pour les cueillir sur les arbustes qui croissaient en bordure de la jungle ; papayes, mangues et bananes proliféraient. Il y avait aussi un curieux fruit vert, rond et couvert de piquants, qu'il fallait chercher sur les hautes branches d'un arbre souvent séculaire, bonne occasion de jouer un peu. Il était recherché pour sa chair blanche molle et farineuse, qui rappelait la consistance tout autant que le goût aigrelet des galettes de céréales, fort prisées en Ahâ-Men-Ptah.

Très à l'aise au milieu de ses soldats, Sit retrouva ses yeux fiévreux et lointains. Tout en déchirant à belles dents son cuissot de gazelle, il vaticina tout à son aise, pour le cercle de ses gens :

– Nous sommes tous liés désormais par notre volonté de rétablir partout le Soleil Créateur comme la puissance universelle. Il nous a créés, c'est à nous que revient le devoir de rétablir sa royauté sur la terre, si nous ne voulons pas qu'il nous fasse disparaître tous par son mécontentement de nous voir adorer un quelconque dieu autre que

Lui, qui nous éblouit et nous permet de vivre. La seule solution pour ceux qui refuseront de se joindre à notre adoration pour Râ, sera la mort !

Les approbations qui fusèrent çà et là n'étaient pas délirantes d'enthousiasme, mais Sit estima qu'il pouvait continuer sa péroraison :

- Afin d'y veiller, vous serez toujours les Râ-Sit-Ou, les « Soldats du Soleil ». Mes *Rebelles...* Nos stocks d'arcs et de flèches sont suffisants pour assurer notre suprématie ; nous n'aurons, je pense, qu'à faire peur pour arriver au bout de nos peines. Nous tuerons avec nos massues tous ceux: qui s'enfuiront...

Un des meneurs, à la musculature puissante, s'étonna pourtant :

- Pourquoi tuer ceux qui pourraient travailler pour nous ? Nous aurons le pouvoir, les provisions... et leurs femmes ! Pourquoi ne pas garder au moins les plus forts ?

Se forçant à ne pas laisser percevoir son agacement et sa colère, Sit fronça les sourcils en regardant l'homme qui lui posait une question si stupide. Il réussit cependant à répondre d'une voix monocorde :

- Râ réclame le sang de ceux qui ont osé élever des prières à quelqu'un d'autre. Si nous ne les anéantissons pas, ils recommenceront leurs adorations impies pour quelque chose d'inconsistant et d'inexistant, ce qui déclenchera la nouvelle colère du Soleil, qui se vengera cette fois d'une manière plus terrible contre nous en nous anéantissant tous. Est-ce cela que vous voulez ? Alors recommencez d'adorer ce dieu sacrilège, celui-là même qui a causé notre perte et nous a jetés sur cette terre. Nous sommes vivants grâce au Soleil. C'est lui qui nous montre la voie, aujourd'hui plus qu'hier, en éclairant ces deux peaux. Ou bien nous rétablirons son autorité partout, ou nous mourrons tous d'une mort bien plus terrible que celle subie par nos parents. Que préférez-vous ? Disparaître avec les impies, ou m'aider à les supprimer, eux seulement ?...

Des chuchotements horrifiés ne lui laissèrent aucun doute sur le choix effectué par ses compagnons de lutte, aussi enchaîna-t-il en s'adressant plus spécialement à celui qui l'avait si maladroitement questionné :

- Serais-tu parmi les impies, toi dont la force est devenue faiblesse pour oser douter de mes ordres ? L'homme comprit qu'il avait été trop loin, aussi s'empressa-t-il de répondre humblement, sans lever les yeux sur Sit dont le regard glacial le transperçait :

- Loin de moi cette pensée, ô seigneur du Soleil ! Toi seul es capable de mettre les ennemis hors de combat.

- Fort bien répondu ! Et si nous avons besoin d'esclaves, il y a assez de peuplades primitives dans les montagnes, celles-là mêmes qui travaillaient dans les mines, pour remplacer les bras dont nous aurions besoin...

Content de la conclusion de ce malentendu, il se servit un autre cuissot de gazelle. Pas plus que de ce gibier qui abondait, il ne manquerait de corps qui lui seraient dévoués, de gré ou de force. Il n'avait rien à faire des poseurs de questions insidieuses. et ce tas de graisse à figure humaine qui l'avait défié deviendrait bientôt pareil à cette viande qu'il déchirait de ses dents pointues. Il le tuerait lui-même à coups de massue, et il s'en régalait en jouissant à l'avance de la purée qu'il ferait de cette tête vide. Ce qui permit à chacun d'achever son repas en silence, dans ses propres pensées.

D'ailleurs, après un regard furtif vers les peaux étalées, Sit vit que le moment était proche où il ordonnerait le départ. Il en profita pour formuler ses ultimes conseils, comme inspiré subitement :

- Notre salut nous vient de Râ qui est le plus beau et le plus grand de tous les astres, donc de tous les dieux. Il nous apparaît dans toute sa gloire pour nous ordonner de partir conquérir ce qui lui appartient. Nous agirons très vite, et en accord avec lui pour que la conquête soit totale avant le coucher du Soleil. Vous êtes constitués en groupes de huit hommes ; chacun de vos chefs connaît mes ordres et vous leur obéirez donc sans discuter. Nous entrerons dans Ta Mana par toutes les issues à la fois, en criant le plus fort possible, afin d'apeurer ces adorateurs d'une fausse divinité. Nous leur prouverons la puissance de la nôtre, par la vigueur avec laquelle nous les exterminerons. Gloire à Râ, qui brillera à chacun de ses levers tant que nous lui prouverons sa gloire, par nos actes !

Quelques guerriers se dressèrent en hurlant hystériquement, comme pour crier la sauvagerie qui les habiterait dans quelques heures. Sit en fut rassuré, et il sourit, apparemment satisfait de son exhortation. Les autres hommes restèrent assis mais approuvèrent vigoureusement. Ces cris sauvages, plus ou moins rauques et semblables à ceux des lions en colère, impressionneraient sans nul doute les habitants du village. Pour mettre définitivement le Ciel de son côté, Sit tendit son bâton de commandement vers le Soleil, tout en se levant. Le serrant fortement il invoqua Râ :

- Inonde-moi de tes rayons bienfaisants, ô Puissant Créateur ! Que mon sceptre commande par ta grâce l'anéantissement de tes ennemis !

Tous les rebelles s'empressèrent de répéter :

- Que les Râ-Sit-Ou anéantissent tous tes ennemis, ô Râ !

De tous les côtés, les groupes achevèrent rapidement leurs repas en voyant que le moment du départ sonnait. Sit acheva sa péroraison :

- Tous mes soldats se placeront au-devant des femmes et des enfants rassemblés, sauf les huit qui resserreront les rangs en arrière-garde. Il est l'heure : les rayons inondent les peaux de lumière. Achevons cette marche ; attaquons et TUONS !...

Dès que la horde au grand complet se fut enfoncée de nouveau dans le sous-bois touffu, l'humidité s'agglutina sur chacun. Personne ne s'étant retourné vers la clairière, nul ne vit que le cuir des peaux prenait une jolie teinte rose sous le Soleil, formant une sorte d'auréole très brillante, au sein de laquelle jouaient des myriades de luminosités joyeuses. La crainte aurait certainement pris possession de tous les esprits simples.

Mais les pieds s'enfonçaient dans des marécages alourdissant de plus en plus les pas, et cela seul les préoccupait. L'avance se poursuivait cependant à un rythme satisfaisant, l'arrivée présumée proche subjuguant les volontés. Galvanisés par l'approche, ces hommes ne doutaient plus de la justesse des arguments prônés par Sit pour justifier l'épouvantable tuerie qu'ils allaient commettre.

La nervosité augmentait pourtant dans les cœurs s'extériorisant plus haut, d'instant en instant, par les voix qui s'élevaient de toutes parts sur un ton aigu. Les animaux fuyaient leurs lieux de peuplement habituel bien avant que cette meute vociférante ne parvienne : leur rencontre. Même les éléphants indifférents se détournaient de leur route coutumière, non par crainte mais parce que ce vacarme les assourdissait.

Les échos bruyants, cependant, ne parvenaient pas encore jusqu'à l'endroit où se tenaient Ousir et Hor Les rebelles traversaient un creux marécageux avant de parvenir aux dunes précédant le sable des plages. Les terres s'élevant quelque peu ralentirent la progression des hommes de tête, encombrés d'armes de choc. Lorsqu'ils parvinrent au sommet de la plus haute butte, ils poussèrent leurs cris les plus sauvages à la vue de la mer, bleue et calme, qui leur sembla tout près. Ces sons puissants, portés par un vent tiède favorable, parvinrent forcément aux oreilles du Père et du Fils, qui attendaient patiemment sur leur monticule que les événements prévus par Nek-Bet déroulent leur fil.

Les mouvements du sol, aidés par le ruissellement des pluies diluviennes de ces dernières semaines, avaient formé des terrasses étagées tout au long de la pente du tertre le plus haut. Les arbres avaient poussé là, bien avant le cataclysme, enchevêtrant leurs racines dans les terres ainsi stabilisées. À mi-hauteur, parmi quelques végétaux luxuriants, s'élevait un sycomore séculaire. Derrière ce tronc vénérable, à l'abri des regards de ceux qui avançaient, les deux Géants calmes et attentifs patientaient, conformément aux directives de Nek-Bet. C'était ici, en ce lieu précis, que se jouerait le destin de l'actuelle communauté des rescapés sauvés des eaux par le Dieu Tout-Puissant.

Percevant les premiers éclats de voix, Hor se redressa. Ousir, perdu dans ses pensées, ne bougea pas ; il préférait laisser l'initiative à son fils, qui devrait s'habituer à agir seul. Celui-ci, comme s'il lisait dans l'âme de son père, sentit toute tension disparaître en lui ; ses muscles se dénouèrent et même les pulsations qui agitaient douloureusement sa paupière vide cessèrent. Son œil valide retrouva une acuité parfaite, lui permettant de scruter attentivement l'endroit où apparaîtrait la cohorte menée par le frère de son père[35].

Celui qui ne croyait plus en ce Dieu qu'il profanait ne jubilerait plus dès qu'il parviendrait sous eux. Ousir, qui observait de biais son fils, comprit la signification de la lueur vengeresse qui traversait l'œil valide. Hor serait bien le vengeur de son père, élevé ainsi à la hauteur d'un dieu par les générations futures. Cela le fit sourire au sein de la tristesse qui l'habitait. Pourquoi n'avait-il pas tout simplement pu

---

[35] Durant les millénaires pharaoniques, les expressions hiéroglyphiques de toutes les parentés consanguines sont exclusivement basées sur la monogamie. *Atefen-Atef* est le « père du père » ; *Sonen-Atef en Mau* est le « frère du père de la mère », donc le grand-oncle ; *Haï* est l'époux et *Shime* est l'épouse ; *Atefeh-Haï* est le beau-père, littéralement le « père de l'époux ».

être un homme pareil aux autres humains ? Il aurait tant aimé vivre loin des complications auxquelles Dieu l'avait soumis pour justifier un renouvellement de Bonté et de Foi chez ceux qui avaient été engendrés à l'image Divine... Il soupira longuement, malgré lui, et cette plainte sortant du fond du cœur fut entendue par Hor, qui, se méprenant sur la cause, entreprit de le rassurer :

– Ne crains rien, ô mon Père vénéré ! Tout se passera comme cela a été prévu. Je me sens investi d'une force bien supérieure à celle qui était la mienne dans cette forêt détruite par la colère divine en Ahâ-Men-Ptah. Je suis un autre « Moi », même si je ne sais pas comment expliquer pareille transformation.

Ousir se réjouit intérieurement ; il comprenait très bien cette sensation qui avait souvent été la sienne. Il n'en approuva pas moins gravement :

– Tu es la chair de ma chair, un autre moi-même, et mon nom et mon cœur sont les tiens. Tu es protégé ainsi par l'Éternel, comme le seront ceux qui, jusqu'à la fin des temps, feront appel à ton aide avec sincérité.

Tu seras l'Aîné, ô mon fils, l'Ancien le plus illustre, le Premier dont on célébrera la victoire sur le Mal ! C'est pourquoi tous les « Descendants » à naître par toi te ressembleront et auront les mêmes pouvoirs, tant qu'ils personnifieront l'image de leur Créateur dans les moindres actes de leur vie. Et seul Dieu s'en apercevra toujours lui qui fait tomber l'eau uniformément et pareillement sur toutes choses. Qu'est-ce qui peut différencier deux gouttes d'eau semblables tombant l'une sur une rose et l'autre sur une digitale ? La puissance divine seule, car elle transforme le premier végétal en mie de la terre et le second en venin mortel.

Les cris s'intensifiant, Ousir se leva à son tour pour conclure :

- Tu recevras les offrandes de la Terre entière, Hor et tu en rendras gloire à Dieu en notre nom à tous les trois : Iset, moi et toi.

La chevelure d'Hor se balança dans une énergique dénégation :

- Je ne désire pas cela, ô mon Père ! Ce privilège es le tien, l'harmonie obtenue à Ta Mana est ton œuvre J'aimerais tant vivre simplement en homme...

Les deux bras d'Ousir se raidirent d'impuissance contre ce que lui-même avait désiré sans l'obtenir :

C'est impossible, mon fils. J'aurais déjà voulu qu'il en soit ainsi pour ta mère et pour moi ; mais Dieu en a décidé autrement... À ce propos, protège Iset et garde-la précieusement jusqu'à ce qu'elle me rejoigne dans l'autre monde.

Cette fin de phrase entraîna un gémissement de la part d'Hor. Le dialogue pourtant s'interrompit sur cette note triste, car la horde des Râ-Sit-Ou venait d'apparaître au sommet d'une dune, à une centaine de mètres de là environ. Sit, reconnaissable à sa haute stature, rejoignit cette avant-garde. Il parcourut d'un regard perçant l'horizon, avant de leur montrer d'une main tendue le tertre au sycomore d'où, invisibles, Ousir et Hor regardaient les hommes dévaler la pente et marcher droit vers eux.

Lorsqu'ils parvinrent au bas du monticule que Sit s'apprêtait à escalader, Hor surgit brusquement du gros tronc, hurlant depuis son surplomb d'une bonne douzaine de mètres :

- Arrière, toi le venin enragé, désespoir de ta mère Toute la Création t'exècre et tu es vomi par l'Humanité d'essence divine ! Arrière, Sit, arrière !

La foudre tombant aux pieds des marcheurs, n'aurait pas créé une stupeur plus intense. Ils levèrent les yeux sur cette apparition inexplicable, reculant instinctivement de quelques pas, avant de demeurer tels, paralysés par l'affolement qui les tenaillait. Seul Sit, réalisant d'emblée la cause de l'arrêt brutal de ses troupes, tenta de comprendre comment son neveu pouvait être *vivant* en cet endroit !

Curieusement, dans le même temps, le silence se fit - les femmes et les enfants étaient encore loin en arrière - comme dans l'attente de l'affrontement qui ne tarderait pas à opposer les deux Géants en présence.

Profitant de son avantage indéniable, Hor reprit la parole. Sa voix forte se répercuta en une sorte d'écho caverneux le long des pentes avoisinantes :

- Arrière, tous ! C'est moi, Hor, qui vous le commande. Dieu vous a permis de vous échapper du total engloutissement, et en remerciement vous l'accablez de vos blasphèmes et de votre conduite sacrilège ; honte à vous ! Et je vous le dis : vos âmes périront sans pouvoir se rendre en Ahâ-Men-Ptah, car les portes liquides se refermeront sur elles sans espoir. Vos âmes périront comme vos chairs...

Les gesticulations de Sit pendant l'homélie de son neveu s'achevèrent par un grondement désordonné. Les traits de son visage, déformés par la démence, montraient la colère humaine qui s'accumulait en eux. Lorsqu'il put parler, il cria d'une voix hachée, à peine compréhensible :

- Comment oses-tu me braver, toi qui es juste capable de mordre avec la bouche ? Oublies-tu qu'une fois déjà mon pouvoir a été plus fort que le tien ?

Sans se départir de son calme, Hor rétorqua :

- C'est toi qui ne te souviens plus, espèce d'enragé ! Je suis ici et je te domine grâce à Dieu et avec Sa Puissance. Tu ne peux plus rien désormais contre moi. Tu seras anéanti, toi et ceux qui t'écoutent, si tu ne pars pas au loin.

Éclatant d'un rire dément, Sit fit signe à ses soldats d'entourer le tertre afin que son neveu ne puisse s'échapper. Puis il prophétisa d'une voix menaçante :

- Tu ferais mieux de tenter de t'enfuir alors qu'il en est peut-être encore temps, sinon je prendrai plaisir à t'égorger moi-même !

Hor haussa dédaigneusement les épaules en suivant le manège des rebelles. Il savait que son père entendait et voyait ce qui se passait, prêt à intervenir quand il le jugerait utile. Ce fut donc d'une voix assurée qu'il provoqua son oncle :

- Le venin qui sort de ta bouche est juste bon à tomber dans ce sable aride. Ton esprit est pareil à celui du scorpion qu'on ne peut faire autrement que d'écraser pour le supprimer. Tu es comme cet animal abject, et pareillement ce qui circule dans tes chairs n'est qu'un venin qui te rend fou. Si tu pars vite, peut-être Dieu aura-t-il pitié de toi.

- Tu mens ! Je suis le plus fort et ton Dieu immonde pas plus que toi, ne pouvez rien contre moi ! Je t'ai cloué une fois sur le sol, et je vais recommencer. Je suis le plus fort, et je tiens le Soleil dans mes bras. Si tu n'admets pas cela, c'est que tu es aveugle des deux yeux !

Ce fut au tour d'Hor de rire, mais d'une façon bien plus décontractée :

- Pourtant, ce que je ne vois que d'un seul œil me permet d'affirmer que le Soleil est en train de disparaître de notre vue. Il se voile la face devant tes blasphèmes car il ne veut pas assister à ta déconfiture.

Un gros nuage gris, en effet, occultait l'astre du jour effaçant l'azur serein du ciel. S'adressant alors aux rebelles, Hor dit d'un ton solennel :

- Vous tous qui aspirez peut-être à vivre enfin en paix, écoutez-moi ! Que ce signe divin assombrissant le ciel éclaire vos âmes ! Ne suivez plus celui qui vous aveugle avec ce Soleil qui ne resplendit que pour des têtes vides de paroles sensées ! Contemplez plutôt l'Éternel, votre Dieu Unique, au travers de cette parcelle que vous tenez de lui et qui est l'âme, en le remerciant d'être encore en vie.

- C'est faux ! Tout est faux ! Il ment ! Ma seule puissance est supérieure à la sienne et à celle de son Dieu.

Écumant d'une rage qui le faisait littéralement sauter sur place dans une folle indignation, Sit reprit d'une voix haineuse :

- Tu ne peux pas connaître ma force, toi qui es déjà la tête d'un « Retourné » qui n'existe plus, Tu es comme ceux qui ne m'ont pas suivi et ont disparu sous les eaux. Râ-Sit-Ou, faites comme moi : n'ayez confiance qu'en Râ, dispensateur de la lumière et de la chaleur, générateur de toute vie. Son Dieu n'en est que le vain usurpateur. Tout comme le père d'Hor est mort pour avoir tenté de me prendre le trône d'Ahâ-Men-Ptah. *Je* suis le nouveau Maître, et cette fois nul ne s'opposera plus à mon avènement !

D'une voix douce, mais que tous entendirent distinctement, Hor demanda :

- Es-tu si sûr que cela d'être le nouveau Maître ? Un rire nerveux, inextinguible, monta de la gorge de Sit. Le ridicule de cette question apparut même aux soldats. Enfin, le chef des Rebelles parvint à dire :

- Regarde ta position, petit avorton, et celle de mes soldats qui t'encerclent !

- Il n'est pas question de moi...

- Tu ne veux pourtant pas prétendre que ton Dieu reprendrait vie pour occuper la place de Maître qui m'est due ? Le Soleil lui-même m'approuve puisqu'il reparaît ! Que tous ici présents lèvent les yeux vers sa splendeur ! Tendez tous les bras vers lui pour le remercier de notre victoire toute proche...

La cohorte des soldats, ainsi que les familles de plus et plus nombreuses qui rejoignaient l'endroit, se prosternèrent alors, suivant les recommandations de Sit. Le Soleil, rétabli dans son éblouissance dorée, fit cligner tous les yeux de ceux qui tentaient d'obéir malgré l'aveuglement qui les gagnait.

Cet instant évidemment propice fut choisi par Ousir pour son apparition. Les humains en contrebas, regardant le ciel, entendirent une voix nouvelle, inattendue, à l'intonation grave et ample, retentir au-dessus de leurs têtes. Cette sonorité étrange qui les pénétrait semblait venir de partout et de nulle part. Éblouis, ils ne percevaient plus l'environnement extérieur que par les bruits qui parvenaient à leurs oreilles. Aussi furent-ils pris de frayeur, car beaucoup pensaient que c'était le Soleil lui-même qui parlait, bien que les paroles émises les condamnassent sans rémission :

- Honte à vous tous qui oubliez que vous êtes des enfants de Dieu !

Sit reconnut instantanément cette sonorité qui hantait souvent ses nuits. Il leva la tête, et lui qui n'avait point regardé l'astre resplendissant, il le vit. Ce fut son tour de cligner les paupières pour s'assurer qu'il n'était pas le jouet d'un mirage. Mais non ! Il voyait cette forme bien connue, revêtue de la même tunique blanche, qui était encore tachée d'écarlate à l'endroit où les lances l'avaient transpercée.

Un hurlement terrible, parce que trop longtemps retenu, s'échappa de sa bouche. Ce long cri fit reculer précipitamment tous ceux qui se massaient près de lui, mais qui désormais étaient prêts à fuir :

- Non ! Non ! NON... Ce n'est pas vrai ! Cela ne peut être toi ! Tu n'es pas là : tu es mort ! TU NE PEUX PAS ÊTRE OUSIR !

« *Ousir !... Ah... Ousir !* » Tous ces êtres humains, qui s'étaient plus ou moins écartés des sentiers divins, prirent soudain conscience d'une réalité qui les dépassait. Ils se sentirent mêlés à une scène hors du commun, qui déciderait de leur avenir sans qu'ils s'en occupent, mais qui les concernait au premier chef. C'était comme si Dieu lui-même apparaissait à leurs yeux. Ils reculèrent prudemment de plusieurs nouveaux pas, bien qu'étant déjà largement en contrebas.

Sit resta ainsi seul, dominé par Ousir. En apprenant ce nom de la bouche même du frère tortionnaire, la frayeur avait marqué le visage de tous les assistants.

Si la plupart ne l'avaient jamais vu avant ce jour, tous connaissaient les mésaventures de la famille royale avant l'engloutissement de leur pays. Il ne faisait donc aucun doute pour eux qu'Ousir était mort et que sa dépouille avait été jetée à la mer.

Pourtant il était présent, il leur parlait une nouvelle fois :

- Oui, je suis bien Ousir ! Je suis venu vous dire qu'Hor doit rester le seul chef légitime, car il est le seul héritier de l'Héritier que je suis. Hor est le fils du Fils, le taureau du Taureau Céleste revenu sur terre pour vous prévenir de vos péchés. Hor est le fils d'Ousir. Lui seul est ceint de l'autorité de Dieu pour vous mener au « Deuxième-Cœur » où vous trouverez prospérité et bonheur.

Cette déclaration d'intronisation fut écoutée dans un silence total, mis à part le râle continu qui s'échappait de la gorge de Sit. Tous ses compagnons le regardant, celui-ci se redressa et, n'admettant pas sa défaite, reprit :

- Efface-toi de notre vue, toi dont il ne reste plus que poussière impalpable au fond de la mer. Tu es l'ennemi de Râ et tu en es mort... Tu n'es plus qu'un repli sans corps et sans âme. Tu ne peux pas être ici : efface-toi ! Tu n'as plus ni bras, ni jambes. Retourne d'où tu viens ; détourne-toi de la lumière de Râ pour qui tu es une insulte. Ta magie qui sort du Lion ne pourra jamais rien contre la nouvelle puissance solaire. Disparais, horrible repli ! Tu n'es plus mon ennemi car tu n'es plus que poussière invisible.

Ousir sourit à son fils en enserrant ses épaules. Après quoi il rétorqua de la même voix prenante :

- Hor est sauvé de toutes tes manigances, ô toi qui es mon frère né de la même mère que moi, béni soit son nom à jamais ! C'est pourquoi je ne te toucherai pas. Mais dès cet instant, je transmets à Hor mon nom Divin. Je vous le dis à tous : moi, Ousir, j'assois Hor sur le Trône de cette deuxième terre. Il en sera Maître incontesté, et il devient le premier Pêr-Ahâ d'essence Divine, dès aujourd'hui. Il sera le premier Ahâ[36], l'Aîné qui renouvellera l'Humanité tout entière. Que ceux qui ne sont pas d'accord, s'en aillent ! Qu'ils partent tout de suite le plus loin possible, et dans ce cas il ne leur sera fait aucun mal. Mais malheur à ceux qui resteront ici avec un cœur impur ! Je vais descendre jusqu'à eux et les détruire. Je les réduirai afin qu'il n'en subsiste rien... ni corps ni âmes !

Des gémissements se firent entendre parmi les femmes. Les soldats eux-mêmes ne surent plus que faire de leurs armes qu'aucun ne leva contre Ousir. L'esprit chaviré de Sit subit un nouveau choc en voyant cette « apparence » commencer la descente. La panique s'empara des plus faibles, qui s'empressèrent de suivre femmes et enfants, qui s'enfuyèrent en débandade. Le malheureux chef voyant que les plus braves ne tarderaient pas à suivre la même voie, hurla :

---

[36] Phonétiquement, Ahâ se lit « ahan ». Ne pourrait-ce être l'origine d'Adam ?

- Partons tous d'ici ! Ce lieu est maudit et le spectre nous tuera tous !...

Brandissant un poing vers la forme blanche qui progressait implacablement, il prophétisa :

- Nous nous retrouverons ! Il n'y aura pas toujours ces sortilèges entre nous. Vous ne gagnerez pas toujours, car je suis le seul Maître par le sang ; c'est à moi que revient le sceptre. Un jour je régnerai, j'en fais le serment solennel ici, par devant mes fidèles !

Et je sais qu'il se réalisera...

Sans plus attendre, il se tourna vers le carré des braves qui l'attendaient, pour leur dire :

- Rejoignons les autres pour nous installer ailleurs.

Nous reviendrons en force.

Ce dialogue des événements antiques est rapporté sur de nombreux textes qui dépeignent fort bien cette lutte des deux titans, qui sera 4 000 ans plus tard, gravée sur les murs des temples : la Bataille des Géants, opposant les « Suivants d'Hor » aux « Rebelles de Sit ».

Tout le temps que dura cette marche longue et harassante, vers l'Égypte, sur des milliers de kilomètres, Ka-Ptah, vers l'Égypte, sur des milliers de kilomètres, les deux Géants entrechoquèrent leurs formations, de plus en plus nombreuses et de mieux en mieux armées ! Ainsi, Hor et Sit se combattirent par-delà la mort, sans désemparer et avec un acharnement qui alla en s'amplifiant, la réalité historique s'étant modifiée au cours des siècles, puis des millénaires, et la haine s'attisant elle-même dans l'avancement dans le Futur, vers cette Terre promise à l'un des deux clans seulement, chacun voulant être celui-là !

La Paix qui survint pour unifier les deux en une seule patrie sur les bords du Nil ne fut obtenue que par crainte d'un nouveau cataclysme. Les luttes intestines reprirent peu après entre les adorateurs du Soleil, descendants de Sit, et les Cadets de Dieu, nés des Suivants d'Hor. En signe distinctif, les premiers se servirent de l'emblème représentant un épervier, alors que les autres prenaient le faucon. Les premiers figurèrent en blanc dans les Annales afin de les différencier, tandis que les autres bénéficièrent du rouge. Tout au long du formidable Exode, comme durant tout le temps pharaonique qui suivit sur les bords du Nil, les textes et les inscriptions gravées expliquent clairement l'antagonisme continuel des deux Géants, même dans les explications fournies par les plus vieilles tombes découvertes en Égypte, ce qui authentifie singulièrement *l'origine* même du récit. La conclusion diffère peu dans le fond, si elle est sous une autre forme, et permet de comprendre tout ce chapitre essentiel :

> « Ton fils Hor est appelé à régner, ô Ousir, Maître Suprême des Deux-Terres, l'Ameuta des Bienheureux où tu résides, et Ath-Ka-Ptah, où le nom de ton fils assurera pour l'Éternité la Résurrection du Deuxième-Cœur ! Il possédera la force nécessaire pour unir les deux clans en une seule famille. Les Rebelles rendront raison au Soleil qui reprendra sa course céleste, solitaire et impuissante ! Ainsi tu conserveras la paix éternelle dans la gloire de ton Père Ptah ! »

Pour l'heure, Hor et Ousir restèrent seuls dans les bras l'un de l'autre, dominant l'immensité. L'essentiel était fait pour que la nouvelle civilisation prenne son essor. Comme le Père n'avait plus que peu de temps pour rester parmi les vivants, il prit son fils par la taille et se pencha vers lui pour que leurs fronts se touchent, en signe de tendresse et de respect. Après quoi, sans faire de commentaires superflus, ils redescendirent du tertre. Avant de rejoindre la piste les conduisant à Ta Mana, ils s'inclinèrent bien bas en passant au-dessous du sycomore qui, du haut de sa magnificence, les regardait s'éloigner, se contentant de secouer son feuillage sacré sous la brise légère, en signe d'adieu. L'essentiel de ce renouveau historique débutait par la défaite de Sit et de ses Rebelles. L'organisation matérielle suivrait son cours, grâce aux connaissances techniques de nombreux rescapés, qui étaient menuisiers, charpentiers, forgerons et autres métiers manuels nécessaires à un développement normal de la vie.

Depuis plusieurs siècles, des exploitations avaient été ouvertes à une bonne lunaison de marche de Tu Mana, dans les hautes montagnes. Et si le bouleversement avait stoppé toute exportation vers un pays qui n'existait plus, le cuivre et le plomb pourraient bientôt être utilisés sur place. Une équipe de recherches s'était même aventurée sous le règne de Geb, le dernier « Pêr-Ahâ » d'Ahâ-Men-Ptah, jusqu'aux contreforts escarpés qui étaient des restes de glaciers explosés, bien plus au sud, constitués de fer à l'état natif, en énormes quantités[37].

Oui ! La vie reprenait son cours à Ta Mana...

---

[37] Il s'agit de la région sud-marocaine de Taouz-Erfoud, où sont ces glaciers et où les pieds foulent des tonnes de minéraux de fer : magnétite, gœthite, etc.

Chapitre Huitième

« Ta Ouz »
(La « Demeure » d'Ousir)

> *O Père ! Les portes du ciel sont ouvertes pour toi ! Ouvertes sont les portes du céleste accueil ! En réponse, Ptah, le Tout-Puissant, dit :*
> *- Les portes de la « Demeure » d Ousir sont ouvertes pour recevoir le « Seigneur de l Au-Delà de la Vie » ; celui qui veillera sur l Éternité des « Bienheureux ».*
>
> Texte des pyramides
(à partir col. 795)

> *On exagère l absence des changements matériels, parfois ; mais l identité de l âme berbère, à travers toutes les vicissitudes, est vraiment une force de la nature !*
>
> J. CELERIER
(Histoire du Maroc)

L'institution tribale prit en peu de temps l'élan primordial qui ne quittera plus l'administration populaire durant les cinq millénaires qui suivirent. Tous les habitants de Ta Mana plébiscitèrent Hor dans sa fonction héréditaire, qui ne souffrit plus jamais de contestation, dans ce clan tout au moins. De là, commencèrent les luttes titanesques par leur durée, qui opposèrent les « Suivants d'Hor » et les « Rebelles de Sit ».

Génération après génération, alors que les familles s'organisaient, se développaient, se multipliaient, se transformaient, la notion même du « premier Ahâ », l'Aîné, donc Ousir, engloba en une même mythologie, Hor, Iset, Nout, et même Nek-Bet, bien avant que le peuple n'entre en Égypte. Les nombreuses défections qui marquèrent la longue marche vers l'est à travers toute l'Afrique du Nord, conservèrent au fond de leurs cœurs l'empreinte de cette idéologie spirituelle. Les tribus nomades qui essaimèrent de cet exode, kabyles, touaregs, berbères, gardèrent les coutumes ancestrales de leur antique descendance malgré tout ce qu'elles endurèrent au cours de leur longue histoire.

Dès que la fuite de Sit et de sa horde vers des cieux qui leur seraient peut-être plus cléments fut devenue une certitude pour les habitants de Ta Mana, un Conseil légal siégea, présidé par Hor, assisté de son père. L'An-Nu y assistait, toujours à titre privilégié, sa voix jouissant de prérogatives bien définies, et restant le second en Sagesse, qui conseillait chaque « Descendant » en titre.

À Ta Ouz (lieu a Osiris) fut réellement enterré Osiris. De son corps fut recueillie la flamme éternelle qui accompagna les « Rescapés » jusqu'au « Deuxième-Cœur » Ath-Ka-Ptah, ou Ae-guy-ptos en phonétique grecque, donc l'Égypte.

Très rapidement, les fondements presque oubliés de la Foi traditionnelle et de la Loi Divine furent réintroduits. Les devoirs des membres de la communauté furent délimités et organisés, tant vis-à-vis d'elle-même et de ses propres besoins, que pour faciliter l'avancement de la civilisation vers les générations montantes. Celles-ci en bénéficieraient de leur mieux, tout en assurant à leur tour les mêmes obligations envers leurs successeurs, pour qu'en dernier ressort ceux qui parviendraient en ce « Deuxième-Cœur-de-Dieu » cet Ath-Ka-Ptah qui devenait la « Terre Promise » aient toute la Sagesse et toute la Connaissance de leurs lointains ancêtres.

Les premières classes d'apprentissage commencèrent leurs cours, enseignant pour chaque degré, une instruction orale méthodique, déterminée par un procédé mnémotechnique particulier. La retransmission verbale ultérieure pourrait ainsi se faire intégralement, sans aucune omission, mais aussi sans aucune adjonction ou transposition de sens, dans le texte appris par cœur.

Le repos de la mémoire pour une meilleure conservation de l'enseignement fut dispensé par la pratique de divers travaux manuels, ce qui eut pour effet de faire d'une pierre deux coups. Ainsi les aptitudes réelles de chacun furent utilisées au mieux des besoins avec l'aide d'artisans chevronnés qui firent la preuve de leur esprit pratique.

Des maîtres apprirent à leurs écoliers, pour occuper leurs loisirs, comment confectionner des vêtements avec des peaux d'animaux tués pour leur viande. Notamment celles des buffles et des gazelles qui, après essai, firent preuve d'une bonne résistance et d'une merveilleuse élasticité.

Il y avait évidemment de grandes différences techniques entre cette « industrie de la peau » et les tissages de lin d'Ahâ-Men-Ptah engloutis comme le reste, mais la bonne volonté de tous devant le malheur permettait de parer au plus pressé. Les plans de fabrication des métiers étaient restés dans la mémoire des spécialistes, attendant d'en être ressortis, même pour une construction plus primitive.

Provisoirement, il fallait s'habiller avec les moyens disponibles. Des grattoirs en pierre dure servaient donc à épiler les peaux suivant la bonne vieille méthode antique remise en usage pour les besoins de la cause. Le cuir obtenu était ensuite imbibé avec la moelle extraite des os longs des buffles, ce qui l'assouplissait énormément. Après quoi il était découpé en larges bandes qu'il suffisait de coudre avec des lanières prises dans la même matière. Cela donnait des vêtements simples de forme, certes, mais qui replaçaient la dignité humaine à un meilleur niveau.

Les artisans céramistes, quant à eux, s'étaient transformés en potiers. Lorsqu'ils présentèrent les premières écuelles, ils eurent leur minute de succès. Après quoi ils entreprirent, avec leurs élèves, de confectionner des pots. L'argile ne manquait pas, ni l'eau, ni le sable. Un habile mélange des trois ingrédients permit de monter les premières cruches et de les cuire sur un feu de bois très rudimentaire. Le résultat obtenu, malgré son imprécision de forme, souleva un tonnerre d'ovations. L'amélioration des moyens de cuisson affina vite les modèles, permettant les premières gravures.

La conquête des métaux, qui avait été l'immense progrès, effectué pour un plus grand bien-être, de la civilisation en Ahâ-Men-Ptah, faisait rudement ressentir ici le dénuement en objets métalliques ! Outre le cuivre et l'étain, tirés en divers endroits du sous-sol disparu, l'or, puis le fer avaient permis l'élan défini- tif de la métallurgie.

Mais, au fur et à mesure de la défection successive des divers États, le prédécesseur du dernier Roi avait ordonné des recherches dans les pays lointains, tel celui devenu Ta Mana depuis le bouleversement, afin que les métaux ne manquent pas. Ainsi, des filons de cuivre, d'or, de plomb, et de fer avaient été répertoriés. Sous Geb, même, le dernier Ahâ, des mines de cuivre avaient été ouvertes au sein des montagnes de ce nouveau pays jusqu'à ce que se produise le Grand Cataclysme.

Car si la connaissance et l'emploi du bronze par l'alliage du cuivre et de l'étain avaient permis la consolidation de la première civilisation antique, la seconde société humaine avait avancé grâce au fer. Il n'en allait plus de même à Ta Mana où, a priori, il n'y avait pas d'étain pour recommencer un nouveau cycle civilisateur, pour faire du bronze.

Plusieurs forgerons rescapés étaient cependant partis pour se rendre compte de l'état des exploitations de cuivre, aucune nouvelle n'étant parvenue de la région minière. Mais il était évident que le manque d'étain ne résoudrait pas le problème de l'alliage, d'autant qu'il était loin de réunir les qualités indispensables à un bon usage courant. Le bronze n'avait ni la dureté, ni l'élasticité nécessaires à des fabrications usuelles, comme celle des outils aratoires.

L'intéressant serait donc d'extraire le minerai de fer.

D'après les rapports des explorateurs, il se trouvait à même le sol, sous diverses formes minéralisées hélas très éloignées du village. Il fallait monter une expédition qui devrait se rendre dans un territoire inconnu, montagneux et désertique, dans lequel cependant vivaient de grands animaux sauvages.

Aussi, Ousir jugeant son fils pleinement investi des pouvoirs de l'autorité, décida de renforcer le processus d'accélération pour améliorer le sort de son peuple, en conduisant lui-même un groupe de pionniers vers ce pays du fer. Il avait encore en mémoire les rapports qu'il avait lus à ce sujet, ainsi que les récits de ceux qui avaient dirigé ce voyage.

Pour cette nation éprouvée dans tous les domaines, la privation des métaux ne pourrait durer longtemps sans apporter bien plus qu'une gêne. C'était un facteur indéniable de décadence, et qu'il fallait supprimer le plus vite possible. Cela devenait même une question de vie ou de mort pour la génération montante, trop désemparée par le manque d'outils et d'ustensiles courants auxquels elle était habituée auparavant. Elle ne pouvait pas s'accommoder de ce retour intégral à la nature, ce dont s'était parfaitement rendu compte Ousir.

Hor devant rester à la tête de son peuple afin de sou- tenir le moral de tous et d'organiser la nouvelle vie de chacun, c'était au Père que revenait le soin de partir à la recherche de cette source vitale d'avancement, constituée par le fer. Le peu de temps qu'il restait au Ressuscité à vivre parmi les siens l'incitait à précipiter son départ à la découverte du minerai.

C'est pourquoi, sortant du Conseil où il n'avait pas fait part de sa décision, la réservant en premier à son épouse, le fils de Geb prit un pas décidé pour se rendre à la hutte où Iset l'attendait. Il lui faudrait admettre cette mesure comme l'ultime aide que seul il était capable de rendre à la population, tout en asseyant ainsi plus solidement le règne des « Descendants », et du premier d'entre eux, leur fils Hor.

L'utilisation du fer ouvrirait une seconde ère de prospérité, cette fois dans ce nouveau territoire. Elle serait d'un apport inestimable pour assurer le renouveau tant attendu et promis aux rescapés. Car la fusion du minerai n'était pas un problème insoluble, loin de là !

Dès les premiers jours de la découverte des filons dans le pays englouti, les forgerons s'étaient penchés sur les possibilités d'extraction du métal qui, dès les premiers résultats, se révéla bien plus dur que le cuivre ou même que ses alliages. Et pour l'obtenir, il n'était nul besoin d'une industrie spécialisée, nécessitant des prouesses techniques. En très peu de temps avait été réalisé un ensemble très simple qui permit le traite- ment du minerai.

Il avait suffi de choisir des pentes bien aérées par les souffles venant du nord. Certaines s'étaient admirablement prêtées à ce commencement d'une ère industrielle d'un peuple au premier âge de la civilisation. Un trou avait été creusé à chaque base des collines, entouré d'un muret de pierres scellées entre elles avec de l'argile, de manière à obtenir une paroi interne épaisse et approximativement circulaire. Tout en consolidant le creuset ainsi obtenu, le plâtrage l'avait rendu réfractaire.

En peu de temps, le réservoir s'agrandit et s'évasa pour prendre une taille des plus honorables pour cette époque : environ quatre mètres de diamètre, et autant de hauteur. Le fonctionnement en était d'une simplicité dérisoire. Une couche de bois tapissait le fond de la cuve, sur laquelle était étendu le minerai à traiter, et qui était lui-même recouvert d'une seconde couche de bois.

Profitant du vent favorable un peu fort, qui faisait office de soufflet de forge sur le feu préalablement allumé à la base du four, le bois devenait peu à peu du charbon en se consumant. Sa chaleur réduisait l'oxyde de fer en son élément métallique qui coulait dans le fond du creuset. Il ne restait plus qu'à déblayer les cendres et les scories après combustion, pour récupérer le minerai pur en son état encore spongieux bien que solidifié.

Cette masse encore incandescente se laissait alors aisément travailler. En la martelant, une forme première, pyramidale, lui était donnée pour en faire un lingot d'une quinzaine de kilos environ. Les forgerons et ferronniers n'avaient plus qu'à les retravailler, fabriquant outils et ustensiles, mais ouvrageant aussi les objets d'art les plus divers, parmi lesquels les supports des pierres de toutes les couleurs qui faisaient alors la joie de toutes les femmes.

Mais des temps meilleurs reviendraient, tout comme les véritables forges avaient succédé aux fours primitifs. En ces temps renouvelés où chaque chose devait être remodelée, les quelques maîtres forgerons figurant parmi les rescapés seraient vite en mesure de renouer avec des méthodes archaïques, certes, mais vitales. Le façonnage du fer ainsi obtenu n'offrait pas plus de difficulté, car l'art de la métallurgie consistait en des tours de main conservés. D'immenses progrès avaient été accomplis dans ce domaine depuis la découverte du bronze.

Cet alliage cuivre-étain - l'airain des Grecs - avait fourni de magnifiques œuvres d'art. Par le « recuit », il avait été obtenu toute une gamme de modifications physiques, suivant que le refroidissement s'effectuait subitement ou plus lentement. Les qualités du mélange étaient dosées pour chaque emploi désiré, et un martelage approprié donnait aux objets leur finition.

Cela ne pouvait plus se faire par manque d'étain, mais non faute de bras spécialisés. En conséquence, les compétences de ces maîtres artisans devaient être utilisées sans tarder faute de se perdre. Le fer fournirait le matériau indispensable à la renaissance. Oui ! Il était plus que temps pour Ousir de se mettre en route pour accomplir sa dernière œuvre pour le salut du peuple.

Iset attendait son époux près de l'entrée de leur maison. Nek-Bet l'avait mise au courant de la décision prise.

Elle savait donc qu'après le départ de cette expédition, elle ne reverrait plus sur cette terre celui qu'elle adorait. Mais elle comprenait la nécessité qui le poussait, ainsi que celle de lui survivre le temps d'aider leur fils à surmonter les nombreuses difficultés qui ne manqueraient pas de surgir.

Certes Nout, bien qu'âgée, les aiderait pour accomplir cette tâche immense, mais y suffiraient-ils ? Il restait cependant l'An-Nu, qui assumerait les plus lourdes responsabilités, son épouse étant là pour lui donner la force nécessaire ; elle le seconderait dans le choix des esprits les mieux adaptés pour la conservation en leurs mémoires des textes sacrés, puis pour les retransmettre le moment venu, dans leur intégralité, aux légendaires suivants.

En voyant ainsi Iset, son époux comprit qu'elle savait à quoi s'en tenir sur ses projets. Il la prit dans ses bras, tendrement ; ils restèrent ainsi en silence, front contre front, leurs âmes l'une dans l'autre, se disant ainsi ce que leurs voix n'exprimaient pas tout haut.

La suite des événements ne fut plus qu'une mise au point rigoureuse de tous les détails de l'expédition. Hor choisit lui-même une quarantaine d'hommes parmi les plus solides et les plus dévoués pour accompagner son père. Le plus insolite vint de Nek-Bet qui intervint auprès de son époux pour que leur fils aîné, Anepou, assistât le chef de l'expédition. L'An-Nu accepta sans demander d'explications car ce vœu ne pouvait qu'être justifié pour une raison vitale, nonobstant la jeunesse de leur fils.

Ousir céda également à sa sœur, s'étant rendu compte par ailleurs de l'esprit particulièrement vif du jeune homme et surtout de la grande mémoire qui était sienne. Ce qu'il entreprenait dénotait déjà un art personnel profond et il émanait de toute sa personne une subtilité qui émerveillait ceux qui lui parlaient. Même l'énorme animal au pelage noir dont il avait fait son compagnon fidèle, et qui était si féroce envers les autres, était à sa dévotion ! Il ne faisait aucun doute qu'une part des dons de sa mère l'habitait et l'inspirait, et qu'ainsi il ramènerait les membres de l'expédition sans risque de se perdre, si le chef en était empêché.

C'était vital pour la progression de Ta Mana et de sa population, que de nouveaux rescapés ralliaient chaque jour. L'agglomération commençait de s'étendre hors le mur d'enceinte, ce qui posait pas mal de problèmes. Mais il était impossible de rejeter les pauvres gens exténués qui venaient d'endroits de plus en plus éloignés, après avoir erré de nombreux jours avant d'entendre parler des « Descendants » et de la seconde patrie qu'ils préconisaient.

Au départ, une partie de la population suivit un temps l'avance des hommes. Parvenus au tertre du sycomore, à l'endroit où Sit avait été mis en déroute par l'apparition inattendue de son frère, tous s'arrêtèrent d'un commun accord. Le moment était venu de se quitter, sans tristesse apparente, et avec le ferme espoir de se retrouver dans l'autre monde pour une plus grande durée, s'il n'y avait plus de possibilité de se revoir ici- bas.

Iset pria toutes les personnes présentes de rebrousser chemin, car elle désirait rester seule sous le feuillage du sycomore, à regarder s'éloigner celui qui était sa vie. Le jeune Anepou fit signe aux hommes de s'avancer et de le suivre, cependant que les villageois retournaient silencieusement à Ta Mana.

Lorsque les deux groupes eurent disparu de la vue du couple, Ousir serra la femme qui avait fait partie de lui-même. Il ne savait que lui dire pour achever ce rôle humain dans lequel il n'avait jamais pu être libre. Ce fut elle qui, la première, rompant l'étreinte, trouva les paroles qui devaient être prononcées :

- Que notre destinée commune qui s'achève, ô mon aimé, ne soit qu'un au-revoir ! Tu es une partie de moi-même qui s'éloigne pour accomplir ce que Dieu veut. Que cela s'accomplisse donc, mais il me manquera la moitié de mon corps jusqu'à ce que je te rejoigne. Je resterai là, sous ce sycomore, tant que nos esprits seront en communion. Va...

Sans ajouter une seule parole, Ousir rejoignit Anepou et son chien, qui attendaient sa venue en contrebas, derrière un monticule, en arrière-garde de la troupe.

L'énorme animal lui fit fête, comme s'il comprenait qu'il fallait un dérivatif aux pensées tristes de l'arrivant. Ayant rejoint le groupe, l'expédition au grand complet prit son départ vers sa destination lointaine. Elle disparut derrière les collines, avant de pénétrer dans l'épaisse jungle, luxuriante mais glissante, ne favorisant guère une marche rapide. Des lianes enserrant la plupart des troncs d'arbres, durent être coupées ; des trous d'eau profonds contournés ; des montées escaladées, et des descentes non moins périlleuses effectuées. De toutes parts, les animaux sauvages criaient leur désapprobation de voir leur domaine ainsi perturbé.

Ne sentant plus aucun effluve en provenance de son époux, Iset se laissa glisser lentement sur le sol, en gémissant. Plus rien ne la retiendrait dès que sa mission serait terminée...

Au fil des jours, l'avance se ralentit plus encore, l'aspect des lieux ne correspondant plus aux descriptions des paysages traversés retenues par Ousir. Il semblait bien que le « Grand Cataclysme » eût profondément per- turbé la nature à l'intérieur des terres. Les explorateurs précédents, qui avaient foulé ce terrain avant eux, n'avaient pas parlé de ces étendues encaissées et dévastées au fond d'une gorge profonde, mais d'un fleuve roulant des flots tumultueux dans une vallée luxuriante.

Or, les hommes, depuis plusieurs jours, foulaient avec difficulté un creux manifestement abandonné par les eaux, mais dont les cailloux et les rochers amenés là par un liquide en furie montraient des cassures aiguës fort dangereuses. Des poissons gisaient par centaines dans des trous boueux, et des milliers d'autres, éventrés, étaient en pleine décomposition. Il y avait aussi d'énormes troncs d'arbres, déracinés, déchiquetés, aux extrémités brisées et coupantes, prouvant qu'ils n'avaient été que de simples fétus de paille dans ce déchaînement de la colère céleste.

Des sauriens énormes sortaient soudain de cachettes boisées, ouvrant des gueules aux dents effrayantes. Un gigantesque serpent avait même fui alors qu'il se pré- parait à jaillir vers Anepou, sauvé in extremis par un jappement furieux de son fidèle compagnon, évitant ainsi un malheur irréparable !

À partir de cet instant, l'énorme bête, dont tous avaient un peu peur sans vouloir l'avouer, devint la mascotte de l'équipe tout entière. Alerte, les yeux toujours en éveil, très vif malgré le poids de son corps, il était tout dévoué à son jeune maître. Lorsque celui-ci lui parlait, il manifestait sa compréhension en battant vivement ses flancs de sa longue queue ; et ses oreilles, pointues et dressées bien droites, étaient attentives au moindre désir exprimé.

Il y avait aussi des hippopotames, qui erraient désespérément à la recherche d'un élément aqueux à leur mesure, qui leur manquait effroyablement. Ils se dirigeaient vers l'intérieur où il ne leur resterait qu'à mourir. Il y avait enfin les éléphants, gigantesques et poilus, paisibles et majestueux, qui mangeaient les jeunes pousses croissant un *peu* partout au sein des détritus laissés par le retrait des eaux. S'ils dédaignaient les hommes qui passaient - assez éloignés tout de même des pachydermes - ils broutaient avec un plaisir si évident, qu'ils poussaient d'énormes barrissements à la cantonade. Leurs grandes défenses spiralées s'élevaient alors dans les airs, ainsi que leur trompe qui continuait d'enfourner les aliments sur leurs larges molaires.

Le groupe parvint enfin à l'entrée d'une vaste plaine verdoyante, où les palmiers et les végétaux de toutes sortes poussaient à foison. Tout au fond, apparaissaient les contours d'une importante chaîne de montagnes aux sommets enneigés qui bouchaient l'horizon. Ce paysage rappela à Ousir une description typique, et ce fut vers ce site que le groupe porta ses pas.

De nouvelles jour nées éreintantes se passèrent à escalader les premières pentes, de plus en plus raides, et surtout dans une atmosphère qui se refroidissait singulièrement. Fort heureusement, avant de parvenir aux premières neiges, la troupe trouva un passage entre deux montagnes aux parois presque verticales et qui, de loin, ne paraissaient faire qu'un bloc. S'il n'avait pas connu son existence par ceux qui l'avaient précédé, jamais le chef de l'expédition n'aurait pu continuer la progression. Peu avant de redescendre l'autre versant, les hommes coupèrent un sentier manifestement foulé par des humains. Ousir comprit que ce chemin devait conduire aux gisements de cuivre d'une manière ou d'une autre. Résistant au désir de changer d'objectif, il mena ses hommes vers la pente et la « route du fer '· L'aspect physique du terrain changea totalement. Au fur et à mesure que s'accentua la descente, l'air devint étouffant. Et ce qui, d'en haut, leur avait semblé être une mer, se changea en une immensité sableuse. Plus ils en approchaient, et plus cela ressemblait au fond d'une mer desséchée.

Des falaises imposantes bordaient ce qui avait été un très large estuaire de fleuve, au centre duquel le groupe arrivait. Tous marchaient péniblement dans ce sable poudreux surmonté par de nombreuses dunes plus ou moins hautes, îlots dans l'embouchure aride, battus non plus par les flots d'un océan disparu, mais par un vent chaud.

Les dépôts de coquilles marines non encore fossilisées, écrasées par les pieds des marcheurs, confirmaient cet aspect hallucinant de mer vidée de son contenu. En se rapprochant des falaises, ils y contemplèrent à loisir le découpage effectué par l'eau se retirant, sur les couches géologiques. L'endroit devenu si désertique n'avait plus les points de repères proposés par les premiers explorateurs. Ousir sut alors que le moment était venu d'utiliser Anepou pour ses capacités d'agilité qui lui permettraient d'escalader sans trop de peine cette paroi verticale.

Cette halte fut la bienvenue, tous étant épuisés. Ils en profitèrent pour suivre avec intérêt la progression lente du jeune homme. Le chien lui-même, bien assis sur son train de derrière, tête levée et oreilles dressées bien droites, fixait la silhouette qui rapetissait à vue d'œil. Il tirait une langue de plus en plus longue et gémissait doucement par moments lorsque Anepou restait invisible derrière une anfractuosité. Soudain, il avala sa salive en rentrant sa langue et il se redressa pour trotter vers la paroi, infranchissable pour lui : Anepou avait disparu après avoir atteint le sommet !

Implacablement, le soleil naviga vers l'occident, les inondant de lumière et passa le zénith avant que les hommes n'aperçoivent un point clair se détachant du haut de la muraille pour redescendre. Le chien aboya de plus en plus fort jusqu'à ce qu'Anepou touche le sable. L'astre du jour disparaissait à moitié vers le domaine des Bienheureux lorsque tous les membres de l'expédition achevèrent de se congratuler. Son récit fut court et assez décevant :

- Il n'y a rien d'intéressant là-haut ! Pas un arbre, des herbes rares, personne ! Des collines comme ici, sans rien dessus ; et au loin, il y a de hautes montagnes plutôt vers l'endroit où le soleil se lève.

- Qu'as-tu vu dans la plaine, tout en bas ?

- En regardant par ici, du côté de cette main-là, il n'y avait que du sable tout seul qui rencontre le ciel à l'horizon. Plus vers l'orient, se trouvent les hautes montagnes, mais au-devant, il y a une grande étendue toute blanche. Comment la neige pourrait-elle exister sur le sable, dans la plaine ? Avec cette chaleur ce n'est pas possible ! Ai-je été pris d'une hallucination ? Dis-moi, ô toi qui sais tout ?

Comme tous ses compagnons, Ousir sourit de cette naïveté, pourtant fortement contrebalancée par l'intelligence et le don d'observation du jeune homme.

- Ce que tu comprends, tout comme moi, ô Anepou, c'est qu'il ne s'agit pas de neige. Que reste-t-il d'autre ?

Par cette chaleur, l'eau qui s'est évaporée a laissé son sel, tout blanc...

- Ce n'est donc que du sel ?

- Nous le verrons bien, car c'est précisément Je repère de notre route. Mangeons avant que la nuit soit totalement tombée, et dormons. Demain sera une rude journée.

Anepou, qui semblait intarissable, ajouta entre deux bouchées:

- Plus à l'est encore que les montagnes, il y a une étendue verte. Là il y aura de l'eau et de quoi se nourrir.

- Retiens bien l'endroit, car ceux que tu accompagneras plus tard préféreront sûrement camper là-bas. Ta mère peut être fière de toi. Il est vrai que tu es destiné à devenir l'homme le plus craint de toutes les générations... Dormons !

Ils s'étendirent rapidement pour bénéficier des derniers rayons solaires, et le jeune Anepou enfouit son nez dans le pelage de l'encolure de son chien, mais il garda les yeux ouverts pour tenter de comprendre les paroles prophétiques d'Ousir. Ne comprenant pas encore, il contempla cette clarté céleste, laiteuse, qui formait un énorme fleuve scintillant, l'Hapy. C'était extraordinaire...

Voyant que son jeune compagnon ne dormait pas, Ousir lui murmura :

- Pourquoi ne fermes-tu pas tes yeux, ô jeune rêveur ?

- Toutes ces lumières qui clignotent m'attirent.

Pourtant elles paraissent si lointaines ! Je ne comprends pas... Il y a tant de choses inexplicables !

- Moins que tu ne le penses, car elles concernent toutes la marche du temps, telle que nos « Maîtres de la Mesure » l'ont interprétée à la petitesse de la compréhension humaine. Tu dépasseras ce stade, ô Anepou, et tu deviendras l'intermédiaire des décrets divins, l'intermédiaire entre la mort et la vie éternelle.

- Tu parlais déjà ainsi, tout à l'heure, ô toi le plus vénéré de tous !

- Parce que ton père t'apprendra ton avenir ; il ne faut pas marcher plus vite que le Soleil. Dis-moi plutôt ce que tu as vu dans les trous de la falaise.

Comme pris en faute, le jeune garçon se mordit les lèvres.

- Je comptais te le dire demain. Là où la roche est brûlée au soleil, il y a bien des ouvertures creusées par les eaux. Elles se continuent très loin à l'intérieur ; quel endroit idéal pour entreposer de la nourriture, ou pour dormir en paix !

- Certainement, mais comment les atteindre pour quelqu'un qui n'est pas aussi agile que toi ? Retiens cependant l'endroit, il pourra être utile plus tard. À présent cesse de rêver et dors !

Avec un soupir d'aise, Anepou enfonça de nouveau son nez dans le pelage noir ; le chien battit de la queue contre le sable, approuvant sans doute le silence qui s'établissait. L'air se refroidissait peu à peu, achevant d'engourdir les esprits pour la nuit.

Le lendemain soir, le groupe arriva à pied d'œuvre.

Le site bouleversé, apocalyptique, semblait surgir d'un autre monde. Même les montagnes, littéralement éclatées, démontraient qu'en un temps pas tellement reculé, les glaciers s'étaient brutalement liquéfiés.

Tout semblait carbonisé par ailleurs : les arbres n'avaient plus de feuillages, les herbes desséchées étaient squelettiques et les cailloux noirâtres. Mais quelques-uns présentaient une forme particulière, faite de plusieurs agglomérats soudés les uns aux autres et arrondis, pesant très lourd.

Les premiers morceaux de fer à l'état natif pur se présentaient. Il n'y avait qu'à se baisser pour les ramasser. Une journée de plus, et la troupe parvint sur les lieux mêmes de la source originelle : deux failles qui s'enfonçaient dans le sol, cachant à peine d'énormes filons de fer minéralisés. Des masses compactes de quartz recouvraient les parois verticales d'accès au fond, fournissant en plus le moyen rapide d'obtenir avec peu d'efforts des outils aux tranchants redoutables et très résistants.

Pendant que les hommes, très contents, prélevaient de remarquables échantillons, Ousir résolut de parcourir plus avant ce paysage désolé, à la recherche de nouvelles richesses. Anepou et son chien se trouvant dans quelque exploration de grottes, il partit seul, en suivant le fond d'une petite gorge sinueuse et encaissée... vers sa destinée !

Perdu dans ses pensées, il s'éloigna sans trop se rendre compte du temps qui s'écoulait. La tristesse ne le prit que bien trop tard, après avoir admis que rien d'intéressant ne justifiait son déplacement ; il comprit alors que sa vie d'homme cesserait dans ces parages. La panique le prit, lui insufflant une peur bien humaine. Il s'arrêta, mais déjà il était trop tard pour approfondir les méditations qui montaient en son âme. Une voix aux accents sauvages et triomphants s'éleva au-dessus de lui :

- Tu oses venir troubler mon territoire, toi l'exécré, l'ennemi du Soleil ! Mais te voilà seul à ma merci. Râ est avec moi, et que le lumineux en soit remercié ! Toi et ton dieu vous n'existez déjà plus, car tu es à ma merci.

Sans lever la tête vers celui qui deviendrait une seconde fois son bourreau, Ousir reprit sa marche lentement. Mais les temps étaient accomplis et l'œuvre pour laquelle il était né était achevée.

Sit, qui était accompagné par une vingtaine de Rebelles, dans cette exploration lointaine de l'endroit où son clan était établi, plus au nord, ragea de voir son frère si calme. Il hurla, en levant les bras :

- Regardez-le bien, vous tous ! Son faux dieu ne le sauvera pas cette fois. Le disque éblouissant qui traverse le ciel sera mon témoin ! Étant le créateur de la vie, le Soleil sera le justificateur de la mort d'Ousir... Tu entends, fils de personne, je vais te tuer...

De nouveau, l'Aîné arrêta ses pas, les pieds s'assurant sur les pierres. Il leva enfin la tête, pour répliquer d'une voix lente :

- Oui, tu vas me tuer ; mais parce que cela en a été décidé par Dieu. C'est lui qui arme ton bras, afin de prouver au monde de nos descendants que tu es bien le fils infidèle du seul et vrai Dieu, Ptah.

Du haut de son monticule, Sit trépignait sous cette insulte suprême. Rageur, il prit la longue lance des mains d'un Rebelle proche, en hurlant :

- Je ne suis que le fils du Soleil ! Tu n'es pas mon frère, et vous mourrez tous !

- Tu te trompes beaucoup, car tu seras vaincu par-delà ma mort. Tu ne régneras de longtemps sur aucun des territoires que les miens occuperont, à moins que tu ne craignes à nouveau le seul vrai Dieu, Ptah.

- Cela n'est pas près d'arriver ! Et en voici la preuve...

Se mettant sur un pied, et y prenant appui, Sit lança avec une énergie farouche la lance, qui transperça la poitrine d'Ousir de part en part, le faisant tomber, tandis que la pointe ressortie s'enfonçait dans la terre. Un hurlement s'échappa de la poitrine du vainqueur ; il en dansa sur place de plaisir sous les yeux ébahis et quelque peu affolés de ses guerriers. Lorsqu'il put parler, sa joie éclata :

- OUSIR EST MORT ! Il est bien mort cette fois, et aucun sortilège ne le ramènera à la vie ! O Râ ! sois glorifié de cette victoire !

Les phrases grandiloquentes auraient peut-être continué, mais plusieurs voix appelant celui qui venait d'être tué et un aboiement terrible répercuté par les parois firent croire à l'arrivée imminente d'une armée. Ce fut la déroute de tous, et Sit en tête, les Rebelles partirent à toute allure vers leur camp sans demander leur reste.

Ousir resta seul, étendu et transpercé.

Ce fut le chien qui parvint le premier près du corps, dont il lécha le visage en gémissant. Son jeune maître fut bientôt là, suivi de ceux qui l'accompagnaient dans cette recherche. Ils tombèrent à genoux, n'en croyant pas leurs yeux. Anepou, cependant, vit qu'Ousir respirait encore faiblement. Impérativement, il ordonna le silence. Chacun perçut alors un bruit de soufflet de forge, antichambre de la mort. Ouvrant soudain les paupières, le mourant aperçut le visage consterné de son jeune compagnon penché vers lui. Difficilement, il articula :

- Que personne... ne s'attriste... Je pars... rejoindre... les Bienheureux. Une seule chose... Anepou...

- Parle ! O parle, toi qui es notre seul Guide ! Je t'obéirai en toutes choses.

- Que ma Demeure... soit à l'endroit... ou se trouve le fer !... L'Aîné surveillera... tous les Cadets... au long des siècles... pour... O DIEU JE REVIENS PRÈS DE TOI !...

Sur cette ultime phrase émise d'une voix triomphante, Ousir expira. Le sifflement avait cessé. La tête retomba sur le côté gauche... c'était fini. Mais Ousir en sa « Demeure » survécut en Ta Ouz[38].

---

[38] Sur la carte actuelle du Maroc, il est aisé de restituer exactement la route suivie par cette expédition. Le point de départ, Ta Mana, est toujours un village situé à 100 km au nord d'Agadir ; et Ta Ouz est toujours un poste frontière algéro-marocain, plus au sud, à l'entrée du désert. Là, les mines de fer abondent ainsi que les minéraux purs dérivés : sidérite, magnétite, goethite, hématie. etc. Tout au long, la route est parsemée de vestiges préhistoriques et de gravures rupestres. À Ta Ouz même, il y a des monuments funéraires « de l'antiquité la plus reculée », dont beaucoup n'ont pu être encore répertoriés. Le clan de Sit, quant à lui, s'était établi bien plus haut dans le nord du Maroc, puis à Figuig également sur la frontière. Les dessins rupestres sont d'une autre facture. Au col de Zénaga (qui domine Figuig) une splendide gravure représente un bélier dont la tête est surmontée d'un globe solaire, l'emblème des Râ-Sit-Ou. (La première photo de cette création a paru sur la planche IX de l'ouvrage

Chapitre Neuvième

LE GRAND DEUIL

> J'ai ouvert le chemin du Deuxième-Cœur aux enfants de Nout en les délivrant de l'emprise de Sit.
> Mais le Rebelle est reparu avec des paroles sacrilèges pour livrer au lion la barque solaire. Et les étoiles flamboient a une colère accrue ! Qui gagnera cette bataille des Deux-Frères ? Ptah-Hor ou bien Sit-Râ ?...
> Et le Grand Deuil arrivera !
>
> Le Livre des Morts
> (Pour accéder au « Second-Cœur » - Chap. CX)

> M. Flamand assimilait les béliers à sphéroïde à l'Amon-Râ des Égyptiens, car Il y a une parenté certaine avec les figures gravées du Sahara. Mais Amon est aussi le dieu-Bélier de l'eau dans toute la Berbérie, où le mot berbère pour dire eau est : « amon », tout comme chez les Guanches des Canaries.
>
> Raymond Furon
> (Manuel de préhistoire générale)

Entre le temps où fut construit le tombeau pyramidal destiné à Ousir, par les pionniers de la caravane du fer au lieu qui devint Ta Ouz, et celui où commença l'Exode, avec son épuisante traversée de l'interminable sol, qui s'appela très bientôt *Sâ-Ahâ-Râ* ou « Terre brûlée par le Soleil », il s'écoula de

---

d'E.F. Gautier *Le Passé de l'Afrique du Nord*.) Quant aux mines de cuivre en montagne, il s'agit de celles de Midelt, toujours exploitées, à 1500 mètres d'altitude dans l'Atlas, où l'on ne parvient que par le col du Zad, enneigé six mois de l'année, car il plafonne à 2170 mètres.

nombreux siècles. Mais dès le jour de l'enterrement, toute la période prit le nom de *Grand Deuil*. Celui-ci dura plus de cinq millénaires et ne s'acheva que par la réintroduction du calendrier et de la hiéroglyphique.

Mais dès le début de son règne, l'impulsion donnée par Hor au site Sacré de Ta Ouz afin de promouvoir l'exploitation du fer permit de surmonter l'immense chagrin de tous les rescapés. Ce fut pourquoi une bonne partie de la population accepta d'aider le fils d'Ousir aux divers travaux miniers, travaillant sous la protection du tumulus qui abritait l'Aîné.

Une volonté farouche anima dès lors ces premiers mineurs et les forgerons qui les secondèrent habilement, afin que les premiers lingots de minerai soient rapide- ment fondus. L'activité ainsi déployée en ce lieu est encore attestée ce jour par les vestiges d'une vingtaine de fours primitifs, dont la haute antiquité n'est mise en doute par personne. Les scories encore éparpillées autour permettent de se faire une idée exacte des méthodes archaïques de traitement qui furent employées.

La Maison-de-Vie ouverte pour assurer la « Conservation-des-Traditions » resta, quant à elle, située en Ta Mana durant cette longue période où régna la première dynastie des « Héros ». La direction de ce Collège-Divin fut évidemment laissée aux bons soins éclairés des An-Nu successifs. Le premier en titre fut Anepou qui remplaça son père lorsque celui-ci fut rappelé dans « l'Au-delà de la Vie ». Sous son impulsion, les différents cours « d'apprentissage mental » prirent un essor qui ne fit que s'amplifier jusqu'à l'arrivée au sein de la deuxième Patrie.

Le village conserva son importance du début grâce à l'apport d'éléments qui continuaient d'arriver, compensant ainsi largement les départs techniques vers Ta Ouz. Le titre de grand centre spirituel lui resta plus d'un millénaire, les familles qui avaient un ou plusieurs enfants dans les classes d'enseignements oraux restant sur place jusqu'à ce que cette progéniture ait elle-même fait souche pour fournir une nouvelle génération d'enfants à l'École. Les parents, durant ce temps, aidaient à l'amélioration des techniques des diverses fabrications.

Durant la même période, les « Rebelles de Sit » qui avaient délaissé leur premier camp de base après l'assassinat d'Ousir, avaient suivi le cours d'un fleuve remontant vers les sommets qui s'élevaient plus à l'est.

Tablette a ébène retrouvée à Abydos, et datant d'avant la 1ère dynastie. C'est le premier exemple connu d'hiéroglyphes, datant du cinquième millénaire avant J.-C. En haut à gauche, le fanion royal d'Horus puis l'emblème de Net-Bet (Nephtys). Sur la deuxième rangée, Osiris, sous sa forme de taureau ; la troisième montre les barques durant le cataclysme ; et la quatrième, en bas, qui est en réalité le départ de la lecture, montre le nouveau départ solaire en constellation du Lion.

Ils étaient ainsi arrivés à la hauteur de la source qui avoisinait les 800 mètres, altitude où la température était clémente.

Mais en cette région, la nourriture était moins facile à attraper ; seul le gros gibier abondait, mais les animaux sauvages n'étaient point aisés à tuer avec les faibles moyens dont disposaient les chasseurs. Avec l'hiver, un vent glacial venu du nord en rasant les sommets avait chassé ces humains devenus des nomades encore plus loin vers l'orient.

Ils étaient parvenus un soir devant les premiers contre-forts du Grand Erg occidental qui leur était apparu tel un mur infranchissable. Ils avaient stoppé en un escarpement néanmoins bien abrité, situé au-dessus de l'actuelle ville algérienne de Ta Ghit, à l'endroit même où une quantité de gravures rupestres du type solaire dominent. C'est le fameux tertre dit de la Grande Dune, qui est un site panoramique exceptionnel très prisé des touristes de nos jours. Chacun peut se rendre compte également que la surveillance tous azimuts évitait une surprise désagréable en cas d'attaque.

Mais là encore, le contraste des nuits froides et des journées torrides les amena à rechercher des lieux d'habitation plus cléments. Ils abandonnèrent ce nid d'aigle, et, contournant le Grand Erg à petites étapes, ils remontèrent plein nord autour du massif montagneux. Un jour, ils arrivèrent dans une plaine verdoyante, agréable avec son verger naturel, et ils s'y établirent. Ils l'appelèrent avec juste raison *Méri-Râ,* soit le « Soleil-Aimé », lieu qui, actuellement, est toujours appelé ainsi, et qui est situé sur la route qui va de Colomb-Béchar à Figuig.

Si le printemps justifia leurs espérances et leur permit de constituer des troupeaux de buffles et de gazelles, l'arrivée de l'été fut un appel à un nouveau départ pour la plupart des hommes, plus habitués à se battre qu'à vaquer aux tâches domestiques. Aussi, lorsque le Soleil darda la puissance calorifique de ses rayons sur les peaux brûlées, cela devint un signe catégorique voulu par Râ, comme le décréta Sit.

Mais si une grande partie obtempéra à cet ordre impératif, certains décidèrent de rester là avec les troupeaux qui ne supporteraient pas de voyager ainsi, surtout dans les montagnes que le clan s'apprêtait à franchir. La colère du chef fut terrible, mais il s'aperçut vite que s'il insistait, son autorité serait bafouée et que d'autres défections risquaient d'intervenir. Il ordonna donc aux familles qui s'implantaient définitivement de soigner les bêtes qui serviraient au ravitaillement de toute la tribu dans l'avenir.

Au cours d'une rude journée de marche, la horde des Rebelles avait escaladé un interminable défilé montant vers une cime qui semblait inaccessible, entre deux parois verticales, qui laissaient largement passer un ardent soleil. Les pieds entaillés par les saillies aiguës des pierres et brûlés par leur température élevée se posaient difficilement en fin d'après-midi sur le sol ingrat.

Le cortège, assez lugubre et silencieux, s'allongeait démesurément, lorsque l'avant-garde aperçut, dans une trouée éblouissante de clarté, une plaine où les végétaux et les arbres croissaient. Sans s'inquiéter des gros rochers parsemés ici et là et des gigantesques éperons rocheux surplombant cette haute vallée, tous s'y précipitèrent, découvrant rapidement des cavités naturelles où il était possible de s'abriter pour la nuit.

Cet endroit est l'actuel col de Zénaga, qui garde la route descendant sur Figuig, le poste frontière algéro-marocain le plus à l'est du Maroc. De ce point élevé, particulièrement paisible, le tempérament batailleur des arrivants céda le pas à l'aménagement utilitaire.

Certains des Rebelles construisirent des huttes de branchages et de feuillages, peu solides certes, mais bien abritées à l'ombre des surplombs rocheux. D'autres aménagèrent les cavernes. Sit arrangea la sienne pour que sa compagne puisse mettre au monde leur premier enfant. Pour cette raison la halte en ce lieu calme était la bienvenue. Râ en fut remercié par tous devant des représentations graphiques primitives. Car si quelques-uns s'adonnaient à la chasse pour assurer la nourriture de tous, ou coupaient grossièrement les peaux de bêtes tuées pour en former des robes, d'autres occupaient leurs loisirs à « raconter », sur la pierre l'histoire du clan et celle du culte qu'ils rendaient au Soleil.

Ces narrateurs d'un âge très reculé ne possédaient que des outils grossiers en silex. Et cela marqua la différence essentielle entre les œuvres gravées par eux et celles des « Suivants d'Hor », si l'on excepte aussi la représentation d'adoration devant le globe solaire des idées exprimées par les « Rebelles de Sit ».

Cela n'empêchait pas les dessinateurs du col de Zénaga d'obéir aux lois d'une technique éprouvée. Ils esquissaient tout d'abord d'un simple trait peu appuyé l'ensemble de ce qu'ils désiraient traiter, à l'aide d'un premier poinçon de pierre taillé en pointe. Il est aisé, encore aujourd'hui, de reconnaître par endroits les traces apparentes des rectifications de perspective apportées dans les rapports des masses entre elles.

Une fois le schéma achevé, ils gravaient plus profondément les motifs dans le grès des roches de l'endroit, assez friable, avec un outil d'une pierre plus dure, à l'amorce plus large. Les lignes reproduites montraient un art consommé de la gravure, étant même souvent polies avec un soin extrême, de manière à offrir à la postérité un ensemble parfait.

Ainsi, chez ces êtres qui redevenaient, par la force des choses, des humains semi-sauvages, des réminiscences de leur défunt passé les empêchaient de sombrer en leur redonnant les anciennes idées nécessaires pour pallier le manque d'outils métalliques. Il ne fait aucun doute que certains de ces Rebelles furent, auparavant, des artisans d'élite et des artistes doués. Ces derniers montraient indéniablement qu'ils possédaient les méthodes de travail de leurs antiques prédécesseurs, en ce qui concernait la gravure tout au moins.

Quant aux œuvres à caractère plus sacré, elles étaient dessinées avec un soin plus patient, qui démontrait un besoin de réussir par elles la transmission de la pensée qui animait ces adorateurs du Soleil. Après 10 000 ans, il ne fait aucun doute que la tentative de compréhension des esprits civilisés qui s'arrêtèrent là est totale. Il est fort probable que les générations futures, qui visiteront, ces lieux plus tard encore, contempleront les images en donnant tout de suite un nom à ces hymnes déclamés au Soleil dardant ses rayons comme autant de fluides fécondant les germes de toute nature. Car grâce à Râ renaissaient chaque jour de nouveaux végétaux nourrissants, aussi comestibles que les animaux en tous genres qui permettaient à tous de manger abondamment.

Leur manière de vivre, cependant, était à l'opposé de celle des « Suivants d'Hor », et le temps, qui poursuivait inexorablement son avance au sein de l'éternité pour les deux clans, augmentait sans cesse le fossé qui se creusait entre eux. Pour l'Au-Delà, par exemple, Sit avait décrété une fois pour toutes que le Soleil étant le créateur de toutes choses, l'être humain, après sa mort, renaissait sous une autre forme voulue par l'astre du jour qui prenait lui-même une vie nouvelle chaque matin.

Chez Hor, les croyances ancestrales fortement ancrées par la réalité diluvienne s'étaient affermies sous l'impulsion d'Anepou, le nouvel An-Nu. L'homme ne quittait la Terre que pour retourner auprès des Ancêtres qu'il n'avait quittés que momentanément, pour accomplir son temps terrestre, très court. Aussi les sites funéraires s'accumulèrent-ils en des emplacements particulièrement bien choisis pour favoriser un excellent retour des âmes sur le territoire des Bienheureux, à l'horizon occidental, là même où était englouti Ahâ-Men-Ptah. D'où, d'une part, le nom d'Amenta, phonétisé par les hiéroglyphes pour dénommer le « Royaume des Mort » set d'autre part, l'appellation des antichambres funéraires, les *Akh-Menou,* qui sont les lieux où « les-âmes-partent-coucher-dans-l'eau », dans l'Amenta, le Pays englouti où reposent les Bienheureux Ancêtres.

Une de ces vallées des morts était sise à l'ouest de Ta Mana, presque sur le bord de la mer, dans un énorme creux bordé par des dunes. Une autre, bien plus importante, était celle où reposait Ousir. C'était sous la colline occidentale de Ta Ouz, qui devint le lieu béni où transitèrent les âmes des demi-dieux de la première dynastie des Héros qui succédèrent à Hor comme Pêr-Ahâ, ainsi que les différents Pontifes. Nout, Iset, Nek-Bet y trouvèrent le repos auquel elles aspiraient après leur vie humaine bien remplie.

Même aujourd'hui, le visiteur se promenant à Ta Ouz, sur le sentier qui serpente entre les coulées ferrifères, et foulant aux pieds les masses minéralisées d'hématite avant de parvenir aux collines occidentales de couleur rouille a l'impression de pénétrer dans l'antichambre donnant accès à un autre monde. Il se sent manifestement étreint, dès son arrivée, par une angoisse aussi impalpable qu'indescriptible. Pour qui ne s'est jamais rendu sur place, dans ce Sud marocain perdu dans le Sahara, cette vision des sommets coniques au coucher du soleil ne signifie pas grand-chose. Il faut avoir vu soi-même tes teintes hallucinantes, comme ensanglantées, qui ondulent lentement au rythme des rotondités arides, sur lesquelles l'œil humain n'a rien à quoi s'accrocher, aucun obstacle concret ne le retenant, pour comprendre que l'humain entre déjà dans un univers parallèle.

Anepou, devenu An-Nu, contribua fortement à développer cette notion tangible d'un monde autre, qui sensibilisait à l'extrême tous ceux qui se préparaient à se rendre dans « l'Au-Delà de la Vie ». Malgré le peu de moyens dont il disposait, le Pontife rétablit le côté théâtral des cérémonies, rendant les enterrements plus solennels avec un maximum de pompes. Les âmes s'ancrèrent de nouveau dans le besoin de conserver après leur mort leurs enveloppes charnelles pour venir de temps en temps revoir la Terre.

De plus, ayant substitué à son immense chien noir, mort de vieillesse, un autre animal bien plus jeune mais qui lui ressemblait comme une goutte d'eau à une autre, le pouvoir surnaturel qui lui était attribué de communiquer avec l'Amenta en fut renforcé, et la certitude populaire qu'il avait le pouvoir de la vie et de la mort sur l'Au-Delà s'ancra définitivement dans tous les esprits, à tel point que la mythologie s'en empara pour en faire le gardien de l'Ahâ-Men-Ptah et le justicier « peseur d'âmes ».

Cette auréole, qu'il n'avait certes pas recherchée de son vivant, ni lors de la prise de ses fonctions de Pontife, l'incita néanmoins à profiter de cette crainte qu'il inspirait, pour se pencher sur le problème de la conservation des corps, dont la recette n'avait pu être sauvée du Grand Cataclysme.

Il en connaissait cependant les principaux composants, mais les nombreux tâtonnements de ces divers essais n'avaient pas laissé émerger le résultat escompté. Ce grave problème, vital pour la complète rénovation de la théologie des ancêtres d'Ahâ-Men-Ptah, développant la survivance des âmes grâce à des corps en parfait état, conservés dans leur intégralité, et par lesquels elles pouvaient se réintroduire sans aucune difficulté sur la Terre, hantait les nuits sans sommeil de l'An-Nu.

Peu de temps avant sa propre fin, il termina la mise au point d'une formule d'embaumement qu'il estima efficace et semblable à celle utilisée de tout temps par les Antiques. Il décida, sentant sa fin proche, de l'enseigner à son Aîné, qui deviendrait lui-même le prochain Pontife, afin que le sang de sa propre chair conserve son corps pour un retour futur. Le jour venu, le nouvel An-Nu fut béni sous le nom particulièrement évocateur de *Ptah-Her-Anepou*, l'hiéroglyphe *Her* étant celui qui inspire la crainte.

Cette appellation se révéla de plus en plus exacte au fur et à mesure du déroulement des événements, et personne ne l'approcha plus guère sans être pris d'une frayeur intense. En effet, peu de temps après son élection à la tête du Collège des Prêtres, son père mourut. Le jeune nouveau Pontife décida, pour la première fois depuis que le « Grand Cataclysme » avait englouti toutes les vies et toutes les sciences Divines en Ahâ-Men-Ptah, de remettre en usage l'embaumement des corps tel qu'Anepou le lui avait appris.

Et pendant les soixante-douze jours et les soixante-douze nuits que durèrent les diverses opérations de nettoyage des chairs, puis de la conservation elle-même, une activité débordante, mais singulière, agita l'endroit du site funéraire spécialement aménagé à cet effet.

Bien que travaillant de jour comme de nuit, au sein d'odeurs particulièrement nauséabondes qu'aucun de ses aides ne supporta plus de six jours, il parvint au terme de sa tâche en se remémorant sans cesse les données que lui avait transmises son père. Il lui sembla ainsi qu'Anepou était partout autour de lui, pour lui indiquer à chaque instant ce qu'il convenait qu'il fasse... Par-delà la mort, la voix vénérée le soutint dans son effort :

- Tu vois, ô mon fils, les morts ne meurent pas ! Tu as fermé mes yeux et tu as apporté mon corps dans ce laboratoire, mais tu sais à présent que mon âme vivante est auprès de toi, prête à revêtir toutes les formes que tu souhaiteras, afin de te soutenir dans ta tâche. Mon esprit voguera sans cesse sur la barque qui navigue dans l'Hapy céleste, à surveiller le moindre de tes appels... Aussi, tu veilleras avec un soin extrême à suivre méthodiquement la méthode d'embaumement que je t'ai enseignée, car je sais à présent que la formule que je t'ai apprise est la bonne... Ne change aucun des ingrédients... N'omets aucune des quantités que je t'ai indiquées...

Ptah-Her-Anepou, torse nu, exténué, resté seul au milieu des cuves de briques réfractaires, pleines de différents liquides bouillant à gros bouillons en dégageant une puanteur innommable, se redressa au-dessus du mélange qu'il remuait lentement. Son regard était fiévreux et son visage tiré par la fatigue, mais il parvint à sourire tout en s'épongeant le front avec un tissu grisâtre qui semblait avoir déjà beaucoup servi. Il le laissa choir à même le sol détrempé en poussant un soupir déchirant. Il ne voulait pas s'avouer vaincu malgré son état d'épuisement physique. Il y avait quatorze jours que son dernier aide l'avait quitté après s'être évanoui pour la seconde fois en une heure. Il y avait donc vingt-deux nuits consécutives qu'il surveillait toutes les cuves, et il lui faudrait encore tenir pendant *cinquante* couchers de soleil !

Tous ses ingrédients étaient prêts, et le plus dur de la préparation était achevé. L'enveloppe charnelle d'Anepou se trouvait enfoncée depuis quarante-deux heures au fond d'une cuve voisine, mijotant dans un bain composite de divers sucs, dont le principal était extrait du tronc d'un térébinthe. Cette solution était destinée à dissoudre les corps gras importuns qui restaient dans la peau elle-même, et qu'il était nécessaire d'évacuer avant l'opération suivante. Elle consisterait à plonger le corps dans un mélange de poix, mou et collant, à base de résineux et de divers goudrons végétaux, qui boucherait tous les pores de la peau, la rendant parfaitement lisse sous une couleur sombre. Car toutes les ouvertures de la chair humaine devaient être totalement cl oses, mais sans qu'aucune décomposition du tissu de l'enveloppe charnelle intervienne, ni lors du traitement ni par la suite, jusqu'à la fin des Temps.

Dès qu'Anepou eut terminé l'instruction de son fils, celui-ci commença à courir par monts et par vaux, avec une quantité d'aides et de rabatteurs, afin de retrouver les endroits où poussaient les végétaux et où se trouveraient les essences, les sucs et les ferments nécessaires à la préparation des divers bains assurant la réussite de l'embaumement.

Le bitume avait été facilement repéré, étant solide à l'état naturel, et d'une couleur brun-noir aisément identifiable. Comme il brûlait rapidement en dégageant une fumée très épaisse, à l'odeur forte et prenante, aucun doute n'avait subsisté sur son identité après le premier essai de brûlage.

Le composé ammoniacal fut le dernier élément manquant. Il fut le plus difficile à trouver car il fallut aller fort loin pour cela. Il était néanmoins vital pour la fabrication du principal élément organique qui nécessitait l'utilisation de la potasse. Il avait fallu plus d'un mois de recherches en tous sens, avant de le dénicher en très grande quantité presque en bordure de marche, à vingt journées de marche plein sud de Ta Mana.

Ces matières azotées, décomposées sous l'influence de certains ferments très puissants, avaient fourni, par l'entremise du liquide qui s'en écoulait, le nitre ou nitrate de potassium, vital dans cette formule de conservation du corps humain. Et dans cet atelier funèbre, en dehors des bouillonnements des liquides, plus aucun bruit ne venait troubler la solitude du fils vénérant son père, et qui priait Dieu de toute son âme afin que son dévouement, en cette occasion, soit couronné d'un plein succès. Il savait qu'à l'extérieur, des tailleurs de pierres fabriquaient une tombe, le plus somptueusement possible avec les faibles moyens trouvés sur places ; d'autres achevaient de tresser les bandelettes nécessaires au maintien des diverses parties du corps, tandis que des forgerons et des orfèvres martelaient et ciselaient des bijoux et des amulettes destinées à attirer tous les bienfaits du ciel sur l'âme de l'ancien Pontife défunt. Ptah-Her-Anepou savait également que tout cela serait vain s'il ne menait pas à bien la tâche qui lui avait été fixée par son père. Mais la « Voix » tant aimée lui parla de nouveau :

- Ne désespère jamais, ô mon fils ! Je suis près de toi pour t'aider. N'oublie jamais que si tu n'es pas un « Descendant » direct de Dieu, tu es un de ses enfants aimés, membre d'une noble et très ancienne famille. Tu es à présent le Pontife incontesté de la Maison de Ta Mana, dans laquelle personne ne met en doute ton autorité, ni ta sagesse. Ton influence s'étend et même le Maître vénéré Kaï-Our sollicite tes conseils et ton arbitrage... Garde un courage invincible, car tu n'es pas au bout de tes peines, ô mon fils valeureux ! Que plus jamais une crainte ne t'effleure sur tes capacités, car c'est toi qui dois inspirer la crainte !

Le jeune Pontife poussa un soupir et replongea vers la cuve pour se remettre à mélanger lentement les éléments solides qui devaient fondre peu à peu. Il ne sentit plus sa fatigue, prenant son travail comme il venait et comme il devait être effectué. Au soixantième jour, il sortit pour la première fois de sa retraite afin de prendre les bandelettes et revenir commencer les lentes opérations de serrage et de trempage qui devaient être effectuées six fois l'une sur l'autre en quarante-huit heures à chaque fois. Ainsi le soixante-douzième jour arriva. L'An-Nu put enfin respirer : le succès était complet.

Plus tard, Ptah-Her-Anepou se signala en calculant la date exacte du début de la « Marche vers la Lumière », vers ce « Deuxième-Cœur-de-Dieu », cette terre lointaine et promise qui deviendrait la seconde patrie, Ath-Ka-Ptah. Le Pontife avait supputé les « Combinaisons-Mathématiques-Divines » les meilleures, tablant sur la nouvelle navigation *rétrograde* du Soleil.

Celle-ci confirmait que la période de restructuration des bourgeons renaissants de la population ne s'achèverait pas avant que le Soleil ne sorte lui-même de la constellation du Lion, pour entrer *à rebours* dans celle qui, deux mille années durant, veillerait sur un exode particulièrement harassant. Cette ère, très difficile à supporter pour tous les organismes vivants, s'effectuerait en une marche au sein d'un territoire *rongé* par les rayons torrides d'un astre du jour impitoyable, *brûlé* par ce mal terrible qu'est une sécheresse interminable.

Il faudrait pourtant que tous s'accommodent du mieux possible de la nature particulièrement traitresse du terrain à traverser. Pour cela, le Pontife mit au point toutes sortes de mesures préventives et protectrices qui deviendraient des conjurations bénéfiques adressées à Dieu par ses fidèles. Cette constellation prendrait d'ailleurs plus tard le nom de son homonyme médical, le « Cancer ».

Pour l'heure, donc, Her-Anepou affirma que le recul précessionnel solaire en Lion ne favorisait pas un départ massif vers la terre promise aux « Descendants d'Hor », et qu'il convenait de se contenter de l'hospitalité offerte par Ta Mana, qui n'était pas sans charme.

L'aspect des « Combinaisons-Mathématiques-Divines » démontrait, et le Pontife ne se priva guère de le prouver au cours d'un Conseil attentif à ses propos, que Dieu donnait ce répit à ses enfants retrouvés, afin que ceux-ci s'assurent des Cadets capables de rétablir l'unité populaire au milieu d'une grandeur retrouvée.

Cela permettrait en tous les cas aux équipes de recherches minières de tenter de retrouver dans le sous-sol de ce lieu les douze pierres bénéfiques que chaque enfant naissant portait depuis qu'il arrivait dans le monde des vivants. Tous les espoirs étaient permis à ce sujet, depuis qu'incidemment du jaspe avait été découvert et qu'un minéral rare, l'orichalque, avait été trouvé dans un filon de cuivre, non loin du Midelt actuel.

Plusieurs siècles s'écoulèrent ainsi, accentuant de plus en plus la fièvre qui saisissait tous les habitants à l'approche du grand départ. Les améliorations successives apportées aux conditions de vie furent innombrables, les moyens de fabrication s'étant grandement développés.

Lorsque les « Descendants-de-l'Aîné » en furent à leur quarante-deuxième Pêr-Ahâ, soit une décennie seulement avant l'heure du Départ, l'An-Nu en titre, que son père avait appelé très justement *Anepou-Hotep,* « le Paisible », fit une proposition révolutionnaire à une réunion inaugurale du Grand Conseil.

En un millénaire, cette docte assemblée avait retrouvé son assise honorable mais sans l'environnement luxueux qu'elle possédait en Ahâ-Men-Ptah. Le Pontife proposa l'institution du port d'un talisman pour chaque nouveau « Maître » intronisé après le début de la nouvelle année de Sep'ti, le Sirius moderne, qui coïnciderait cette fois avec la conjonction du Soleil entrant à rebours dans la nouvelle constellation.

Étant donné les difficultés innombrables qui surgi- raient sans cesse sous les pas des émigrants, leur Guide, le Pêr-Ahâ vénéré, devait être prémuni contre toutes les emprises maléfiques qu'il pourrait rencontrer et les déjouer au profit de son peuple bien-aimé, ses Cadets.

Le talisman serait donc le lien bénéfique qui unirait ses actions terrestres à l'harmonie céleste combinée par Dieu. Quel objet pourrait être plus indiqué *qu'une queue de lion ?* Elle ceinturerait la taille de chaque nouveau « Descendant » en toutes occasions, lui donnant ainsi la domination du ciel, qui lui permettrait de dominer toutes les actions sur la Terre. L'extrémité de l'appendice poilu devrait toucher le sol afin qu'ainsi le porteur ait la vie la plus longue possible. Ce projet fut adopté à l'unanimité, et une cérémonie religieuse célébra la mise de cette ceinture léonine à son premier bénéficiaire, qui fut intronisé quelques années plus tard, peu avant le Grand Départ, sous le nom Divin d' « Ahâ » qu'il reprit pour cette occasion, car il fut le premier de ce long exode vers cette Lumière lointaine qui polarisait tous les espoirs.

Mais les quelques années qui précédèrent, les « Suivants d'Hor » développèrent l'art de la gravure rupestre, afin de laisser des traces bien visibles de leurs vies nouvelles d'enfants de Dieu. C'est pourquoi les représentations graphiques de Ta Ouz diffèrent énormément de celles de leurs « collègues » du col de Zénaga. Les images humaines sont revêtues des fameuses peaux de lion, devenues les protectrices de la race élue de Dieu, contre la fureur solaire déchaînée lors du Grand Cataclysme. C'était aussi une sorte de conjuration du mauvais sort jeté par les « Rebelles de Sit » qui idolâtraient ce même soleil au mépris de toute mise en garde Divine, insouciants d'attirer ainsi vers toute l'humanité des malheurs bien plus grands que ceux endurés précédemment.

Les deux clans, aussi éloignés spirituellement qu'ils l'étaient dans la vie de tous les jours, avaient fini par s'opposer en une haine mythique dès la mort de Sit. De ses trois enfants, les deux fils prirent successivement le pouvoir et le gardèrent tyranniquement. Si la survie du groupe en fut assurée, car tous les membres serrèrent les rangs, la haine s'amplifia, attisée par une intense jalousie.

Quelques mélanges de sexe s'étaient faits tout de même à plusieurs reprises, les Rebelles ayant investi quelques avant-postes des « Suivants d'Hor » et s'étant emparés, outre les vivres et les outils, de femmes et d'enfants. Plusieurs batailles avaient ensanglanté les camps, au cours desquelles les Rebelles, plus aguerris aux combats, avaient eu le moins de pertes en vies humaines, emmenant dans leur retraite précipitée ce qui leur tombait sous la main.

Préparant leur Départ, les « Suivants d'Hor » se virent ainsi privés de réserves appréciables ainsi que de compagnes et d'enfants auxquels ils tenaient. Afin d'éviter le renouvellement de pareils actes barbares, les mineurs et les forgerons unirent leurs forces pour composer une unité combattante de représailles. Mais les Rebelles ayant apprécié les bonnes choses qu'ils ne possédaient plus, surtout les métaux et les tissus, se forgèrent des armes avec le minerai volé et décidèrent d'investir et de piller complètement Ta Ouz !

Cependant la première grande bataille des deux Géants ne se déroula pas tout à fait comme l'avaient prévu les « Râ-Sit-Ou ». Ceux-ci n'avaient pas eu connaissance de la création d'un corps guerrier animé spécialement par les forgerons qui, pour l'occasion, devinrent des lanciers. Autrement dit, les ouvriers du métal, les « Astiou », devinrent les défenseurs, les « Masniou », ces fameux guerriers attachés à la personne même du Pêr-Ahâ sur les bords du Nil ou « Manistiou », mot qui est la contraction des deux termes consacrés aux défenseurs de la civilisation, contre les « Rebelles de Sit », plusieurs millénaires auparavant...

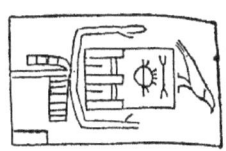

Chapitre Dixième

« LES FORGERONS D'HORUS »
(Les masnitiou-hor)

Le caractère belliqueux d'Horus justifie suffisamment cette présence autour de lui d'une armée de forgerons, d'ouvriers en métaux. Horus emploie la lame et la javeline contre tous ses ennemis. Il les charge de chaînes, pas de cordes. Aussi les textes précisent que le métal employé est le fer !

G. Maspero
(Les Forgerons d'Horus)

Gezer est prise ! Yenoam est rendue inexistante ! Israël n'est qu'un désert où sa race n'est plus. La Palestine est devenue veuve pour l'Égypte ! Tous les pays sont réduits à l'impuissance, pacifiés par les Forgerons de « Mêr-Né-Ptah ! »

J.H. Breasted
(Ancien Records of Egypt)

Le Pêr-Ahâ en titre, Hor-Ou-Tit, qui ne tarderait pas à donner l'ordre de départ vers le « Second-Cœur », se dirigea vers la salle où se tenait le Grand Conseil. L'Assemblée était réunie pour décider de l'action à entreprendre pour sauvegarder désormais toutes les vies humaines de Ta Mana.

La maison administrative dans laquelle il venait de pénétrer était bâtie depuis une quarantaine d'années et commençait à se lézarder. Néanmoins, les salles en restaient spacieuses. Celle réservée au Conseil était pourtant loin de ressembler à celle d'Ahâ-Men-Ptah, où les vénérables Ancêtres élus siégeaient assis sur des fauteuils recouverts d'épais tissus de lin pourpres ou mauves, suivant les rangs des dignitaires auprès du « Maître », ou de son Pontife.

La réalité vécue par ces Aïeux héroïques était-elle moins belle que les récits épiques colportés sur les bancs des écoles par les professeurs de cette génération d'étudiants ? Qui pouvait dire le nombre des additifs successifs qui avaient amélioré certaines conditions de vie devenues fabuleuses ? Les esprits nouveaux, axés sur les réalités actuelles, laissaient de côté le Passé. Il était bien difficile, en l'état des connaissances primitives qui ne s'étaient transmises qu'oralement, d'écarter le faux et de ne conserver que le vrai.

La séance commencerait dès que le Pêr-Ahâ aurait franchi le seuil de la salle dite des délibérations. La solennité des réunions avait été rétablie avec les moyens disponibles, mais cette restauration était bien loin de rappeler les fastes d'antan. Hor-Ou-Tit espérait de toute façon que ce serait la dernière avant que tous ne quittent Ta-Mana. La vie y avait été tranquille et prospère, et si les « Rebelles » ne s'étaient pas manifestés avec une telle virulence lors de leur dernier assaut, peut-être aurait-il cédé à certaines pressions venant du nouveau milieu bourgeois qui avait pris de l'ampleur, et qui le priait avec insistance de différer le moment du départ pour la longue Marche. D'après les membres les plus influents de ce groupe, il ne faisait aucun doute que la terre promise par les Pontifes successifs de la part de Dieu était trop hasardeuse dans sa définition même pour risquer ainsi le déplacement global de milliers et de milliers d'hommes, mais aussi de femmes et d'enfants.

Fort à propos, en une coïncidence troublante, l'intrusion révoltante des hommes de Sit dans ce village paisible avait ramené la réalité présente à ses yeux. L'Éternel, par ces innocentes victimes expiatoires émanant du propre sang de ses Cadets, ordonnait sans discussion possible que la marche vers la Lumière commence le jour fixé. Et cette date était formellement prévue par le Collège des

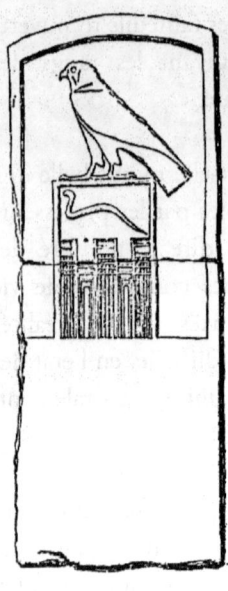

« Contemplateurs des Astres », qui effectuaient sans cesse les calculs évolutifs des « Combinaisons-Mathématiques-Célestes ».

Premier emblème connu portant le symbole à Horus dominant grâce à ses forgerons.

Restait donc à définir les moyens de la commencer dans les conditions les plus bénéfiques, sans qu'aucune nouvelle perte en vies humaines intervienne. C'est ce que ce Conseil extraordinaire aurait à débattre pour trouver la meilleure solution. Lui, le Pêr-Ahâ indiscuté, se chargerait bien d'obtenir le résultat ! Quitte à les secouer autant qu'il faudrait...

À cet instant précis de ses réflexions personnelles, le « Descendant » direct d'Ousir d'une si lointaine génération première parvint devant la porte de la Salle réservée aux débats, qu'un garde s'empressa d'ouvrir en repoussant le lourd battant d'acajou. Redressant encore plus sa haute taille, le Pêr-Ahâ entra d'un pas décidé, englobant d'un œil vif et rapide la salle pleine et semblable à une ruche en effervescence. Le vif brouhaha des conversations qui allaient bon train s'apaisa dès qu'il apparut.

Les Membres du Conseil se levèrent en guise de salutation, et un silence respectueux s'établit. Le Pontife, qui s'était approché, s'inclina avec une grande déférence devant le Fils Aîné de Ptah, avant de faire signe au Membre qui était le chef du Protocole, de les conduire tous deux jusqu'à leurs sièges.

L'un des deux était recouvert de plusieurs épaisseurs de peaux moelleuses, et l'autre était simplement d'un bois revêtu d'une simple étoffe blanche. À leur arrivée, un troisième personnage assis tout près se leva. C'était un vieillard à l'air imposant, le Chef de l'honorable Assemblée.

Lorsque les trois hommes les plus éminents de Ta Mana se furent congratulés, ils s'assirent et se chuchotèrent l'ordre du jour. Les honorables délégués en profitèrent pour se rasseoir avec un soupir d'aise, en l'attente de l'ouverture des débats, qui menaçaient d'être mouvementés vu les événements.

Avec un geste emphatique et protecteur, Hor-Ou-Tit indiqua qu'il allait prendre la parole. Les murmures cessèrent pendant qu'il se levait. Sa longue diatribe fit montre d'un ton hautement diplomatique, revenant à celui de l'ancienne mode :

- Vénérables conseillers de Ta-Mana ! Nous apprécions à sa juste valeur l'honneur insigne que vous nous faites en accourant à notre demande d'une session extraordinaire. Vie, Santé et Bonheur à vous tous, qui êtes ici mon réconfort tout autant qu'un encouragement ! Vous continuerez sans nul doute à me soutenir pareillement dans la tâche très rude et ingrate qui m'attend en cette période du Grand Départ. Nous devrons trouver, avant de clore cette réunion, une solution valable au problème des Rebelles, ces « Râ-Sit-Ou » infâmes qui ont semé tant de ravages dans nos familles !... Notre Pontife vénéré prendra le premier la parole, afin que le point de vue du Collège des Prêtres ne soit point négligé. Puis le vénérable Tout-Ankh-Hotep, Président de l'honorable Assemblée dont vous êtes les Membres représentatifs, parlera en votre nom à tous, afin de gagner du temps. Enfin, nous entendrons, avant de délibérer sur la conduite à tenir et les moyens à mettre en œuvre pour l'appliquer, le Chef de la noble corporation des forgerons qui nous a expressément demandé de faire ici même une communication de la plus extrême importance, émanant de toutes leurs bouches réunies. Nous avons accepté avec une profonde gratitude qu'un membre aussi éminent de la corporation la plus vitale pour l'avancement de notre civilisation vienne parler au milieu de nous, malgré l'imprévu de cette demande. Mais la situation exceptionnelle où nous sommes ne peut être vaincue qu'à l'aide de moyens extraordinaires. Nous n'oublierons pas ce que nous devons depuis un millénaire à tous les fondeurs, les ciseleurs, les graveurs, tous ces membres de la corporation des forgerons, tous ces « *masniou* » qui ont tant fait pour le relèvement de Ta Mana ! Après avoir entendu Mâsh-Akher, leur noble Président, nous déciderons ce qu'il conviendra d'entreprendre pour que notre départ ne soit pas remis en cause. Nous devrons tous partir au jour prévu par les « Combinaisons-Mathématiques-Divines » afin de bénéficier des plus favorables augures célestes. Voilà !... J'en ai terminé avec mes Justes Paroles ; que Ptah daigne les accepter dans le modelage de son œuvre quotidienne[39] !

Majestueusement, avec une lenteur bien calculée, Hor-Ou-Tit ramena les pans de sa tunique de laine écrue sur ses genoux, avant de prendre place sur son siège. Alors le Pontife se leva, étirant ses longs membres douloureux, sans que son visage en laisse rien paraître.

Sa voix était un peu cassée, mais le ton ferme de ses propos ne laissa aucune équivoque sur la voie qu'il préconisait :

- En vérité, les paroles de notre Pêr-Ahâ sont justes. Que Ptah lui accorde une longue Vie de pareille Sagesse et la Grande Force capable de détruire tous ceux qui contreviennent aux Commandements de Dieu ! C'est pourquoi j'ai la certitude qu'une solution juste sortira de vos délibérations, honorables enfants de notre grande race disparue par son aveuglement. Il ne peut y avoir que la victoire de la race descendant d'Ousir, fils de Dieu lui-même, sur ceux que l'aveuglement d'un seul d'entre eux a détournés de la même origine que la nôtre. C'est pourquoi je déplore au fond de mon cœur que nous soyons acculés à un tel dilemme : aider à l'anéantissement d'autres nous-mêmes. Et pourtant ces frères d'Hor-Ou-Tit, que la Santé et la Force protègent éternellement, sont venus nous combattre,

---

[39] Les deux phrases de la formule finale se retrouvent dans la plupart des manuscrits de discours prononcés par des Pharaons (Pêr-Ahâ) datant d'avant la VIe dynastie.

volant, violant, pillant et saccageant tout sur leur passage, sans aucun égard au sang de leur sang, à la chair de leur chair ; en enlevant de surcroît plusieurs de nos femmes et enfants ils se sont définitivement désavoués comme enfants de Dieu. Et lorsque soudain Ta Mana a retenti du bruit des chocs de lances, du sifflement des flèches, des plaintes des blessés, des cris des mourants et des hurlements poussés par ceux qui étaient enlevés, j'ai compris que nous ne retrouverions la paix et le calme, que nous ne pourrions partir sans crainte que lorsque les immondes « Râ-Sit-Ou » seraient détruits. Il faut donc que le Conseil trouve les hommes capables d'une telle mission, les arme et les charge de nous ramener la tranquillité de l'âme, cette parcelle que Dieu nous a confiée sur la Terre afin de nous différencier des bêtes, et que certains détruisent en se conduisant à l'égal des animaux les plus féroces. Tous ici, tant que nous sommes, nous avons appris et répété notre vie durant les textes Sacrés transmis par nos lointains ancêtres vénérés - que Ptah conserve leurs âmes généreuses chez les Bienheureux, afin que nous puissions les y rejoindre le moment voulu sans aucune honte ! Pour cela, il faut que nous transmettions à notre progéniture et dans son intégralité la masse des documents appris chapitre par chapitre, et qui apporteront Sagesse et Connaissance à la lointaine génération future qui s'implantera dans la seconde patrie, le « Deuxième-Cœur-de-Dieu ». Car ce sera cette ultime descendance qui rétablira l'écriture et réintroduira la gloire d'Ahâ-Men-Ptah, qui est la nôtre. Que la terrible puissance du Dieu unique nous aide en ces temps mémorables que nous vivons ! Les humbles actions de grâce que j'élèverai vers notre Créateur monteront vers lui avec une joie bien plus profonde si j'ai la certitude de vous voir unir vos efforts pour décider de la suppression rapide de ceux qui nous gênent. Longue Vie à notre Aîné à la Voix Juste !

Le Pontife inclina le buste vers Hor-Ou-Tit avant de reprendre place sur son siège. Le Président de l'Assemblée se leva à son tour pour prendre la parole. Il le fit d'une voix assez forte, mais qui, sortant curieusement entre ses lèvres tremblotantes, rendait une sonorité prenante, très particulière :

- Vous savez tous comme moi, mes chers honorables collègues, que nous avons trop parlé ces derniers jours ; beaucoup trop ! Nous n'avons fait qu'apporter du sable dans le désert qui se forme partout autour de nous. Et nous avons répandu du sel là où le sol commence à le dégorger à foison !... La conclusion que je tire de nos bavardages est que ce n'est plus avec la langue que nous vaincrons ceux qui nous ont tant nui. Il faut qu'une troupe armée soit constituée sans retard, que nous lui donnions les moyens de lutte pour vaincre. Comme le disque solaire sur sa barque à terrassé Set, il y a fort longtemps, en changeant sa course dans le Lion, faisons rugir nos hommes alors que ce même Lion disparaît dans le ciel. Le Soleil va le quitter, et nous-mêmes devons partir. Les Annales vivantes prendront acte de nos faits et gestes qui vont devenir historiques. N'oubliez pas, n'oubliez jamais plus dans l'avenir qui nous attend, que durant cette longue marche vers le pays qui nous est promis, bien des incidents se produiront. Ils nous condamneront non .seulement à nous défendre, mais à contre-attaquer immédiatement si nous voulons préserver nos familles. Aussi, en donnant les premiers coups de lance protecteurs, il faudra se dire qu'il vaut mieux mordre l'adversaire jusqu'au sang, plutôt que de se faire dévorer par lui. Attendons donc que l'honorable Mâsh-Akher fasse sa déclaration pour commencer à en débattre ; ce que je puis assurer à Hor-Ou-Tit, c'est que la majorité des membres de cette Assemblée sont de mon avis. Longue Vie au Pêr-Ahâ à la Voix Juste !

À son tour le Président s'inclina respectueusement devant Hor-Ou-Tit, avant de s'asseoir le plus dignement qu'il le put, en attendant la suite des discussions.

Le Pêr-Ahâ fit un geste vers le gardien qui se tenait près de la porte et ordonna :

- Qu'on introduise l'honorable représentant de la corporation des forgerons. Qu'on fasse entrer leur chef Mâsh-Akher.

Quelques instants plus tard apparut un grand gaillard à la barbe noire très fournie, à la stature imposante, habillé d'une longue robe de bure grise. Son allure virile tout autant que sa démarche élastique imposèrent le respect parmi tous les assistants. Les muscles impressionnants de ses bras, jouant librement à la vue de tous, firent légèrement sourire « l'Aîné ». Parvenu devant le trône, le géant s'inclina profondément, et recommença à deux autres reprises en se tournant vers les sièges du Pontife et du Président. Après quoi il se tint la tête légèrement baissée devant Hor-Ou-Tit. Celui-ci, en comédien consommé, prit un air affable pour dire :

- Tu as demandé à être entendu par tous les Membres de cette honorable Assemblée, ton vœu est réalisé.

Nous t'écouterons avec bienveillance et attention. Nous espérons que la solution que tu nous proposeras chantera agréablement à nos oreilles, comme à celles de nos vénérables Conseillers.

Avec un geste protecteur d'une main, qui était une invitation de commencer à parler, le Pêr-Ahâ montra qu'il était tout ouïe. Mais Mâsh-Akher n'était point parvenu au sommet de la hiérarchie du corps des forgerons sans acquérir les notions les plus élémentaires de la diplomatie. Son visage, aux traits comme taillés dans la masse brute de ses métaux qu'il pliait à volonté, savait rester impassible. Lentement, il parla, songeant moins à ses tournures de phrases qu'à exprimer le plus exactement possible ce que ressentaient ses compagnons et lui-même, et sa bouche aux lèvres minces ne trahit aucune émotion apparente.

- Pour vaincre les Rebelles, ô toi le Descendant vénéré d'Ousir le Bienheureux, tu as besoin d'hommes... et je te les amène. Tu es le Maître qui protège ton peuple lorsqu'il est en péril. Tu es celui qui commande, et tu disposeras des bras qui exécuteront ce que tu leur ordonneras d'accomplir. Je suis à tes ordres, ô toi le Maître qui représente l'Éternel sur la terre entière ! À toi longue Vie, Force et Santé !

Fièrement, Mâh-Akher releva la tête, pointant le menton vers Hor-Ou-Tit, attendant sa réponse. Celle-ci se fit un peu attendre, car un très vif intérêt avait animé le regard du Monarque qui avait une profonde nostalgie de la gloire et de la splendeur vécues par les Aînés d'Ahâ-Men-Ptah. Et cela se percevait sous son masque d'impassibilité. Après une courte méditation, il poussa un bref soupir qui lui permit de répliquer d'un ton monocorde :

— Pour vaincre victorieusement ces sauvages, une fois pour toutes, il te faudrait beaucoup d'hommes.

— Les ouvriers de notre corporation s'appellent habituellement les « *Ror-Astiou* » les ouvriers d'Hor. Car depuis que ton illustre descendant Hor-Ahâ, « l'Aîné », s'est mis lui-même à la tête des premiers mineurs et fondeurs de minerai de fer pour redonner le confort à tous, nous sommes dévoués corps et âmes au Descendant. Nous, les fiers rejetons des premiers forgerons, nous sommes liés par le serment du sang et de la chair à toi, l'Aîné à la Voix Juste. Pour t'aider, nous tous - graveurs, ciseleurs, marteleurs, ferrailleurs, tous les métallurgistes - nous te proposons d'utiliser nous-mêmes les lances, les javelines, les piques et les haches que nous venons de fabriquer en grande quantité, afin de détruire tes ennemis. Nous voulons devenir à présent les « masniou » de l'Illustre Aîné Descendant d'Ousir. Fais que nous soyons tes « lanciers ».

Le Pêr-Ahâ était manifestement stupéfait, cette fois, par l'ampleur de la mesure guerrière qui lui était proposée. Il connaissait certes la proposition du chef des forgerons avant que celui-ci ne la soumette à l'Assemblée, et pour laquelle il avait donné son accord préalable, comme il se devait. Mais il ne s'attendait pas à cette unanimité derrière le trône qu'il représentait. Pour se donner le temps de se reprendre, il n'eut qu'une courte formule interrogative :

— Qu'entends-tu par « tous » ?

- Tous les ouvriers travaillant dans la métallurgie te défendront, ô toi à qui nous devons tout simplement d'être en vie aujourd'hui. Nous sommes plus de 8 000 en état de porter les armes que nous avons forgées, et de porter l'offensive jusque sur le territoire de ceux qui ont jusqu'à présent horriblement profané le Dieu de notre naissance comme de la leur. Et non seulement nous avons fabriqué des armes de toutes sortes, mais nous avons fait des roues pour seize chariots, qui porteront le ravitaillement et les munitions jusqu'à la victoire. Il y a surtout, aussi, deux roues ciselées avec art pour soutenir un char si tu veux bien prendre notre tête.

- C'est une véritable armée, dont tu me proposes le commandement !

- Oui ! Uniquement pour te servir fidèlement, ô vénéré Pêr-Ahâ ! Nos javelines, spécialement trempées dans un bain, ont durci d'une telle manière qu'elles pourraient transpercer les chairs, même à travers une carapace de cuir durci. Aucune parade ne sera possible de la part de ces êtres immondes qui ont déclenché la fureur de l'Aîné.

- Le Conseil va débattre tout de suite de ta proposition. D'ores et déjà je te remercie personnellement du soutien que tu m'apportes en ces heures difficiles. Le dévouement de la corporation des forgerons prendra date et honneur dans nos Annales. Aussi, sur l'instant, je te nomme capitaine des Masnitiou. Vous serez les soldats bien-aimés de mon escorte exclusive. Tu es à partir d'aujourd'hui le Chef de ma compagnie de gens d'armes, *la Compagnie des Lanciers-Forgerons a Hor*[40] !

Attends-nous encore un moment dans l'antichambre.

---

[40] Les textes ne manquent pas relatant la « légende » *(sic)* des « Masnitiou ». Entre autres : Naville, *Le Mythe a Horus* ; J. de Rougé, *Les Textes d'Edfou* ; Brugsch, *le dictionnaire géogr.* ; *Le livre des morts* ; *Le rituel des funérailles*, etc.

Mâsh-Akher se courba presque jusqu'à terre pour cacher la lueur de fierté qui illuminait son regard, puis s'en retourna à grandes enjambées hors de la salle pour attendre en toute quiétude la conclusion d'une délibération qui ne pouvait être que de pure forme après ce qu'il avait dit.

Les débats, après la harangue d'Hor-Ou-Tit, furent singulièrement raccourcis. Nul cependant n'en éprouva de contrariété. Ce fut même l'opposé qui se produisit, un profond soulagement se lisant aisément sur tous les visages. Une demi-heure s'était à peine écoulée dans la montre à eau trônant sur la table près du Pêr-Aha que l'on pria le chef des forgerons de reparaître dans la salle.

L'Aîné prit la parole sans plus attendre :

- Que mon désir de tout à l'heure devienne une réalité au service de Ta Mana ! Je te commande, à toi le capitaine des Masnitiou, *Mâsh-Akher-le-Masniti,* car tel sera ton titre à partir de ce jour, de rassembler tous tes hommes pour le quatrième lever de Soleil. Ce matin-là est le plus favorable précédant celui de notre Grand Départ, et les calculs du Chef des Horoscopes ne peuvent être qu'exacts. Que les chariots soient prêts la veille, et conduits d'abord à l'arsenal où sont entreposées les armes. Ensuite tu les feras mener à mes dépôts pour y charger la nourriture nécessaire. Enfin, que mon char resplendisse devant ma Demeure, au Soleil levant du quatrième jour. Je prendrai moi-même la tête des Masnitiou. Tu monteras à côté de moi, et tu seras à partir de ce moment-là considéré par tous comme un enfant royal. Ce décret Divin prouvera à nos enfants, éternellement, que les « Forgerons d'Hor », en étant les principaux artisans de la victoire des Aînés issus d'Ousir, sont également les *Shesou-Hor-Mem-Masnitiou,* les « Serviteurs-Guerriers-Forgerons-d'Hor ». Et plus simplement, pour nos Annales, comme tes fantassins nous suivront, nous les appellerons les *Shesou-Hor,* ou des « Suivants d'Horus » Que chaque Masniti qui te succédera à leur tête, devienne de droit Divin, à son tour, un enfant royal. Que chaque Masniti fondeur soit aussi piqueur, que le forgeron soit aussi lanceur, que le ciseleur d'art soit aussi porteur d'un poignard. Que désormais les Masnitiou travaillent avec l'idée qu'ils œuvrent aussi à la destruction de toute violence ! Que leurs travaux manuels s'allient aux travaux de la guerre pour le plus grand bien de Ta Mana !

- Et pour la plus grande gloire d'Hor-Ou-Tit, Longue-Vie, Puissance et Santé !

C'était Mâsh-Akher, les bras levés vers le ciel, les yeux fiévreux et brillants de fierté, la voix tremblante d'excitation contenue mais très forte, qui avait hurlé cette phrase. Sur cette lancée, tous les honorables membres de l'Assemblée se levèrent et répétèrent par trois fois les mêmes mots, les scandant de plus avec leurs bras levés. Ce fut ensuite une sorte de délire général chacun tombant dans les bras de son plus proche voisin, lui touchant le front et tous deux se congratulant mutuellement de cette heureuse fin des débats, qui annonçait sans nul doute le début d'une ère bénéfique qui préludait ainsi le Grand Départ.

Ce fut ce que pensa Hor-Ou-Tit en s'éclipsant discrètement, après avoir fait signe au Pontife et nouveau capitaine de le suivre. L'An-Nu, bien que soulagé par le déroulement de la séance, ne pouvait que déplorer cette décision ultime mais nécessaire pour la paix du peuple élu de Dieu. Pour cette raison, les augures ne pouvaient être que favorables pour cette bataille décisive qui, tout en donnant à Ptah et au Soleil leurs droits respectifs, ferait d'Hor-Ou-Tit le Fils d'Ousir vengeur et victorieux. Dieu seul pouvait dire ce que la légende ferait plus tard du récit de ce combat que conserveraient les Annales ! Hor deviendrait peut-être un conquérant sanguinaire qui apporterait le culte d'un dieu belliqueux. Le vieil homme soupira longuement : pourquoi l'âme de l'homme, pourtant une parcelle de la Divinité-Une, prônait-elle toujours le mal, même lorsqu'elle agissait pour le bien de ses semblables ?...

Mais l'aube du quatrième jour se leva sur un Pontife souriant et détendu à la vue de l'immense troupe des « Masnitiou », dont l'extrémité des milliers de lances, qui était en fer, semblait auréolée d'un nuage brillant, le tout resplendissant aux premiers rayons du Soleil. Pendant ce temps, les « Rebelles » s'éveillaient au milieu des criaillements des femmes et des enfants, des meuglements des buffles apprivoisés, et de leurs propres rugissements car tout ce monde vivait plus ou moins en communauté avec les animaux, au fond des grottes. Les siècles avaient passé sans apporter d'amélioration à leurs conditions de vie. Les invasions effectuées contre le village de Ta Mana, avaient cependant développé d'un coup ce besoin si longtemps réprimé de se moderniser. Comme ils s'étaient fabriqué des outils et surtout des armes avec les lingots de fer[41] provenant du dernier pillage, leur appétit de nouveauté aiguisait leur soif de conquête. Les piques avaient beau être rustiques, les pointes n'en étaient pas moins meurtrières.

En ce jour qui voyait les « Forgerons d'Hor », sortir de leurs tanières afin de punir durement les « Rebelles de Sit », ceux-ci

---

[41] Il est faux de croire, de dire, ou d'écrire que « le fer était rare en Égypte même à l'époque de Ptolémées et des empereurs romains », comme l'ont fait bien des égyptologues. L'un des plus renommés, G. Maspero, écrivit par contre dans *L'Âge de Bronze en Égypte* :
« Deux dépôts d'objets de fer ont été trouvés par moi dans la pyramide d'Ounas (V^e dynastie), et dans la pyramide en briques de Dashour, bien plus ancienne. Dans la pyramide d'Ounas, le fer s'est présenté en deux endroits. D'abord des fragments rongés par la rouille de cinq à six ciseaux de sculpteurs, mêlés à des manches d'outils en bois et à des pots de peinture. Ensuite, entre deux blocs de maçonnerie du couloir incliné que j'ai dû faire briser pour rendre l'accès aux chambres plus facile. Les morceaux de fer y étaient nombreux. Le dépôt de Dashour, quant à lui, a été découvert dans une partie non remuée de la pyramide. C'était un amas considérable de fragments d'outils brisés lors de la construction probablement, où l'on reconnaissait des lames d'herminettes et de couteaux, ainsi que des soies de ciseaux. Ces objets furent exposés dans la salle de l'Ancien Empire du Musée de Boulaq et dans le cabinet du Conservateur monsieur Vassalli-Bey, où ils étaient encore lors de mon départ en 1886. »
Cela prouve nettement l'arrivée en Égypte *avec* les outils en fer.

préparaient la plus grande razzia sur Ta Mana, qui leur assurerait une victoire définitive sur leurs ennemis héréditaires. Ils se mettraient en route le soir même, pour leur dernière étape, car ils avaient quitté le col de Zénaga depuis plus d'une lunaison, soit depuis plus d'un mois, pour venir s'installer dans le village après en avoir chassé ou tué les habitants.

La façon dont ceux-ci avaient fui, apeurés, lors de la précédente attaque, ce qui leur avait permis de se servir largement en armes, victuailles et prises de guerre diverses, démontrait qu'il n'y avait aucune crainte à avoir quant à la valeur guerrière, ou même à la simple défense des lâches descendants d'Hor. Telle fut la conclusion à laquelle parvint le Conseil entourant le chef des « Rebelles ». C'est pourquoi tous les membres du clan arrivaient ensemble avec armes et bagages, persuadés que les premiers cris qu'ils pousseraient feraient s'enfuir d'épouvante ceux qui ne seraient ni tués ni prisonniers.

Ce fut ainsi que se retrouvèrent face à face et pratiquement au même endroit où était apparu Ousir au-dessus de Sit, mais avec quatorze siècles de recul, les « Râ-Sit-Ou » et les « Masnitiou ». Ils s'affrontèrent en un choc effroyable qui secoua tous les monticules sableux. L'avantage revint dès le début aux « forgerons d'Hor », dont l'avant-garde avait très vite repéré la présence bruyante du premier groupe des « Rebelles ». Elle avait ainsi pu effectuer un repli stratégique immédiat pour avertir le Pêr-Ahâ et Mâh-Akher, qui prirent toutes les dispositions pour encercler et attaquer la plus grande partie des Râ-Sit-Ou, enfermés comme dans une tenaille, dans l'impossibilité d'éviter la bataille en état d'infériorité.

Hor-Ou-Tit était soudainement apparu en poussant l'énorme rugissement du lion en colère, resplendissant dans sa sainte colère, au sommet d'un tertre. Il n'y avait au sommet qu'un palmier, mais l'absence d'un sycomore protecteur ne diminua pas l'effet de surprise provoqué par cette apparition extraordinaire. La foudre n'aurait pas mieux cloué sur place d'étonnement les milliers de têtes hirsutes qui levaient des yeux aussi ébahis qu'apeurés. Et soudain le tonnerre s'abattit sur la horde hagarde par l'entremise des milliers de voix mâles des forgerons qui fondirent de toutes parts, toutes piques et lances en avant.

Le massacre fut cependant moins effroyable qu'il aurait été sensé de le supposer. La débandade générale, aussi spontanée qu'instantanée, fut telle qu'un passage s'ouvrit largement pour laisser fuir la masse le plus vite qu'elle le pouvait. Seulement quelques prisonniers furent faits à la demande d'Hor-Ou-Tit. L'Aîné les endoctrina avant de les relâcher, ainsi le Collège des Prêtres et son Pontife seraient satisfaits : nul des descendants d'Ousir ne se serait sali les mains avec la descendance de son frère.

Le Pêr-Ahâ prit son ton le plus menaçant :

- Vous allez dire à votre chef qu'il est inutile de s'attaquer une autre fois à celui qui dispose des droits traditionnels de gouverner que lui a conférés Dieu. Moi, Hor-Ou-Tit, Pêr-Ahâ par la pureté de mon sang, Descendant d'Ousir pour la légitimité de mon pouvoir, je suis le Fils de Dieu. C'est Lui qui a armé pour vous punir mon bras vengeur. Allez dire cela à votre chef. Retournez auprès de vos compagnons d'infortune vers la misère qui sera désormais votre lot à tous, car vous avez bravé l'Éternel et déchaîné Sa colère en même temps que votre châtiment. Notre peuple quitte cette contrée, mais elle ne vous est pas destinée et elle ne sera jamais à vous. Nous laissons ici une garnison qui sera invincible, protégée comme elle le sera par nos chars de combat. Notre peuple part de cette terre pour aller à la rencontre du « Deuxième-Cœur-de-Dieu » qui nous est promis, là-bas, à l'Orient. Mais si jamais nous rencontrons un seul de vos frères sur notre chemin, nous le tuerons sans aucune hésitation. Notre route passe par vos tanières du haut de la montagne ; et je vous dis solennellement que si jamais un seul être vivant qui n'est pas des nôtres est en vue lors de notre passage, nous l'attraperons et le brûlerons à l'intérieur des cavernes que nous détruirons complètement. Dites bien tout ceci à votre chef : que personne ne reste dans les territoires qui seront sur notre route ! Vous avez la vie sauve uniquement pour aller répéter mes Justes Paroles. J'en ai terminé ; que Ptah s'en serve pour modeler son ouvrage quotidien.

Un silence très lourd s'appesantit, que le tremblement des prisonniers aux mains liées derrière le dos rompit à peine. Mâsh-Akher, gigantesque auprès de ces épaves humaines ratatinées sur elles-mêmes, s'approcha du groupe tout courbé, et d'un revers de main, les fit trébucher et tomber à terre. Farouchement, il leur parla, bien campé sur ses deux pieds écartés :

- Immondes scorpions ! Qu'attendez-vous pour remercier le Descendant d'Ousir de sa bonté ? Il vous laisse la vie sauve. Sa Voix Juste vous ordonne d'aller répéter ce que son auguste bouche a daigné vous dire. Le ferez-vous ?

Aucun d'eux n'ouvrit la bouche, la terreur les paralysant d'une part, et leurs lèvres s'étant enfoncées dans le sable d'autre part. Ils étaient par trop terrorisés pour remuer. Le Pêr-Ahâ retint un sourire, car il devait conserver sa souveraine dignité. Il ajouta cependant d'une voix grave :

- Frottez votre front sur la poussière du sol, que je sache si vous m'avez bien compris ; et pour l'obéissance à mes paroles justes, la liberté vous sera rendue.

Les hommes secouèrent énergiquement leurs visages dans le sable, assurément fort heureux de s'en tirer à si bon compte.

Ce fut ainsi que la première grande bataille d'après le Grand Cataclysme s'acheva. Les Annales écrivent que 8 000 « Masnitiou » s'opposèrent à 6 000 « Râ-Sit-Ou » sauvages, entrechoquant leurs forces en un gigantesque affrontement, qui ne laissa que peu de victimes sur le terrain.

Il avait fallu 1 440 ans pour que la bataille déclenchée par Sit contre Ousir, les deux géants des temps antédiluviens, reprenne dans une même lutte pour la suprématie de Dieu contre l'usurpation solaire.

Le Soleil s'apprêtant à quitter sa longue navigation de va-et-vient dans la constellation du Lion, déclencha l'Exode chez les « Rebelles », et le Grand Départ chez les « Forgerons ». Ce matin-là, l'étoile très brillante *Sep ti* se leva juste avant que le Soleil ne l'occulte en pénétrant à reculons, en rétrogradant, dans une autre configuration stellaire. Une nouvelle ère commençait avec la longue marche vers la Lumière, en cette aube du 22 juillet 8352 avant Christ...

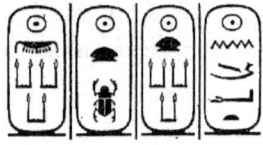

Chapitre Onzième

LE « SA-AHA-RA »
(LA TERRE « BRÛLÉE-PAR-LE-SOLEIL-ANCIEN »)

> *Une sorte de colonnette, se terminant par une tête de bélier, a été découverte en plein Sahara, à Tamentit[42]. C'était sans doute une pierre sacrée. On suppose qu'elle appartenait à un culte introduit dans le désert par les Berbères fidèles à la zoolâtrie de leurs lointains ancêtres.*
>
> S. Gsell
> (Histoire ancienne de l'Afrique du Nord)

> *Les Atlantes sont bien les anciens habitants de ce pays. La découverte des célèbres peintures rupestres du Tassili-Ajjer, ont fait ressortir l'importance de cet empire qui régna au Fezzan. Que sont devenues ces populations depuis ? Il est impossible de répondre à cette question ; mais ce qui est certain, c'est que c'est de cette souche archaïque que sont issues les principales tribus Berbères.*
>
> Henri Lhote
> (Les Touaregs du Hoggar)

Les terres africaines situées entre le 25ᵉ et le 35ᵉ parallèle se desséchèrent de plus en plus durant le millénaire qui suivit le bouleversement de l'axe terrestre et le Grand Cataclysme. Et c'est à l'orée d'une contrée presque désertique que parvinrent les « Suivants d'Hor » lorsqu'ils franchirent le col de Zénaga, vidé des « Rebelles », pour redescendre vers une vallée jadis verdoyante.

---

[42] Bien que dans l'Oranais du Sud, Tamentit est un lieu sacré du couchant. La citation est prise au tome VI, page 161.

En voyant cette immensité de couleur uniformément ocrée, le cœur de l'Aîné se serra d'une angoisse insurmontable. Non pas pour son propre sort, mais pour celui des dizaines de milliers de femmes et d'enfants répartis en plusieurs groupes de chefs de familles qui suivaient sur quelques kilomètres.

Jusqu'à ce jour, la nourriture n'avait point manqué, Dieu ayant résolu d'une façon et d'une autre la solution de l'approvisionnement alimentaire à sa place, en fournissant abondamment le gibier et les végétaux nécessaires à la multitude, tout au long des sinuosités des cours d'eau claire suivis avant l'escalade des contreforts du Grand Erg Occidental.

Le col fut la halte bienvenue après toute une lunaison de marche harassante dans la chaleur, puis le froid glacial, enfin dans la tiédeur moite terrible des derniers jours. Les « Suivants d'Hor » pourraient enfin se regrouper et souffler un peu dans cet endroit. Mais l'immense clairière où était parvenue l'avant-garde accompagnant Hor-Ou-Tit sur son char n'avait plus sa luxuriante végétation tropicale. Celle-ci avait été étouffée par la savane épaisse qui avait peu à peu pris sa place. Il n'y avait plus là âme qui vive, et seuls des rapaces planaient d'un vol lourd en cercles concentriques au-dessus des humains, espérant peut-être que l'un d'eux s'affaisserait, inerte, à portée de leurs becs déchiqueteurs.

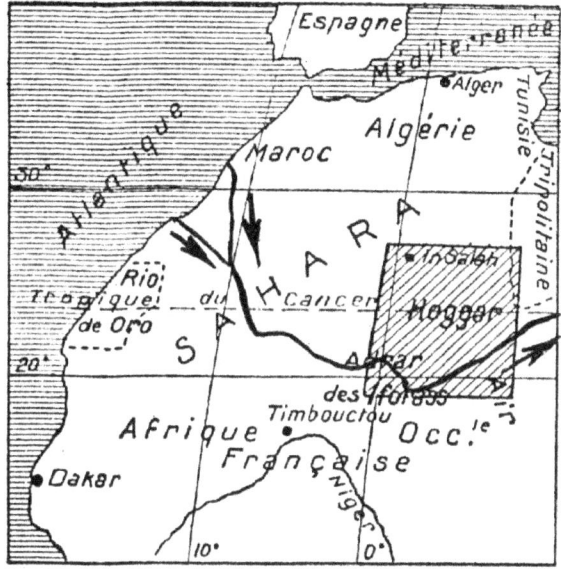

Vue générale de l'Exode des Rescapés.

Voyant cela, le Pêr-Ahâ s'était dit que la vie serait plus agréable sur le sommet. Accompagné de quelques-uns de ses « Forgerons », il avait escaladé la pente assez raide cachant l'horizon occidental et il était arrivé, essoufflé, sur un haut plateau planté d'arbres, qui dominait largement le col et la clairière.

Il avait tout de suite vu le double avantage de cette position stratégique. Tout en lui assurant une meilleure protection du campement des milliers de familles en contrebas contre une attaque inopinée toujours possible des « Rebelles », cette assise leur permettait un ravitaillement en eau potable grâce à une source fraîche qui coulait là, et la possibilité d'intercepter les animaux qui venaient s'abreuver en cet endroit.

Le Pontife, lorsqu'il se retrouva auprès de l'Aîné, s'inquiéta surtout de la fuite des « Râ-Sit-Ou » vers l'est, c'est-à-dire dans le désert. Cela voulait dire qu'ils étaient précédés sur le chemin qu'ils emprunteraient eux-mêmes lorsque le moment du départ sonnerait.

Une sorte de conseil de guerre groupant Hor-Ou-Tit, l'An-Nu et Mâsh-Akher se tint sur place. Sa décision fut unanime ; après une halte d'au moins une lunaison, afin d'assurer un regroupement complet de toute la population, la direction à prendre ne serait pas modifiée, dépendant surtout de l'appareil qui se trouvait enfermé dans le chariot sacré.

Le Pontife avait été formel : l'ombre solaire qui déterminait chaque jour à midi la direction réelle de la Terre Promise, ne pouvait pas être modifiée beaucoup plus car elle se trouvait déjà bien trop au sud sur le repère initial. Le « Descendant », sûr de la puissance de choc de sa force offensive, avait acquiescé en disant qu'il serait vain de contourner une difficulté éventuelle, alors que celle-ci se verrait dans le désert de très loin. Elle serait alors combattue très largement avant de fondre sur la population. En foi de quoi il fut décidé à l'unanimité d'aller de l'avant, droit devant soi, le moment venu.

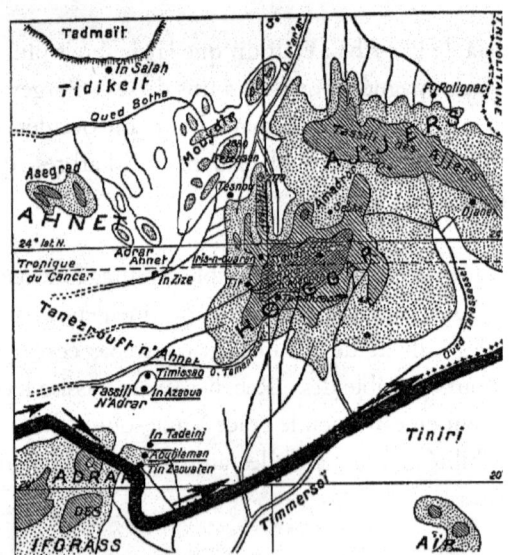

La large route, suivie d'ouest en est par les « Rescapés » dans la « Terre-Brûlée par le Soleil-Aîné » le « Sâ-Ahâ-Râ ».

Profitant de cette halte, les divers groupes scolaires oraux s'étaient remis à l'ouvrage, répétant sans cesse la partie du Savoir qu'ils avaient consciencieusement emmagasinée au fond de leur esprit, sans rien omettre, ni changer, bien qu'ils ne comprissent plus guère l'ensemble des phrases, celles-ci perdant déjà leur signification originelle dans la brume épaisse des matins nouveaux.

Le Pontife, à qui était exclusivement réservée la classe des initiés adultes qui formeraient ceux qui légueraient aux générations postérieures les éléments initiatiques destinés à rétablir le Collège de formation des Grands-Prêtres, répétait sans cesse à ses élèves les mêmes phrases accompagnées des mêmes arguments et des mêmes commentaires, les ayant lui-même appris de son père. Il ne réservait qu'un ultime chapitre pour son fils aîné, à l'exclusion de toute autre personne, comme cela s'était produit avec son père à son égard, et comme cela s'était pratiqué pour tous les Aînés des An-Nu qui l'avaient précédé depuis Ta Mana.

Profitant d'une pause plus longue dans son cours d'initiation, il emmena celui qui ne tarderait plus à le remplacer à la tête de la cohorte des prêtres, vers le chariot sacré. L'enseignement actuel était loin de valoir celui des temps héroïques, certes, mais ceux qui portaient la robe blanche et avaient la tête rasée, étaient dévoués à leur tâche ingrate de formation spirituelle des esprits ; hélas fatigués et bien trop préoccupés par la marche hallucinante du jour pour s'occuper de la vie future de l'Au-Delà de la Vie, pourtant plus importante.

Le Pontife secoua doucement sa longue chevelure blanche, en accompagnant le mouvement d'un long soupir de résignation, et tout en prenant un solide appui sur une épaule de son fils pour mieux descendre la pente. Il sentit avec plaisir les muscles de son fils aîné jouer durement sous la peau du bras. Son remplaçant serait aussi intelligent qu'il était fort. N'était-il pas appelé d'un Nom Divin qui lui allait à merveille, *Méri-Net,* « l'Aimé de Neith », qui bien qu'étant une abréviation moderne de l'antique prénom vénéré Nek-Bet, n'en avait pas moins conservé son entière valeur symbolique. Oui, ce fils saurait magnifiquement faire face aux situations scabreuses qu'il ne manquerait pas de rencontrer au cours de la lutte épuisante de la traversée du désert.

Ce Fils à la fois Aîné et Aimé le remplacerait avantageusement très bientôt, car il était plus que temps pour lui de rejoindre la Terre des Ancêtres, tous ces Bienheureux qu'il aspirait désormais à retrouver. Son devoir terrestre s'achevait avec l'accession de sa propre chair issue de son sang au rang d'An-Nu poursuivant la rénovation voulue par Dieu avant d'arriver au « Deuxième-Cœur ».

Parvenus à la hauteur du col, ils marchèrent dans la savane, en longeant un ensemble de cavernes d'une puanteur abominable. C'était là que les « Rebelles avaient déposé leurs morts, ne leur assurant aucune sépulture, laissant pourrir les corps et leur ôtant ainsi toute possibilité d'accéder à la vie éternelle. Depuis combien d'années ces pourritures s'entassaient-elles ainsi ? Nul n'aurait pu le dire car beaucoup d'ossements blanchis témoignaient d'une grande antiquité.

Ils traversèrent rapidement l'endroit avant de contourner le campement en pleine effervescence, car il s'agrandissait de jour en jour avec l'arrivée de nombreuses familles retardataires. Ils arrivèrent devant les chariots lourdement chargés qui se trouvaient groupés à l'extrémité du camp, s'avançant jusqu'au dernier, bien en retrait, et militairement gardé par deux « Masnitiou ». Ceux-ci avaient la consigne formelle de ne laisser passer que l'An-Nu et ses élèves, aussi s'inclinèrent-ils respectueusement devant les arrivants.

Le Pontife défit méticuleusement les nœuds compliqués qu'il avait lui-même composés afin de relier hermétiquement les pans du tissu bâchant la charpente de bois de la roulotte. Puis il se glissa dans l'intérieur, où un espace vide entre des caisses permettait à deux personnes de s'installer pour travailler ou pour s'y recueillir auprès d'une table sur laquelle reposait un baquet plein d'eau.

Méri-Net, qui avait suivi son père, regarda avec curiosité cette cuvette rustique, dans laquelle l'An-Nu déposait doucement « l'appareil ». Certes, le fils du Pontife le connaissait déjà pour l'avoir contemplé à plusieurs reprises, et il savait par cœur les diverses coordonnées qui permettraient à toute la troupe de suivre le cap calculé à l'avance, sans aucune crainte d'erreur. Mais il était chaque fois autant stupéfait de la simplicité désarmante du mécanisme de ce minuscule appareil qui détenait pourtant à lui seul la clé permettant d'atteindre la seconde Patrie et sa Lumière.

Le vieillard, lui, contemplait son fils, revivant sa propre jeunesse ; il lisait dans l'esprit de Méri-Net comme dans un de ces livres inaccessibles qu'il n'avait point connus, mais qu'il connaissait par cœur. Il avait d'ailleurs eu les mêmes réactions quand il avait cet âge-là, devant ce même « gô-men ». Il en sourit de contentement, car les paroles que son père lui avait dites à ce moment-là lui revenaient tout naturellement à la bouche, afin qu'il les prononce lui aussi :

- Dans les « Combinaisons-Mathématiques » qui formulent l'essentiel de la Loi Divine, Dieu n'a pas cherché la complication. C'est l'Homme qui a tout compliqué en cherchant à tourner la législation élémentaire réglant toute vie et son développement, afin de ne pas en tenir compte ; d'où sa chute et l'engloutissement du pays qui était sa joie et sa prospérité. Ahâ-Men-Ptah est ainsi devenue Amenta. N'oublie jamais, mon fils aimé, que Ptah est le Dieu-Un, le Grand Modeleur du Principe Créateur. Inculque cela comme premier axiome à tes élèves, et la moitié de ton enseignement sera résolu. Ptah est l'Être Primordial, auteur des conditions d'équilibre du monde physique et inspirateur des lois humaines. Il est Seigneur de Vérité et Maître de l'Harmonie Céleste.

- J'ai appris tout cela, ô mon éducateur vénéré ! Étant persuadé de cette réalité, je me la répète sans cesse, afin de l'apprendre à mes élèves avec l'immense foi qui habite mon cœur.

– C'est très bien ainsi, mon fils ! Lorsque penché sur ta couche, alors que tu étais encore un bébé, je te contemplais, j'étais déjà dans la joie de voir s'épanouir en toi le flot de l'abondance des bontés Divines. Et la grâce du Créateur n'a fait qu'y ajouter, au fil des années qui passaient, ses plus sublimes clartés. Ton cœur est donc pur et plein d'amour. C'est pourquoi la Foi qui est dans ton cœur s'y reflète plus magnifique et plus féconde chaque jour. La clarté qui ressort de ton cœur te fera bientôt voir le véritable aspect des choses et des gens ; même les étoiles ne se contenteront plus de décrire silencieusement leurs cercles argentés. Elles scanderont le rythme de l'éternelle Harmonie dont je te parlais tout à l'heure. Tu sais déjà tout ce que je t'ai dit, certes, et je ne te l'ai répété que parce que le lieu où nous sommes s'y prête et que ton regard étonné m'y invitait. Moi-même je suis toujours surpris par la simplicité de l'amour que Dieu nous porte. Ce « gô-men » antique, sauvé du Grand Cataclysme, permet d'aller n'importe où dans le monde, grâce aux entailles faites il y a des millénaires dans ce bois. N'est-ce point une éclatante démonstration de la Puissance Divine, que le pouvoir accordé à ce simple petit rondin de bois piqué d'une épingle de fer, lorsque le moment venu il est exposé aux rayons d'or du Soleil, cet astre resplendissant qui par le bras de Dieu peut être un engin de mort comme au moment du Grand Cataclysme, ou peut-être aussi un instrument accordant la vie comme ce « gô-men » ?

– Mon âme peut-elle être mue directement par l'Éternel, ô mon Père ? Depuis longtemps je désirais te poser cette question. Il me semble que la parcelle d'esprit Divin que tu m'as transmise et qui s'agite sou- vent en moi pour m'imposer des décisions évidentes, mais que je ne voyais pas, cache quelque chose d'irréel en moi, qui peut me faire devenir un guide peut-être trop capricieux...

– La parcelle Divine qui est en toi te vient de ton Aïeule Nek-Bet, dont tu portes l'illustre patronyme. Ta sœur aînée elle-même lui ressemble beaucoup ; elle est douée, tout comme elle, de ce pouvoir de seconde vue, que Dieu n'accorde qu'à ceux dont il veut se servir communément en tant que Guide. Tu as appris comment notre vénérée Ancêtre a retrouvé Ousir le jour même de l'engloutissement de notre Terre Originelle, retenu par une branche basse de sycomore, évitant ainsi qu'il ne soit dévoré par les poissons en haute mer, en lui permettant de revivre afin de préparer ce Grand Départ vers la Terre Promise par l'Éternel. C'est vers ce « Deuxième-Cœur » que nous dirigeons nos pas, nous les arrière-petit-fils de ces valeureux pionniers des temps antiques. Nous nous devons de leur faire honneur en ne les décevant pas. C'est pourquoi certains d'entre nous sont guidés pour accomplir une besogne précisément définie par les calculs des « Combinaisons-Mathématiques ». Tu es de ceux-là, mon fils, et peut-être le premier d'entre eux pour cette nouvelle génération, car il te faudra soutenir bravement le sceptre du fils d'Hor-Ou-Tit durant notre avance au cœur du désert.

- Pourquoi dis-tu cela, ô mon Père ?

- Il ne me semble pas avoir la force requise pour mener à bien la dure tâche qui l'attend. Il n'a ni la puissance physique ni la force morale de son père. Il y a eu trop de mélanges sanguins durant les dernières générations de Pêr-Ahâ pour que la parcelle Divine spéciale des « Descendants » n'ait perdu de son intégrité. Mais comme ce sont eux qui sont effectivement les « Fils de Dieu » directs, il te faudra t'astreindre à ce qu'il soit toujours respecté comme tel.

- Tout ce qui est en mon pouvoir sera fait pour qu'il en soit ainsi, ô mon Père ! L'Aîné restera éternellement le porteur du flambeau Divin.

- Cela me satisfait pleinement, Méri-Net ; je quitterai cette terre d'exil avec un cœur rempli de joie à ton sujet.

- Je t'en prie ! Ne prononce pas ces douloureuses paroles. Je sais que le moment venu tu partiras, ne me soutenant plus de tes justes paroles, nais je souhaite que cela soit le plus tard possible. Donne-moi plutôt quelques conseils éclairés sur la méthode à employer pour faire respecter l'Harmonie parmi les hommes, afin qu'elle règne pareillement au ciel.

- L'Harmonie ne vient que de la communion des âmes avec l'Esprit Divin lui-même. Cette réussite humaine est certes la plus difficile à obtenir, surtout en ce qui concerne notre peuple, sans cesse en mouvement sur un sol ingrat qui est changeant perpétuellement. L'humanité qui est la nôtre est exténuée de sa lourde charge et de sa préoccupation continuelle, à la moindre halte, de rechercher sa nourriture quotidienne. Quel temps lui reste-t-il pour s'occuper de son aliment céleste ? Celui-ci parviendrait pourtant à qui se donnerait seulement la peine de le rechercher. Ne serait-ce qu'en combinant les configurations formées par le Souffle des Douze d'en haut par rapport à soi-même ; alors chacun se rait en accord harmonique avec le mouvement céleste.

- Il faudrait pouvoir s'arrêter longuement en un endroit approprié, pour tenter de reconstruire un Cercle d'Or, que tous consulteraient à loisir.

- Hélas ! Contente-toi de conduire ceux que tu seras chargé de guider vers leur destination finale. Jusque-là, et durant toute la navigation solaire dans cette constellation affaiblissante pour notre sang anémié, vérifie notre route tout en surveillant la santé morale de notre peuple, l'arrivée au « Deuxième-Cœur » n'étant pas pour demain. La souffrance sera terrible avant d'arriver au bout de la ligne.

Le vieillard tendit un doigt décharné vers le parallèle tracé sur le rondin de bois flottant dans le baquet. Il frôla ce méridien, puis le caressa, comme s'il voyait au fond de ses prunelles mi-closes les difficultés immenses qu'endureraient encore ces familles avant que l'ombre portée n'indique la fin du voyage. Il ne pouvait savoir que sur les planisphères modernes cette ligne fameuse autant qu'imaginaire serait le « Cancer ». Secouant la tête enfin, il reprit :

- C'est malheureusement pour nous l'axe de la « Terre-Brûlée-par-l'Ancien-Soleil ». C'est ce *Sâ-Ahâ-Râ* dont il ne faudra t'éloigner sous aucun prétexte, car tu n'aurais plus de repère : ce serait la fuite éternelle vers un pays introuvable. Dieu a voulu imposer cette épreuve supplémentaire à ses enfants pour que ceux-ci, en parvenant au but tant attendu, se sentent réellement les Élus. C'est la raison de ce dessèchement du sol, qui deviendra, sous le pas de tous les émigrants, de plus en plus aride et de moins en moins hospitalier, mais qu'il faudra franchir sans que ta route dévie, malgré les pleurs ou les menaces. Regarde cette aiguille, et l'ombre qu'elle projettera à l'intérieur du cercle des autres lignes parallèles que tu vois là et qui ceinturent le méridien aboutissant à Ta-Mérit, le « Lieu-Aimé ». Ces deux traits doivent correspondre au maximum d'écart que tu pourras accorder aux écueils qu'il te faudra contourner. Quitte le moins possible le repère central.

- J'ai bien compris, Père ; je veillerai ainsi sur notre chemin.

- Mon but est donc atteint. Je peux te confier complètement la suite de l'ouvrage.

- Que veux-tu dire, Père ?

- Demain, au cours de la bénédiction de l'apparition du jour, la cérémonie de la passation de mes pouvoirs sacerdotaux à Méri-Net, le nouveau Pontife des « She-sou Hor » se déroulera. Tu deviendras alors le 487e An-Nu depuis la mort d'Ousir.

- O Père !

- Ne proteste point, ô toi qui est si digne de me succéder ! Hor-Ou-Tit dirigera lui-même ton onction, car il sait que mon temps est venu. Mais assez parlé, car il me reste plusieurs points de détail à conclure.

Accompagne-moi chez les Prêtres.

Deux mois s'écoulèrent cependant avant que les « Masnitiou » ne reprennent la marche en avant, afin d'ouvrir le passage aux familles percluses de soucis et encore de fatigue. Le Pêr-Ahâ se tenait fièrement dressé sur son char, ayant souvent à son côté le Géant Mâsh-Akher et le jeune nouveau Pontife Méri-Net.

Chaque matin qui suivit, un globe solaire rougeâtre, énorme, apparaissait à son lever oriental, droit au-devant d'eux, dans une atmosphère déjà lourde. Au fil des heures, il dardait ses rayons brûlants sur une terre qui achevait de se déshydrater. Il apparut au bout de quelques jours que les réserves précieuses de liquide amenées dans les chariots ne suffiraient point à contenter les gosiers de plus en plus desséchés.

Une discussion très vive opposa le jeune Pontife au chef des forgerons d'Hor, sur la conduite à tenir, Mâsh-Akher voulant imposer une halte en cet endroit afin de retourner avec les chariots et quelques-uns de ses hommes refaire une nouvelle provision d'eau, plus importante encore. Le dernier ruisseau traversé, dans une région moins torride à trois jours de marche, suffirait à la besogne. Mais Méri-Net, qui « savait » qu'un grand fleuve devait être atteint sous peu et sans risque, mais qui ne voulait pas que sa faculté de perception visuelle extra-humaine ne soit connue, soutint fermement qu'il était indispensable de poursuivre l'avance dans la même direction jusqu'à ce que l'arrivée à une source d'eau courante donne le signal de la halte prolongée.

Cette dernière formulation fit bondir le bouillant chef des « Masnitiou ».

- À cette halte, nous risquerons de nous compter sur les doigts d'une seule main ! Et quand comptes-tu nous y faire parvenir, à cette source, ô Grand Pontife ?...

Méri-Net fit semblant de ne pas remarquer l'ironie irrévérencieuse de ces propos. Il esquissa même un petit sourire appréciateur, se contentant de répondre avec tout le sérieux désirable:

- Les « Combinaisons-Mathématiques » qui indiquent les configurations du ciel que la Loi Divine, et elle seule, aimerait voir suivies par les humains, nous seront bénéfiques pour un temps assez long dès que les deux prochains levers de Soleil seront partis dans le Passé. Il convient donc de marcher encore à l'allure normale de notre peuple durant encore *deux* journées avant de faire une halte, qui pourra alors se prolonger si tel est le désir du Pêr-Ahâ.

Mâsh-Akher resta penaud devant le regard candide de l'An-Nu, qui venait de parler avec une telle assurance d'un avenir jugé aléatoire par lui. Hor-Ou-Tit, agréablement séduit par les propos de son Pontife qui lui demandait de trancher le débat, en Maître qu'il était s'enquit d'un air intéressé :

- Que penses-tu que nous trouverons de différent à ce sable étouffant, à la couleur brûlée, irritante pour les yeux, à l'endroit que tu situes seulement à deux jours de marche d'ici ?

- Je peux t'assurer, ô toi qui es le Maître de toutes choses, que nous arriverons dans un site beaucoup plus agréable, pourvu d'une grande quantité d'eau. Et s'il plaît à Dieu de réaliser ses desseins célestes pour assurer l'Harmonie entre le ciel et la terre, nous serons en ce lieu avant que l'astre voué à la lumière du jour ne soit au zénith du ciel pour la troisième fois. Je termine sur cette Vérité.

L'Aîné, qui sentait la sueur descendre de toutes parts sous sa tunique, ne put qu'être d'accord. Il s'empressa de trancher le différend opposant ses deux principaux techniciens :

- J'en accepte l'augure, ô Pontife ! La confiance que j'accordais à ton père, et qu'il méritait grandement, te revient pareillement. Que tes paroles reflètent toujours la Vérité ! Nous partirons dès la fin de cette pause. J'ai dit.

Lorsque la troisième aube apparut sur le peuple qui s'éveillait tant bien que mal sur une sorte de pierraille noircie, une avant-garde de « Masnitiou » se mit rapidement en route à la demande de Mâsh-Akher. Deux heures ne s'étaient pas écoulées, que le Soleil brûlant montra un subtil changement dans la configuration du sol lui-même. Mais ce ne fut qu'une heure plus tard que les forgerons comprirent : le terrain *verdissait* ! Peu de temps après l'herbe apparaissait par touffes très nombreuses, puis les premiers arbustes furent là.

Arrivant à une haute colline, les hommes l'escaladèrent en toute hâte, en croisant en chemin quelques gazelles effrayées. Au sommet, l'horizon leur laissa apparaître ses splendeurs. Un large serpentin liquide coulait au loin et une oasis immense et verdoyante l'entourait. Au fond, une chaîne de montagnes bouchait la vue, mais il ne fallait pas trop en demander.

Rapidement, une estafette retourna vers l'arrière pour rejoindre le gros de la troupe perclus de chaleur et fourbu de douleurs les plus diverses. Il était temps d'apporter le réconfort avec une heureuse issue à cette courte étape.

Au soir, alors que le peuple était repu de viande de buffle - un grand troupeau qui passait à proximité ayant permis une chasse abondante - le Soleil disparut derrière Ta Mana, vers l'endroit où reposaient les Bienheureux, dans l'Amenta. Ce qui fit dire à l'An-Nu que l'endroit où ils venaient d'arriver s'appellerait *Ta Mantit,* le « Lieu-espéré-au-couchant » qui mélangeait le lieu d'où ils provenaient et celui où ils se rendaient, Ta Mérit.

De même, ce fleuve impétueux et bouillonnant se nommerait, pour les Annales futures *Sâ-Ou-Râ,* l' « Eau-Brûlée-par-le-Soleil », qui était une subtilité de langage, ce liquide retrouvé semblant pris d'une fièvre débordante après la désolante sécheresse du Sâ-Ahâ-Rà. Cette eau représentait symboliquement le nouveau Soleil devenant le Maitre de la Nature et inondant de ses bienfaits la nouvelle population[43].

Dès le lendemain, Hor-Ou-Tit fit preuve d'un rare génie organisateur. La clairvoyance de son Pontife l'avait comme vivifié, et il prit les décisions utiles qui s'imposaient. Il éparpilla les grands clans de son immense famille tout au long du fleuve, en remontant vers la source.

Ainsi, après Tamantit, se fondèrent de nombreuses autres bourgades, dont certaines furent troglodytes, de nombreuses cavernes se prêtant à l'installation. Elles portent toutes le même nom, après quatre-vingts siècles[44].

Méri-Net s'éloigna plus à l'est avec sa famille et ses prêtres, afin d'être plus tranquille pour réviser les textes appris par cœur, et innover en matière d'enseignement anatomique, beaucoup de personnes aux membres cassés ayant dû être abandonnées en cours de route sans leurs familles, celles-ci détenant une bribe de la Connaissance.

Le Pontife s'installa donc sur une hauteur agréablement tempérée, dominant au loin, à l'horizon occidental, la Sâourâ, et il nomma toute cette région la *Touat ;* quant au panorama qui s'étendait vers le « Deuxième-Cœur », il l'immortalisa de la manière la plus éclatante, s'inspirant du nom de son illustre aïeule qui avait conseillé la première le départ vers un « Deuxième-Cœur » de Dieu. C'est pourquoi cette contrée prit le doux nom d'*Ahâ-Net,* l'Ancienne Net

---

[43] Ces territoires situés entre 0° et 4° de longitude à la hauteur du parallèle du Tropique du Cancer portent tous des noms berbères qui s'écrivent aisément à l'aide d'hiéroglyphes, et pour cause !

[44] En plus de Tamantit, sur la Sâourâ, près de sa source, la plus importante ville est Lahmer, ou l' « Aimée-des-hommes ».

ou Nek-Bet. Il est toujours perpétué sous l'appellation *d'Adrar des Ahnet*.

Cette partie de l'Afrique, tout au long du tropique du Cancer, devint vite un lieu de repeuplement durant le temps très long où les « Suivants d'Hor » y séjournèrent. Pratiquement plus d'un millénaire durant lequel la navigation solaire rétrograda dans cette constellation devenue celle du Cancer en souvenir des souffrances tragiques endurées par ce peuple.

Sur des centaines de kilomètres, entre le 20° et le 30° parallèle, des milliers de gravures rupestres renaissent du fond des âges, pour attester cette vie abondante, décrite sur des centaines de parois de grès. Elles démontrent aussi la violence du second choc terrible qui opposa, un jour, les « Masnitiou », aux « Râ-Sit-Ou », ceux-ci causant des ravages sanglants parmi ceux-là qui ne les attendaient visiblement pas.

Car ce que ne savait pas le « Descendant » d'Hor, c'était que les « Rebelles » s'étaient établis depuis plusieurs siècles un peu plus au nord, dans ce même Hoggar, sous le règne éclairé d'un successeur de Sit, moins belliqueux que lui, le paisible An-Sit-Râ. Mais cette peuplade, qui avait proliféré, se retrouvait lors de l'arrivée d'Hor-Ou-Tit sous la coupe d'un tyran sanguinaire, qui menait son peuple d'une main de fer, n'aspirant en fait qu'à repartir vers ce pays de Lumière promis à ses ennemis héréditaires mais qui lui revenait de droit, étant le produit direct de l'Ancêtre Sit qui était le seul Aîné de Geb, Roi de toute la Terre. Et ce titre était à lui.

Or, une lunaison n'avait pas achevé son cycle que les divers campements installés tout au long de la Sâourâ étaient détectés par des éléments avancés de « Rebelles » qui chassaient au loin pour le compte de Bâk-Bâ, « Épervier-Resplendissant ». Celui-ci en fut vite averti, et décida de préparer une revanche éclatante à la défaite subie bien des lustres auparavant. Il prépara méthodiquement l'invasion, sans se presser, attendant l'instant propice où il serait prêt à fondre sur sa proie, tel l'épervier dont il avait fait son emblème. Car comme ce rapace aux yeux perçants, il préparait son plan de loin, puis, tel l'éclair, il refermait ses puissantes serres griffues sur l'ennemi. Celui-là, il le tuerait sans aucune pitié et sans lui laisser la moindre chance d'esquisser une défense.

Si les armes des « Rebelles » étaient redevenues primitives faute de métal, le silex et le quartzite, avec lesquels ils assenaient leurs coups, tuaient les bêtes les plus grosses. Comme à la robustesse des bras ils alliaient une certaine ruse développée lors des chasses aux animaux rapides comme l'autruche et la girafe, ils étaient devenus des adversaires redoutables.

Tout au long de la Sâourâ, sur la rive occidentale, loin des places fortes actuelles communément appelées des « Ksour », les « Masnitiou » avaient élu domicile. Ce fut tout naturellement près de ceux-ci, sous les collines avoisinantes, que furent creusées les « Salles Funéraires », les « Akh-Menou », ou « Antichambres des Ancêtres », où étaient déposés les corps de ceux qui rejoignaient l'Au-Delà de la Vie. Ces forages souterrains, en forme de pyramides soutenues intérieurement par d'énormes blocs de pierres, abondent encore dans cette région de la Touat, dont parlent les textes des Rituels Funéraires égyptiens, improprement appelés *Livres des Morts*. Notamment près des anciennes fortifications défendant l'accès des villages aux « Rebelles » : Raoui, Men-Ouara, Quarari et tant d'autres que les Berbères continuent de cacher. Les hauteurs de l'Ahnet en regorgent, mais elles sont difficilement accessibles vu leur caractère Sacré. Elles sont toutes dans la « Colline des Prêtres », et leur disposition est strictement identique, géographiquement parlant, à celles des « Akh-Menou » de la « Colline des Pontifes », située à Dendérah non loin du Nil.

Les gravures de toute cette zone sont significatives ; en maints endroits elles se superposent aux précédentes, prouvant que les premiers habitants furent dépossédés par des envahisseurs qui grattèrent les grès, les burinant de coups de silex rageurs, avant que ces mains n'y gravent leurs dessins d'une autre conception, plus rustique.

Ces surproductions sont presque de grandeur naturelle, dépassant le plus souvent un mètre de hauteur. Tous les corps humains sont porteurs de têtes d'animaux, bélier ou oiseau, avec l'apparition des premiers éperviers pour fêter la victoire de Bâk-Bâ, l' « Épervier Resplendissant ». D'ailleurs, en maints endroits, le corps des premières gravures est resté ; seule la tête a été effacée et remplacée par celle de l'oiseau.

Lors de la contre-attaque des « Masnitiou », bien plus tard, la chronologie se rétablit grâce à ces dessins, car des têtes d'hommes sont superposées en une troisième gravure aux précédentes, et, en guise de signature, cette même troisième main ajoute une queue de lion ceinturant la taille. Il est ainsi facile de rétablir les actes de propriétés des lieux : en premier, ce fut un « Suivant d'Hor », puis il y eut un « Râ-Sit-Ou » adorateur du Soleil, et enfin, juste retour des choses, de nouveau un « Masnitiou ».

À Ta Mentit, il a même été retrouvé plusieurs statues taillées dans les roches basaltiques du site, qui remerciaient Râ de la victoire des « Rebelles de Sit ». Une tête de bélier sculptée sur un tenon cylindrique est visible au musée d'Alger. Pour bien comprendre l'imbroglio hiéroglyphico-berbère, il faut savoir que le nom « sacré » de Sit, mort au couchant, fut *Amen* (d'Ahâ-Men, l' « Ancien-du-Couchant »), appellation donnée au Bélier qui, par ses coups de boutoir, a symbolisé le premier « Rebelle » et ses victoires sur Ousir et Hor, comme si la force vive de Sit s'était réincarnée dans tous les béliers.

« Amen » devint donc l'espérance et la foi dans la puissance du Soleil pour tous les « Râ-Sit-Ou » s'augmentant au fil des siècles de la dénomination de l'eau par le même double son syllabique. Car ce fut Râ qui protégea les fleuves du désert afin que chacun se désaltère jusqu'à plus soif. Toute la Berbérie a conservé ce mot, « amen » pour désigner l'eau, encore aujourd'hui !

Les combats des porteurs de lances et de haches contre les lanceurs de pierres, ou les chars fonçant sur des hommes nus, sont aussi amplement détaillés sur les roches du Tassili-n'Ajjer, démontrant, dans la sobriété des gravures, la revanche que prirent ultérieurement les « Masnitiou » sur les « Râ-Sit-Ou ».

Cette seconde bataille fut très meurtrière car les deux camps se retrouvèrent également armés, les « Rebelles » ayant fait une ample moisson de pics et de haches lors de l'invasion précédente. Après ce choc très sanglant, les adorateurs de Râ furent à nouveau chassés plus avant vers l'est et un autre désert.

À ce moment-là, où le Soleil quittait la constellation qu'il avait traversée durant près de deux millénaires, le Chef des « Râ-Sit-Ou » était Bâk-Sit-Akher, le mal nommé puisque la force du lion (akher) n'avait rien ajouté à celle de l'épervier pour lui permettre de vaincre. Son adversaire était Hor-Ath-Akh, mais celui-ci était mort lors de l'ultime empoignade - il fut écrasé sous son char qui s'était retourné.

Ce fut évidemment son fils aîné qui prit sa place et ce fut le Pontife du moment, Anepou-Sen ou le deuxième Anepou, qui le sacra 150e « Descendant » du Fils de Dieu, cérémonie spéciale qui a permis de conserver les noms intacts. Et le chef des « Masnitiou », le fier Kamem-Kapt, se jeta sur le sol afin de baiser le bas de sa robe en signe de soumission totale au nouveau Maître.

Le deuxième Anepou devint très vite semblable à son illustre aïeul. Il fut craint de la même façon car il s'intéressa beaucoup à l'anatomie. Dans une école réorganisée sur les hauteurs de l'Ahâ-Net, il perfectionna une technique opératoire des têtes, car les coups de hache fendaient plus ou moins gravement les crânes, et il fallait en sauver le plus possible pour la survie des « Suivants d'Hor ». Dans cette tâche, le chef des « Masnitiou » l'aida beaucoup, d'autant plus qu'il était pratiquement le seul être à ne point craindre le Pontife. Kamem-Kapt, le « Cheval-impétueux-aux-bonnes-narines », avait lui-même forgé plusieurs instruments métalliques d'après les indications de l'An-Nu. Mais ce ne fut qu'après bien des tâtonnements que les outils opératoires furent bien au point.

Ainsi naquirent les célèbres « Serk-Kers[45] », les « ouvreurs-de-crânes », donc les « Trépaneurs ». Depuis la plus haute Antiquité, cette corporation est établie en cet endroit de l'Aurès. De nos jours, elle exerce encore avec la même pratique qui remonte, pour eux, à l'origine du temps. Et les instruments et les méthodes sont restés les mêmes...

Cette nouvelle pause dans l'exode massif de la population permit de reprendre haleine. Les gravures sont mieux incisées, même chez les « Rebelles » repliés au Fezzan, toujours en avance de plusieurs centaines de kilomètres sur leurs ennemis héréditaires.

Il y eut juste un petit événement, qui parut insignifiant à l'époque, mais qui, dans la suite, prit une importance primordiale. L'Hor-Vainqueur, Hor-Nou-Li, réussit à domestiquer un faucon. Pour rire, il prit le titre d'Hor-Deux-Fois-Vainqueur, car son faucon avait tué un épervier. Le Faucon devint donc à partir de ce jour-là l'emblème du « Descendant ». Cela était dans l'ordre éternel des choses et s'allia à l'Harmonie céleste.

---

[45] *Serk* est le hiéroglyphe du verbe ouvrir, et *Kers* est le « haut de la tête », d'où le terme d' « ouvreur de crâne ».

Chapitre Douzième

LES TRÉPANEURS
(L'école des « serk-kers », les « ouvreurs-de-crânes ! »)

> *On ne parlait qu une seule langue dans l Afrique du Nord ; des îles Canaries à l Égypte, de la Méditerranée au Soudan, tous les anciens noms de lieux et de population, sont des noms berbère et on ne les trouve que là !*
>
> Henri Malbot
> (Études d'Ethnographie Algérienne - 1895)

> *Il existe encore un petit peuple de trépaneurs aux mœurs médicales bizarres qui vient on ne sait d où. ; qui pratique cette singulière opération du trépan on ne sait depuis quand ; qui l a apprise on ne sait de qui ; et qui toujours sauvage et inaccessible aux idées modernes médicales, nous étonne par sa hardiesse opératoire et par les succès obtenus !*
>
> Docteur R. Verneau
> (La Trépanation dans l'Aurès)

« Cette Demeure, où Ptah nous permet de nous réunir afin de conserver intact son enseignement dans nos mémoires, est le témoignage éclatant de Sa Divine bonté. Il y a seulement une lunaison, le sang et la mort empuantissaient l'atmosphère, et ce bâtiment n'était plus que ruines ! Aujourd'hui, l'empreinte ineffaçable procurée par son Souffle nous a permis de nous élever vers les hauteurs célestes inégalées de Son ineffable Sagesse à notre égard. Que notre âme tende sans cesse à le remercier ; gloire lui soit rendue ! Gloire à Ptah, notre seul Dieu Tout-Puissant ! »

Outils qui servaient à la trépanation.

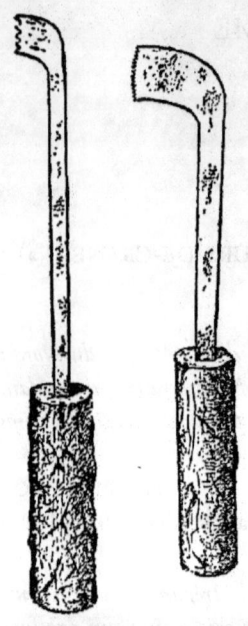

« Gloire à Ptah ! » Les trente-huit élèves adultes répétèrent d'une voix forte cette louange sacrée. Ils étaient réunis dans la salle des prières attenante aux pièces réservées aux nouveaux cours d'anatomie. Anepou-Sen venait d'achever la consécration du bâtiment reconstruit rapidement, en frêle argile certes, mais bien suffisant pour l'usage temporaire auquel il était destiné. Le premier enseignement, que tous attendaient, consisterait en la dissection d'un crâne. Cela n'effrayait nullement ces « étudiants en médecine », qui en verraient bien d'autres. Pour l'heure, la curiosité l'emportait largement sur la peur.

L'An-Nu, en fin psychologue, savait comment mener son auditoire.

- Comme vous le savez, dit-il, ô vous tous mes élèves qui êtes les descendants des rescapés du Lion et qui ne disposez plus des moyens d'écrire à cause de cela, nous étudierons aujourd'hui, non pas le chapitre concernant les huit incisions à pratiquer sur une enveloppe charnelle avant de procéder à tout embaumement, mais celui, tout nouveau pour vous, des gestes précis à effectuer pour sauver une vie humaine dont la tête est plus ou moins gravement blessée par-dessus. Pour cela, des outils spéciaux ont été confectionnés à ma demande par des maîtres forgerons, à la suite des diverses expériences que j'ai moi-même réalisées sur des corps de Rebelles tués au combat, et dont les dernières ont réussi. »

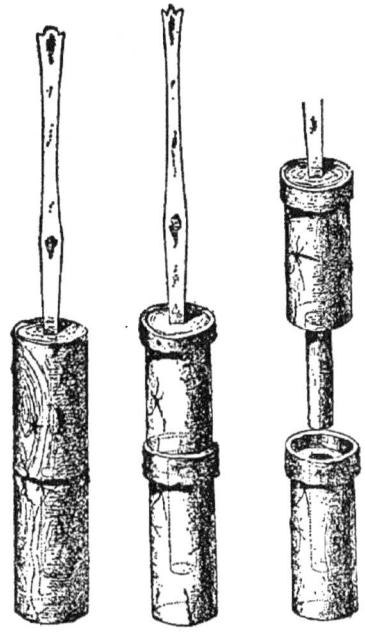

Outils qui servaient à la trépanation (recueilli dans les Aurès en 1884 par le Dr Verneau).

Un murmure d'étonnement admiratif parcourut l'assistance ; les étudiants étaient plus troublés qu'ils voulaient bien l'admettre, de cette réalité qu'ils auraient vraisemblablement eux-mêmes à vaincre. Anepou-Sen les laissa se détendre un peu, car il ne tarderait pas à les emmener dans la pièce attenante où se trouvaient étendus sur une table, rigides et glacés, quatre corps prêts à être trépanés.

Le silence revenant, le Pontife reprit

- Comme vous le savez, vous aurez vous-mêmes à pratiquer ces opérations, faciles à réaliser lorsqu'on connaît par cœur les gestes à effectuer, avec les outils correspondants. Nous n'avons pas assez de temps pour répéter longuement les opérations successives, car le nombre des blessés qui attendent un soulagement est très grand. Mais la pratique vous fournira très vite l'assurance qui vous manquerait. Nous ne nous préoccuperons qu'ensuite de retenir l'essentiel pour l'apprendre à nos jeunes de façon qu'eux-mêmes puissent le retransmettre aux futurs pratiquants des générations à venir. Suivez-moi donc dans la salle d'à côté !

Des cris de surprise marquèrent l'entrée successive des élèves dans la pièce, qui sembla soudain plus fraiche malgré le nombre élevé d'occupants. Certains furent même pris de tremblements involontaires devant les cadavres étalés aussi crûment. Ce qui les bouleversait, ce n'était pourtant pas tant de se trouver tout de go placés devant la mort, que d'être confrontés avec un corps disloqué qui était plein de vie et de haine contre eux, une seconde encore avant de s'écrouler à terre et de cesser de respirer. Y avait-il vraiment autre chose après la fin de la vie terrestre, puisque cette chair, si fragile, se réduisait déjà à ces formes inertes et si pâles ?...

Anepou-Sen, en bon stratège spirituel, comprit d'emblée la réaction de son auditoire, et ce d'autant mieux qu'il l'avait prévue, voulant en arriver là pour placer son homélie sur le peu de chose qu'est la vie terrestre, par rapport à la vie éternelle. C'était la meilleure comparaison dont il disposait pour amener le moral de ses futurs chirurgiens au niveau où il le fallait pour trépaner les crânes sans trembler, ni se poser de questions oiseuses sur l'immortalité des corps en oubliant celle des âmes. Aussi reprit-il, sans laisser le temps de réfléchir à son entourage :

- Ces corps, que j'ai retirés de la fosse où ils allaient pourrir, vous les voyez, dépouillés de leurs vêtements de peaux, étendus ainsi sur cette table de bois, tous les quatre identiquement rigides et glacés. Peut-être l'un d'eux était-il chef d'un groupe de Rebelles ? Peut-être était-il simple gardien de l'un des troupeaux de chèvres de ces Barbares ? Ou bien peut-être se contentait-il de dessiner sur les murs des grottes qui leurs servaient d'habitation ?... Qui peut le dire, à les regarder ainsi, je vous le demande, ô mes frères ? Car rien ne différencie un fils misérable d'un puissant chef. Il pourrait y avoir parmi eux un Grand-Prêtre comme moi, car je leur ressemblerai le jour venu. Je ne serai ni plus ni moins que ceux-là, et vous non plus !

Le Pontife marqua un temps de pause, et un murmure général parcourut l'assistance quelque peu désemparée. Mais il ne suffit pas pour que des questions n'assaillent les esprits, car Anepou-Sen enchaîna :

- Geb, qui enfanta l'enfant de l'autre tribu de la Terre qui est notre ennemie, a été aussi le Père humain de celui qui engendra notre « Descendant ». C'est pourquoi nous sommes tous pareillement semblables devant la mort *humaine*. Ce n'est qu'à partir de ce passage dans l'Au-Delà de la Vie que les étapes terrestres reprennent leur valeur primordiale, et demandent éventuellement justification. Ce n'est que celui qui aura pleinement vécu dans la Justice et la Bonté, et en toute Pureté, qui se rendra directement chez les Bienheureux, possesseurs, et eux seuls, de la Vie Éternelle. Quant aux autres, je les plains à l'avance ! Aussi il faut nous contenter lors de l' « ouverture-du-dessus-de-la-tête », de préserver de la mort, sans aucune distinction d'origine, toutes les enveloppes charnelles qui auront besoin de soins. Cela permettra par ailleurs aux guéris de mettre leurs âmes en règle avec les commandements Divins. Gare à ces parcelles célestes si le seuil de l'Éternité ne leur est pas ouvert lors de la Pesée !... Ne vous occupez donc de rien d'autre que d'effectuer les actes prescrits pour opérer suivant ma méthode. Laissez à Dieu le soin de juger pour le reste. Mettez-vous bien autour de cette table. Je vais procéder lentement à l'ouverture de l'un de ces crânes, en vous expliquant tous mes gestes. Trois d'entre vous les répéteront ensuite sur les autres cadavres après moi. Et demain, tous, vous opérerez les blessés, car il n'y a pas de temps à perdre. Vous saurez remplir ce devoir. J'ai terminé !

L'An-Nu s'approcha lui-même tout près de la table de bois, écartant sans complexe deux corps qui cachaient un peu les outils nécessaires à la trépanation. Tous les étudiants se penchèrent en écarquillant les yeux au maximum. Anepou-Sen prit un simple couteau très aigu, le levant afin qu'il soit bien vu, et il expliqua très simplement :

- Vous reconnaissez tous un couteau ; mais celui-ci est particulièrement effilé, car il doit non seulement couper les cheveux à ras, mais couper le morceau de peau, ce lambeau de chair plus ou moins grand qui est au-dessus de la plaie, là où aura lieu ensuite l'ouverture de la tête.

Avec des gestes précis, mais qu'il effectuait au ralenti, il coupa les mèches de cheveux une à une, raclant ensuite la peau ; puis, après avoir délimité une profonde incision, il en découpa les contours. En ôtant la surface de chair ainsi libérée, il précisa :

- Ici le sang ne coule pas, du fait de la mort du sujet ; mais sur un être vivant, il se peut que le sang coule beaucoup de la plaie. Auquel cas il faudrait toujours avoir sur un feu, près de soi, quelques pointes rougies de façon à en appliquer une sans délai, sans s'occuper des cris du patient, ni de la chair grésillant en cautérisant la plaie. Vous prenez ensuite cet autre outil, que j'ai appelé un « kem-khem », autrement dit l'outil qui « sonde-sous-le-cheveu ».

Élevant le kem-khem, il le tourna sur lui-même à plusieurs reprises avant de préciser ses caractéristiques :

- C'est avec cet instrument que nous percerons le crâne. Comme vous le voyez, il n'a rien de compliqué et son emploi est très facile. Il est fait de deux parties indépendantes. Celle du dessus consiste en une tige de fer très résistante, que les forgerons ont traitée à cet effet, après avoir donné à la partie supérieure la forme de trois dents. Elle est enfoncée dans un manche en bois d'à peu près cinq doigts de hauteur, le tout solidement enfoncé l'un dans l'autre pour ne former qu'un élément. Celui du bas, formant la deuxième partie, est en bois creusé, dans lequel coulisse le manche et la tige qui forera ainsi aisément l'os du crâne. Regardez comment je vais pratiquer, et lorsque ce sera votre tour, vous comprendrez combien cela est facile.

Le Pontife se baissa sur le corps, posant le trident métallique qui allait faire office de tarière à l'endroit dégagé du cuir chevelu, là même où il voulait perforer l'os frontal. Puis il immobilisa la partie supérieure fixe sur son front penché, la poussant et enfonçant ainsi la pointe à trois dents qui tournait facilement jusqu'à ce que l'os supérieur soit troué. Il s'arrêta et se redressa en sortant délicatement le kem-khem. Il examina attentivement son ouvrage avant de commenter, apparemment satisfait :

- L'os supérieur est foré, et il convient de s'arrêter à ce moment pour examiner l'état du crâne, car il existe encore au-dessous un autre os qu'il faudra peut-être perforer, mais il ne faut pas le percer à tort car le cerveau est juste après. Reposez donc le kem-khem sur la table afin de prendre le temps d'examiner la cavité ouverte grâce au trou. Si la personne est vivante et que le coup asséné sur la tête n'a pas été trop brutal, il y aura du sang qui gouttera. Ce sera la preuve que la protection crânienne ne sera pas atteinte. En effet, si le sang avait coulé en dessous il y aurait ne serait-ce qu'une fêlure à l'os inférieur. Donc, si le sang a été conservé dans ce creux entre les deux os, il faudra simplement reprendre le kem-khem et percer trois autres trous autour du premier afin d'agrandir l'ouverture suffisamment pour nettoyer l'endroit où la perte de la substance s'est produite. Pour cela, un linge de laine suffira pour éponger ; ensuite il faudra verser dans la plaie la pommade qui est là, et que j'ai confectionnée moi-même en partant d'une préparation de mon Ancêtre Anepou, qui s'est révélée très efficace. Mon fils en possède déjà la composition exacte ; sachez simple- ment qu'il s'agit d'un ensemble de sel, de goudron, de cette substance gélatineuse et très sucrée produite par les abeilles, le tout dilué par du petit lait des chèvres. Est-ce que tout cela est bien compris ?

Un murmure généralisé en forme d'approbation se propagea sur toutes les lèvres. Anepou-Sen le prit comme tel et il s'apprêtait à reprendre sa démonstration lorsqu'une voix inquiète s'enquit :

- Mais, ô Pontife, si des morceaux d'os sont tombés dans le trou, le linge en épongeant le sang ne les fera pas partir ?

Les yeux de l'An-Nu brillèrent de satisfaction à cette question fort pertinente. Sa voix prit un ton intéressé pour demander à son tour :

- Qui es-tu ? Approche-toi, toi qui as la tête assez solide pour poser la question intéressante.

Un jeune homme au regard clair s'avança hardiment devant la table, et se campa solidement sur ses deux jambes. Le Pontife retint un sourire car cette attitude lui démontrait que son vis-à-vis n'était pas aussi assuré qu'il voulait le paraître. Mais apparemment satisfait par son examen, il reprit :

- Tu sembles bien jeune ! Qui es-tu ?

- Je suis le fils du Maitre forgeron Sâr-Ta-Hem. Avant de fabriquer les armes qui ont vaincu les Rebelles, il ciselait les supports métalliques des parures que les femmes portent avec fierté. Je suis Nek-Pa-Sâr, que tes Prêtres ont affecté au cours oral concernant la marche des « Errantes » dans le ciel, car, ô Pontife, j'ai une très bonne mémoire.

Tous les assistants éclatèrent de rire, le ton employé par le jeune homme étant celui d'un coq poussant un cocorico retentissant. Cela détendit nettement l'atmosphère, permettant à Anepou-Sen de reprendre son cours d'anatomie sur un ton plus badin :

- Dès demain tu m'assisteras afin de regarder par toi-même ce qu'il y a au fond des plaies, car tu as la très vive intelligence qu'il faut pour bien opérer. En effet, le sang à peine retiré de la cavité, l'important est de regarder pour voir si quelques petits morceaux d'os ne subsistent pas. L'un ou l'autre de ces deux instruments vous permettra de les ôter.

Le Pontife les prit sur la table, leva ses mains et les détailla :

- Celui-ci possède un crochet qui servira de levier pour faire sauter les avancées osseuses gênantes. Celui-là n'a, comme vous le voyez, qu'une tête arrondie, qui permettra de sonder le fond de la plaie ; lorsqu'elle rencontrera un morceau d'os si petit soit-il, cela rendra un son particulier, caractéristique.

Il reposa les deux outils, et prit de longues tiges avant de poursuivre :

- Quant à ces instruments métalliques, ils vous permettront de vous saisir des morceaux d'os retrouvés.

Voilà ce qu'il y a à dire et à faire pour ce qui concerne cette blessure simple, assez courante, car les coups n'ont pas manqué ces derniers temps.

- Et si le coup est ancien et que la blessure n'a pas été soignée ?

C'était le jeune Nek-Pa-Sâr qui formulait cette question, gardant ce même ton enfantin dans les demandes les plus sérieuses. Le Pontife le regarda avec une plus grande attention, teintée cette fois d'admiration :

- Décidément, toi qui veux ciseler les corps comme ton père le métal, ta question est très pertinente ; je m'y suis déjà intéressé. J'ai déjà opéré, sinon guéri, un bon nombre d'éclopés de vieille date. Lorsque le crâne a été fendu depuis plusieurs années, et cela se remarque par un cuir chevelu pratiquement en état de décomposition et une chair qui suppure une eau jaunâtre et épaisse, il convient d'ôter l'os supérieur sur une grande surface. Il faudra donc le découper et non plus le forer. Pour cela, voici l'autre instrument principal, le « mench-râ », qui séparera sans difficulté la surface osseuse grâce à ses huit dents beaucoup plus fines que sur le kem-khem. L'action se poursuivra ensuite sur l'os inférieur qui protège en temps normal le cerveau, car ici, cette eau grasse purulente a pénétré jusqu'à lui et le rend malade, faisant souffrir son possesseur et bien souvent, le faisant agir anormalement. Dès lors, le cerveau ainsi dégagé doit être mis rapidement en présence du remède qui le guérira. Il faudra en remettre chaque jour durant une lunaison complète avant d'espacer les applications suivant les besoins de la cicatrisation. Ce baume est bien différent de celui qui s'applique uniquement sur l'os. En plus de divers ingrédients, l'essentiel est une décoction de jaune d'œuf carbonisé et qui devient un liquide gras. On l'obtient en faisant cuire les jaunes dans un pot de terre jusqu'à ce qu'ils se réduisent en cendres. Le jus qui reste au fond du pot est alors recueilli, en petite quantité il est vrai, mais suffisante pour assurer la guérison du cerveau dans le mélange appliqué. Je vous l'indique au cas où vous seriez démuni de pommade, car ce liquide soulage énormément, et il vous sera facile de le préparer avec des œufs de poule. Pour la cicatrisation, après une lunaison de traitement, la solution à base de goudron sera utilisée et recouverte d'un composé d'herbes. Est-ce que tout cela est bien compris ? Quelqu'un aurait-il une autre question à poser ?

Ce fut encore Nek-Pa-Sâr qui fort justement s'enquit d'un point important :

- Peut-on entailler la chair n'importe où sur le sommet de la tête ?

Le Pontife, qui s'attendait à une nouvelle question du jeune homme, décidément beaucoup plus intelligent que ses aînés, répondit aussitôt, s'adressant en fait uniquement à lui :

- Naturellement ! N'importe quelle partie du crâne fera l'affaire pour percer car il n'y a pas besoin de localiser par avance la zone infectée. S'il existe une plaie visible, une cassure, un enfoncement de l'os, ou bien un endroit évident où le coup a été asséné, ce sera là, et seulement là, qu'il faudra opérer. Lorsque l'entaille est ancienne, il vaudrait mieux inciser là où le blessé se souviendra avoir reçu le coup s'il ne reste aucune trace. Pour le reste aucun changement dans le déroulement des opérations. Cependant, avant d'en terminer, j'aimerais ajouter un point important que nul d'entre vous ne connaît encore... pas même Nek-Pa-Sâr !

Un nouveau rire se communiqua chez tous ces futurs coupeurs d'os, heureux de se détendre ainsi. Anepou-Sen reprit très vite :

- Je me suis aperçu que l'enveloppe osseuse qui protège le cerveau est en fait un récepteur d'ondes célestes. C'est par son entremise que le Souffle Divin est parvenu pour former l'âme à la naissance, lorsque l'enveloppe charnelle a pris sa forme définitive. Je m'en vais vous faire voir ce qu'il en est, et pourquoi je vous en parle.

Habilement, l'An-Nu dépouilla le crâne de son cuir chevelu, grattant en un endroit l'os crânien pour y laisser apparaître une sorte de couture. Il la montra d'un index, en suivant les petits méandres de ces sutures osseuses.

- Les os s'emboîtent les uns dans les autres d'une manière différente et compliquée formant une structure très particulière pour chaque individu. Ces lignes brisées sont le reflet de l'écriture céleste que les « Errantes » chères à Nek-Pa-Sâr insufflent à chacun. Mais ce n'est nullement le moment, ni le lieu pour parler de l'influence réelle de Dieu sur notre vie, et des actes qu'elle nous fait accomplir, que ce soit consciemment ou non. Je vous ai parlé de cela uniquement afin que vous compreniez qu'un os ne doit pas être percé à l'endroit des sutures. Avant que vous vous mettiez à l'ouvrage, sachez encore que plus le trou perforé sera large, plus vous aurez d'aise pour alléger le cerveau de ses malheurs. Cela ne sera jamais plus compliqué que de traire une chèvre. La résistance de la vie fera le reste pour sauver le blessé. Cela reste le principal objectif pour que notre marche en avant conserve un maximum de bras valides.

L'exode reprit peu après, laissant sur place une équipe de ces trépaneurs, ainsi que leurs familles pour soigner les blessés fort nombreux. Le Soleil, dans sa course rétrograde, était proche de la constellation suivante, caractéristique de l'Harmonie céleste du temps qui suivrait, car sa figuration montrait deux « Fixes » très brillantes de couleurs différentes, semblant s'opposer dans un affrontement que les « Combinaisons-Mathématiques » faisaient durer deux millénaires.

Or, sur cette terre désolée du Sâ-Ahâ-Râ, les deux Géants, leurs troupes étant reconstituées, préparaient un nouveau combat, qui promettait hélas de se poursuivre également durant deux mille années. Quel nom aurait mieux convenu pour désigner cette constellation, que celui des « Jumeaux » ? Ce qui fut fait, la Terre arbitrant aussi la lutte de ces deux enfants nés de la même mère et qui se haïssaient avec tant d'acharnement.

Aucun nom n'était susceptible de mieux qualifier la lutte titanesque des « Suivants d'Hor » contre les « Rebelles de Sit ». Quel terme autre que « Géants » aurait mieux convenu aux « Masnitiou » ou aux « Râ-Sit-Ou », qui luttèrent les uns contre les autres, siècle après siècle, prolongeant leur haine durant des millénaires ? Même après l'unification des deux terres du « Cœur » les anathèmes contenus dans les cartouches royaux rivaux continuèrent cette bataille. Mais le mal latent était déjà contenu en germe dans la constellation précédente, rongeant déjà l'âme des « Descendants » et des « Rebelles »… tel un Cancer.

La lutte recommença aux portes du Fezzan où s'étaient réfugiées les familles rebelles après leur cinglante défaite passée. Ces familles s'étaient regroupées au fond d'un canyon, rayant d'une tache claire un gigantesque désert caillouteux noir. Ce fut au bout de cette terre morte que les exilés respirèrent à nouveau, trouvant là une oasis de fraîcheur, encore pleine de sable blanc, très fin. Des animaux de toute espèce vivaient encore en cet endroit de quelques kilomètres de superficie et en bonne intelligence entre elles. Malheureusement, les humains étaient fort nombreux, et ils devaient manger !…

Cette étape qui n'était que provisoire dans l'esprit des meneurs dura plus longtemps que prévu, et les animaux en tout genre se raréfièrent, puis disparurent de cette oasis qui finit par se dessécher elle-même. Mais avant de quitter ces lieux qui avaient été un enchantement, la nostalgie fit reproduire sur les parois la multitude des animaux qui avaient vécu là : éléphants, rhinocéros, girafes, crocodiles, etc. *toutes gravures ayant environ deux mètres sur trois*[46]…

Mais il était temps de tenter de ravir le « Deuxième-Cœur » à ceux qui prétendaient que cette terre leur était promise à eux seuls. Or, juste à ce moment-là, les éléments avancés des « Masnitiou » parvinrent à l'entrée du Fezzan, à la recherche d'un campement pour une prochaine étape. Un choc terrible en résulta, qui s'éternisa, bloquant les deux clans sur leurs positions comprenant une cinquantaine de kilomètres.

Les masses rocheuses qui foisonnent en ces lieux en sont là encore le témoignage impérissable. Sur les gravures, les personnages deviennent « animaliers » et les deux Géants sont des *Éperviers* et des *Faucons*. Les premiers sont indiscutablement « Adorateurs du Soleil », et les autres « Forgerons d'Hor ». Et à partir de cette époque, les emblèmes des deux clans figurèrent par cette appellation, qui devint vite mythique.

Les splendides sculptures gravées sur les rochers ont cette particularité à caractère sacré, de se trouver situées sur les faces qui reçoivent les rayons empourprés du globe solaire *couchant*. Elles se trouvèrent par conséquent juste à *l'opposé* de l'horizon occidental, et cela fut si manifestement intentionnel que cette pratique se retrouvera sur tous les sites funéraires pharaoniques durant les quatre millénaires où ils s'étaleront en divers endroits du rivage *occidental* du Nil, là où le Soleil s'endort sur les parois rocheuses qui les entourent.

La raison s'en comprend aisément lorsqu'on admet que les Ancêtres, ceux qui reposent Bienheureux dans l'Amenta, de l'autre

---

[46] Un défilé de 60 km, sinueux et presque infranchissable, interdit l'accès à la source de l'oued Mathendous. Ce fut là que les descendants prirent le nom de Garamantes, cher à Hérodote. Le lieu même, « Garamara », en dialecte local a gardé sa signification, répétée par mon guide : « Double lieu sacré du Soleil » !

côté, sur la rive occidentale céleste, et qui se réveillent lorsque l'astre du jour disparaît aux yeux de ceux qui vivent dans le « Deuxième-Cœur » de Dieu, *voient, durant les quelques minutes ou le globe flamboyant éclaire les deux hémisphères, les gravures.* Car elles s'animent alors expressément afin que le lien harmonique entre les deux mondes soit constant. Ainsi est dessinée la vie de tous les jours, travaux des champs, pêche, chasse, comme les batailles et les victoires, afin que ceux qui sont au-delà de la Vie soient immédiatement au courant !

L'étranger de notre XXe siècle qui a la chance, comme moi, de s'être rendu sur place, et d'avoir pu assister à cet extraordinaire coucher de Soleil, au sein d'une solitude étonnante, ne peut qu'en être bouleversé. Il contemple le cercle rougeoyant, qui semble de plus en plus énorme avant de s'enfoncer derrière les escarpements rocheux de ce Fezzan désertique, au-delà de ce haut plateau perdu dans l'immensité, et qui darde auparavant ses millions de flèches ensanglantées, comme autant de traits magiques frappant les silhouettes gravées, et les animant ainsi soudain d'une autre vie. Nos yeux de contemporain clignent à plusieurs reprises d'étonnement, car la rapidité de la descente solaire fait évoluer les ombres avec une rapidité déconcertante sur le grès, et fait revivre, se battre, et sortir *réellement* victorieuse cette armée qui resurgit ainsi, *vivante* par-delà la nuit des Temps !

Mais ces instants inoubliables sont trop brefs, car la nuit, sous ce tropique du Cancer, s'abat rapidement. L'impression ressentie n'en demeure pas moins !

Ce qu'il est néanmoins très difficile de comprendre, et par là même d'admettre, c'est cette lutte fratricide qui opposa les deux membres d'une même famille engendrée et créée par Dieu, durant les millénaires qui précédèrent et qui se poursuivit durant autant de temps, avant la destruction finale des deux camps sous Cambyse en 525 avant l'ère chrétienne.

Depuis le Grand Cataclysme, ils s'entre-tuèrent tout en se mélangeant à plusieurs reprises au hasard des prises de guerre, si bien que les combats, tout en se perpétuant, et en ensanglantant de plus en plus les deux familles, ne signifiaient plus grand-chose de concret lorsque l'un et l'autre furent sur les bords du Nil, quoique fort éloignés l'un de l'autre.

Mais le mythe de Sit et d'Hor s'était si totalement intégré à la vie quotidienne, qu'il s'était *déjà* changé en une légende épique qui se transforma, dès l'implantation en Ath-Ka-Ptah, en un symbolisme religieux des plus stricts, voulu à la fois par le « Descendant » et par l'An-Nu, comme il le sera vu au prochain chapitre. Étrangement, en ne le cherchant pas, la religion monothéiste qui fut rétablie à la naissance du premier roi de la première dynastie, se rapprocha de la vérité ancestrale originelle. Mais elle obséda l'esprit des deux groupes rivaux, à tel point que l'univers de chacun fut d'une conception opposée à celle de l'autre.

À partir de Ménès, ou Menna, l'unificateur de l'Égypte, les luttes ne cessèrent pas pour autant. L'enchevêtrement inextricable recommença dès la seconde dynastie, démontrant que l'union des Deux Terres en un Deuxième-Cœur, ne pouvait permettre la greffe de deux rameaux sur une seule branche.

L'opposition latente du Nord contre le Sud n'avait cessé d'opposer de nouveaux « Rebelles de Sit » à la famille régnante des « Suivants d'Hor ». Cette haine fut toujours vivace ; elle hanta et ensanglanta toutes les familles dans la lutte pour une accession au pouvoir Divin.

L'écho s'en répercuta 2 000 ans plus tard, gravé sur les murs des Temples de Karnac, d'Oumbos, d'Abu-Simbel et de Dendérah, les passions ayant été déchaînées par Ramsès Ier, usurpateur du Pêr-Ahâ régnant, et qui institua la XVIIIe dynastie selon la chronologie de Manéthon. Cela durait encore pendant la XXe, lorsque Sésostris échappa à la traîtrise fomentée par un Rebelle de Sit, ce qui sera plus amplement développé dans le tome qui abordera ce chapitre de l'Histoire.

Mais n'est-il pas étonnant de voir que dans tous les domaines, un antagonisme si net sépare les deux parties ? Dès le début, il en fut ainsi. Lorsque Ménès, en unifiant les deux terres de Haute-Égypte et Basse-Égypte, s'installa à la base du delta du Nil, il édifia en premier lieu l'Ath-Ka-Ptah, le « Second-Cœur-de-Dieu », autour duquel s'éleva la capitale, que les Grecs appelèrent plus tard Memphis. Or, lorsque, à la dynastie suivante, un « Sit » reprit le sceptre et voulut garder le même nom, les prêtres du Soleil l'empoisonnèrent, mais il en réchappa et eut gain de cause. Ce qui fit que quelques décennies plus tard, lorsqu'un « Hor » revint au pouvoir, il renia ce nom pourtant de son clan pour introduire celui de *Ta-Nou-It*, le « Lieu-du-Sycomore-de-Nout », qui devint un autre nom de l'Égypte, « Terre dès Sycomores », dès la IIIe dynastie. De ce nom, les Grecs tirèrent en phonétique un autre nom célèbre, Danaos, qui image d'une autre façon le « naos » où était planté le Sycomore Sacré.

Amon fut ainsi en lutte ouverte contre Aton durant des millénaires, l'apogée en étant atteinte par l'empoisonnement d'Aménophis IV qui, sous le nom d'Akh-en-Aton, voulut détruire Amon en construisant une autre capitale et en interdisant le culte d'Aton. C'est pourquoi l'histoire pharaonique ne fut qu'un va-et-vient où s'extériorisa sans cesse un esprit revanchard par-delà le grandiose, dès la VIIIe dynastie, le tout ne s'achevant que par l'envahissement de conquérants de tout acabit et la destruction non seulement de la civilisation présente à ce moment-là, mais également celles des temps passés ! Plus rien ne subsista de solide, que le sable n'envahit à son tour et ne fit disparaître des regards ! Cet imbroglio fait des quiproquos continuels les plus insolites amena ainsi, après la disparition de la plus vieille civilisation de l'Antiquité, les interprétations les plus fantastiques et les plus farfelues d'une langue éteinte et devenue incompréhensible, qui se poursuivirent sans discontinuer durant les deux millénaires qui suivirent, amenant un

Champollion qui permit un renouveau d'intérêt tout en laissant dans l'ombre la clé d'accession à la Connaissance des hiéroglyphes.

Avant que Dieu, lassé comme il l'avait dit, de l'aveuglement de ses créatures, ne décide de ne plus laisser pierre sur pierre des édifications du « Deuxième-Cœur » l'opposition allait toujours bon train parmi les rescapés d'Ahâ-Men-Ptah des deux camps, et à l'arrivée au bord du Nil, elle prit une autre extension bien plus grave concernant le monothéisme.

Les Pontifes prêchaient évidemment la crainte du Dieu-Unique Tout-Puissant, dont l'incarnation humaine était l'Aîné, ou « Ahâ » personnifié en tant que Faucon Vainqueur. Les Adorateurs du Soleil avaient également créé leur Collège de Prêtres doublant Râ par le Bélier, sous la même dénomination, et dont l'emblème royal reste cependant l'Épervier-Solaire. Ils furent ainsi tous les deux points de départ de schismes idolâtres, qui fécondèrent rapidement une prolifération de dieux abominables, et amenèrent une zoolâtrie des plus contestables.

La longue marche, qui avait duré quinze siècles ponctués de luttes fratricides, avait permis ce lent développement des mœurs. Ce fut presque à l'arrivée aux abords d'Ath-Ka-Ptah qu'eut lieu le dernier grand combat, dans un épuisement généralisé des deux camps.

Les « Masnitiou » et les « Râ-Sit-Ou », se retrouvèrent pratiquement nez à nez le long de la frontière actuelle égypto-libyenne, devant les contreforts qui permettaient l'accès vers la dernière oasis de l'extrême Sud-Est libyen, qui était pour chaque clan comme une bénédiction du ciel, dont il fallait tout naturellement s'assurer la propriété exclusive.

Ce furent les « Forgerons d'Hor » mieux équipés en armes, qui obtinrent la suprématie de haute lutte. Ils rejetèrent les Râ-Sit-Ou épuisés vers le nord, une haute chaîne désertique murant littéralement la route vers l'orient, l'oasis désormais occupée bouclant l'ouverture stratégique de l'est, par le sud.

Pendant que les « Rebelles » refluaient vers la mer, où ils se regroupèrent et gagnèrent à courtes étapes le delta du Nil, le « Descendant » qui fut le dernier à camper à l'étranger fut une femme. Le Pêr-Ahâ n'ayant eu que des filles, l'Aînée, Mout-Pet-Ahâ ou la « Fille-de-l'Ancien-Scorpion », fut appelée à régner. Elle ordonna une pause bien méritée sur ce lieu apaisant, une palmeraie très étendue, où l'eau coulait en abondance.

Le Pontife du moment l'aida grandement à prendre cette sage décision après tant d'autres, en lui démontrant que l'Harmonie Divine exigeait cette solution. L'attente s'imposait, les calculs effectués en regard des « Combinaisons-Mathématiques » prouvant les néfastes influences célestes. Il valait mieux modeler ici la vie future qui entrerait en usage sur le territoire béni, plutôt que d'y pénétrer en avance et d'encourir les mauvais influx solaires de la nouvelle constellation qui approchait, celle des deux « Fixes » jumelles.

Mout-Pet-Ahâ, qui se maria peu après, profita de cette implantation sur un site provisoire agréable, pour la prolonger jusqu'à ce que son fils ainé, né l'année suivante, parvienne à sa majorité royale de dix-huit ans. Durant tout ce temps où elle régna, elle prit pour emblème personnel le Vautour, car ce rapace symbolisait à ses yeux l'aïeule Mout, dont elle portait fièrement le patronyme, qui, du haut de la voute céleste veillait personnellement sur la progression de la cohorte de ses descendants.

Peu avant le départ pour la dernière étape, le nouveau Pêr-Ahâ fut sacré du nom d'Ahâ-Haï, qui permit l'entrée dans le « Deuxième-Cœur » sous des auspices favorables annulant l'emprise des « Jumelles du Ciel » qui allaient recevoir le globe solaire.

Mais ce que le Pontife n'avait pas révélé à la Reine, lors de sa demande d'un arrêt assez long, était son désir d'avoir un répit supplémentaire avant l'arrivée en Ath-Ka-Ptah pour achever la mise au point de toutes les disciplines qui devraient être réintroduites *par écrit*, dès la reconstitution des Collègues de Prêtres, ce qui était vital pour la juridiction spirituelle à venir.

Pour préparer et achever cette dernière étape fort importante, une hauteur voisine de l'oasis s'était merveilleusement prêtée à cette installation qui dura tout de même presque vingt années. En peu de temps, l'école avait été édifiée en ce frêle matériau de l'époque : l'argile séchée en épaisse plaques et agglomérée à l'aide de branchages ligneux des palmiers.

L'enseignement s'y développa à une cadence jamais atteinte. Ce fut durant ces deux décennies que furent méthodiquement révisés en détail les symboles idéographiques, les hiéroglyphes. Durant les rares instants de repos, les élèves contemplaient le tapis vert qui s'étalait en contrebas, où leurs familles étaient douillettement installées, auquel ils donnèrent le nom de *Khou-ʃ Râ*, « Plaine-Verdoyante-Au-Soleil », qui garda toujours ce nom puisqu'il est toujours Koufra.

Nous connaissons par Chérémon, « Gardien des Archives du Temple », et « Scribe des Caractères Sacrés », la signification réelle des IEPOG4θIKA. Non seulement cette existence est parvenue par Eusèbe[47] et Suidas[48], mais surtout par un extrait authentique de l'ouvrage original, concernant le chapitre des « Combinaisons-Mathématiques », qui permit à Tzertzès de disserter en détail de la science supposée d'Homère dans la hiéroglyphique, lorsque ce poète émit l'idée que « l'argent n'est autre que la lumière blanche de la Lune[49] ».

---

[47] Eusèbe, *Praep. Evang.* V, 10.
[48] Suidas, *Lexique,* tome V.
[49] *Johannis Tzetis Ezegis in Homeri Iliadem,* publié pour la première fois par G. Hermann à Leipzig en 1812.

Comme ce n'est nullement l'endroit pour disserter de l'égyptianisation de cet initié remarquable immortalisé par son *Iliade*, il sera toutefois intéressant de citer ici quelques hiéroglyphes pris par Tzertzès dans le traité de Chérémon, qui montrent, et démontrent, depuis son origine reprise dès Khou-f'Rà, la valeur puissamment évocative des caractères sacrés astronomiques. Il sera ainsi plus aisé de comprendre ce Pontife qui réédifiait l'écriture et le calendrier en théorie, avant que les « Combinaisons-Mathématiques » des Gémeaux, néfastes, ne l'en empêchent.

À l'origine, la hiéroglyphique était l'appellation de la nouvelle écriture renaissante dont les caractères étaient *le dépôt Sacré* légué par les Ancêtres, ces Aînés « Descendants directs de Dieu ». Ils étaient donc, et c'est l'évidence même, consacrés à l'expression restreinte des sujets sacrés. Ceux-ci comprenaient non seulement la théodicée du monothéisme de Ptah, mais également la symbolisation de la Loi, qui groupait les divers commentaires du Rituel de l'Au-Delà de la Vie qui justifiait les Commandements de ladite Loi Divine, ainsi que les disciplines de la mathématique, de la géométrie et de l'étude des astres qui composaient le *Grand Livre du Ciel et des Quatre Temps* par les calculs des « Combinaisons-Mathématiques-Divines ».

C'est pour cette unique raison que Manéthon appelle la hiéroglyphique « l'écriture des dieux[50] », l'effet figuratif des objets représentés. Clément d'Alexandrie, autre Maître qualifié pour parler de ce qu'il connaissait en détail, parle du mode sacerdotal exclusif de cette écriture[51], et cela explique bien la réelle interprétation de Chérémon, initié lui-même en tant que « Scribe des caractères sacrés ».

Ainsi, l'on comprendra aisément la signification des 5ᵉ et 6ᵉ hiéroglyphes accolés. Chérémon dit : « Un serpent qui sort de son

---

[50] Cité par Le Syncelle dans sa *Chronique*, Chap. 40.
[51] *Stromates*, V, 657.

trou ou qui y rentre, et dont la position est soit à droite, soit à gauche, signifie le lever ou le coucher d'un astre lorsqu'il est suivi de la désignation de la Fixe. »

Lorsqu'il cite en exemple cette phrase « d'une antiquité des plus reculées », lui qui traita de l'astronomie en l'an 457 *avant* notre ère : « Une année sothiaque (Sirius) s'achève, et la fête célébrant son nouveau lever commencera une ère glorieuse », il est aisé d'en comprendre la hiéroglyphique :

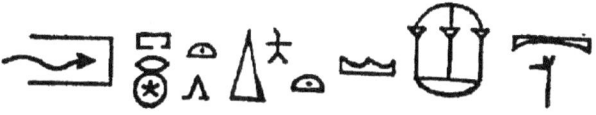

Ce fut ainsi que les révisions orales trouvèrent leur conclusion, achevant une époque toute de patience et d'abnégation malgré les luttes intestines épuisantes, autant pour le physique que pour le moral et la spiritualité. Ce temps tant espéré de la fin de la dernière étape.

Le Pontife, au cours d'une cérémonie de remerciements adressée par tous au Dieu-Unique qui leur avait permis, malgré les souffrances souvent intolérables, de parvenir à bon port, dans ce « Deuxième-Cœur ».

La foule immense s'ébranla derrière le chariot de tête, qui restait à tous les points de vue le pôle d'attraction puisque c'était de son intérieur bâché et strictement caché que venait l'indication de la route. Il contenait en effet le dernier « gô-men » en date, certainement plus perfectionné que l'ancien.

Il semblerait toutefois que l'An-Nu, en politique prévoyant l'avenir, ait dépêché plusieurs estafettes en avant afin d'explorer les meilleurs passages, et qu'il ait attendu leur retour avant de se fier à l'ombre solaire pour s'engager dans cet ultime itinéraire.

Toujours était-il que le but à atteindre se trouvant sur le même parallèle, la longue caravane emprunta l'étroit goulet légèrement au sud de l'oasis et reconnu à l'avance comme ouvrant la porte de la vallée désertique dont la traversée ne dura heureusement que quatre lunaisons.

Un soir, à la tombée de la nuit, le groupe de tête se trouva acculé à un rebord de falaise infranchissable, mais agréablement parsemé de palmiers et d'arbres divers ainsi que d'une source. Ce ne fut qu'au dernier moment, lorsque les hommes parvinrent devant le vide, qu'ils poussèrent des hurlements de joie. Au loin, illuminé par le Soleil couchant, scintillait un très large serpentin qui, partant de l'horizon nord, barrait perpendiculairement tout le panorama jusqu'à l'horizon sud.

Le « Don de Dieu », ce « Fleuve Céleste » puisque accordé par Dieu, *Hapy*, le Nil était atteint pour le meilleur de la vie des Élus !... Mais le pire restait encore à vivre avec la traversée rétrograde solaire dans les Gémeaux.

Chapitre Treizième

CHRONOLOGIE DES « QUATRE TEMPS »

Malgré l'immense étendue de cette ville, nonobstant tous les efforts effectués par les différents peuples pour l'anéantir jusqu'au moindre de ses vestiges, transportant les matériaux dont elle était construite au loin, et en dépit des 4 000 ans et plus qui ont ajouté à tant de causes de destructions, ses ruines offrent encore une réunion de merveilles qui confond, et que l'homme entreprendrait vainement de décrire !

ABD-EL-LATIF[52]
(Voyage à Ath-Ka-Ptah - Memphis)

Pendant qu'on ciselait à Dendérah ces archaïques bas-reliefs d'empereurs décadents, et que l'on se servait encore pour le faire de cette écriture qui remonte à la nuit des âges, il y avait des chrétiens qui s'assemblaient à Rome dans les catacombes, et qui mouraient en extase dans les arènes !

PIERRE LOTI
(Voyage à Dendérah)

En dehors des courts extraits des trois livres de la Chronologie de Manéthon, le prêtre de Sébennyte, qui ne nous sont d'ailleurs parvenus qu'au début de notre ère par auteurs grecs et latins interposés, il reste fort heureusement les pierres gravées, qui sont des documents historiques indiscutables et de première main. La chronique originale, pharaonique, était donc solidement établie. Toutefois en ce qui concernait les Temps d'avant

---

[52] Médecin arabe du XIIIe siècle.

le premier Roi de la I^(ère) dynastie, Manéthon passait parmi les spécialistes pour un joyeux plaisantin.

Mais à la découverte du site funéraire de Négadah, avec son inimaginable quantité de tombes royales, de nobles, de courtisans, ainsi que de leurs épouses, il fallut bien se rendre à l'évidence. Alors qu'un empire civilisé florissait sur les bords du Nil, l'Europe humaine se réduisait à des clans de bipèdes qui ne connaissaient pas encore le feu, et s'entre-tuaient à qui mieux mieux.

Car ce traducteur des traditions égyptiennes, chargé de les répertorier et de traduire les Annales pharaoniques pour le compte de Ptolémée Philadelphe, plaçait avant Ménès, le « premier » Roi, toute une série de dynasties aux noms extravagants : celle de Dieu, celles des demi-dieux, puis celles des « héros » et des « mânes », auxquelles succédèrent pour finir celles qui furent antérieures à Ménès, celles dites des premiers Rois humains. Soit environ 25 000 années de règnes innombrables.

Parmi les égyptologues et historiens qui tentèrent de démêler cet écheveau, M. de Bunsen abandonna volontiers toutes ces dynasties à la seule cosmogonie affabulatoire des antiques, mais non à l'histoire de l'Égypte[53]. La fable prit ainsi le pas sur la réalité alors que ce néanmoins savant homme imaginait que c'était le contraire qu'il préconisait. Il reconnaissait cependant que « les trois dernières dynasties humaines d'avant Ménès, et qui auraient régné durant 4 000 ans, devaient cependant être prises au sérieux, et considérées comme vraisemblablement historiques, puisqu'une traduction arménienne de la *Chronique* d'Eusèbe confirmait cette partie de l'œuvre de Manéthon ».

---

[53] *AEgyptens Stelle...*, t. I, p. 101 à 107.

M. Lepsius, illustre égyptologue allemand, n'admet, lui, qu'une seule et très courte dynastie préludant Ménès, puisqu'il ne lui accorde que 350 années d'antériorité[54].

M. Brugsch, à qui l'on doit ce superbe *Dictionnaire des hiéroglyphes* en trois volumes, pense lui aussi, mais plus radicalement, que ces dynasties fabuleuses n'ont rien d'historique et ne doivent donc figurer dans aucun manuel[55].

Un livre de cinq cents pages n'y suffirait pas pour indiquer toutes les citations des auteurs les plus célèbres et les plus érudits du XIXe siècle sur ce sujet. Car après il y a eu les découvertes de Négadah... Depuis, il existe un autre son de cloche, qui exagère plutôt dans l'autre sens, attribuant aux dynasties égyptiennes pré-historiques des durées autrement fantastiques.

L'exemple le plus frappant pourrait être pris avec le très sérieux traducteur helléniste Larcher, qui traite les savants calculs d'Hérodote avec une ferveur de bon aloi, concluant que Ménès lui-même aurait commencé de régner en 12 356 avant notre ère[56].

Sans entrer dans le détail des discussions sans fin qui opposèrent tous les chronologistes des premiers temps chrétiens entre eux, citons Eusèbe, qui vécut au IVe siècle de notre ère, et qui trouva une durée totale de 5 264 ans comme temps dynastique à partir de Ménès, jusqu'à la domination d'Artaxerce Ochus. Il obtint ce chiffre en additionnant les totaux des règnes inscrits dans les extraits de Manéthon qu'il avait entre les mains.

Comme au VIIIe siècle, Georges Le Syncelle, reprenant les mêmes données, ne trouva plus que 3 555 années, les commentateurs se

---

[54] *Chronoligie der AEgypter,* t. I, p. 473 *sqq.*
[55] *Histoire de l'Égypte,* première partie, chap. 3, p. 11.
[56] *Chronologie,* suite à la trad. d'Hérodote, 2e édition, t. VII.

divisèrent en deux groupes, les originaux ayant alors disparu. Cette durée était-elle réellement extraite de l'ouvrage du prêtre égyptien, ou bien n'était-elle déjà plus qu'une extrapolation biblique plus en rapport avec la Genèse ?

Afin de ne pas épiloguer inutilement sur la valeur réelle ou théorique des extraits manéthoniens, il vaut mieux essayer d'allier la teneur de l'écrit avec la solidité à toute épreuve des gravures monumentales. À tout le moins de dresser une concordance dynastique entre les documents pour en tirer en définitive une Chronologie historique dans son Temps.

À en juger par les édifices mis au jour tout au long des milles kilomètres du « Fleuve Céleste », pour ne pas parler de ceux découverts ailleurs comme à Palerme, les généalogies royales sont nombreuses, mais elles n'indiquent pas toujours la provenance des Pharaons, pas plus que leur lieu de résidence, et pour cause !

Telle série de cartouches royaux, tout en indiquant l'appartenance de sang donnée comme légitime, laisse ignorer telle autre, ennemie ou opposante, qui subsista ou se substitua en telle ou telle autre partie du territoire durant le même temps égyptien officiel... Et vice versa.

Ailleurs, un autre document présentera une série complète des Pharaons qui se succédèrent sans interruption durant plusieurs dynasties, mais ignorera la suite des « Rebelles » occupant le Trône pendant un certain temps, l'omettant purement et simplement, comme si cet interrègne avait été inexistant.

Quelquefois, les deux clans rivaux établissaient des chronologies dynastiques parallèles ; lorsqu'ils s'emparaient de monuments ennemis gravés, ils en profitaient pour marteler, effacer, raturer et même superposer les noms et emblèmes de leurs dieux et de leurs Rois, brouillant ainsi les Annales réelles d'une façon énigmatique et insensée pour les pauvres chercheurs du XXe siècle de notre ère.

Les discordances flagrantes, et même les concordances, présentées par les listes des séries royales chronologiques d'une même période très reculée s'expliquent de cette manière très clairement.

Parmi celles qui sont authentiquement pharaoniques, les principales listes ayant servi de base aux calculs compliqués des égyptologues, listes qui ne tiennent aucun compte des différences entre les « Descendants d'Hor » et les « Rebelles de Sit » et donc n'utilisent pas leurs Annales personnelles, proviennent des gravures connues sous les vocables suivants : « Les listes Royales du Papyrus de Turin », « Les Tables de Kar-nak », « Les Tables de Saqqarah », « Les Tables d'Abydos » et « Les Annales de Dendérah ».

Il est donc assez naturel qu'il existe de telles dissonances entre la Chronologie nordiste gravée sur les murs de Saqqarah au temps de Ramsès II, et celle de Karnak datant de Toutmès III, alors que celle établie à Abydos par Séti Ier allie un peu les deux, car tout en étant de la famille des Ramsès, par son nom même, il est un descendant de Sit.

D'où l'apparente complexité des morceaux de chapitres de Manéthon dont les Anciens disposaient, mais dont ils ne pouvaient qu'interpréter les significations ne connaissant rien eux-mêmes de l'histoire antique d'Ath-Ka-Ptah.

Nous pouvons toujours comparer les listes royales précitées, et en extraire une généalogie *possible* :

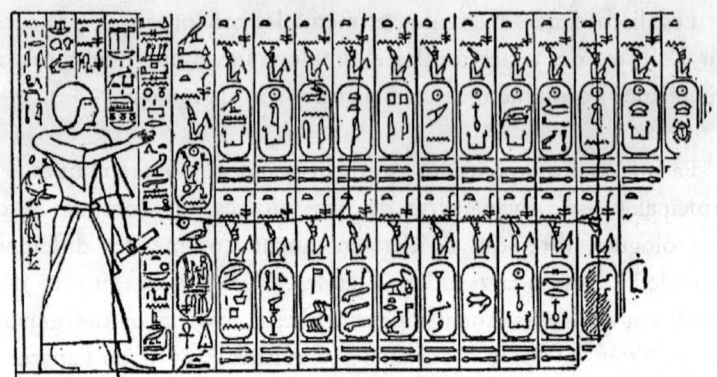

Table de Saqqarâ.

Saqqarah : Le Grand Architecte chargé des constructions Royales, le Prince Tounar à la Voix Juste, descendant d'Ousir le Pur, dans sa tombe, pénètre dans l'Au-Delà de la Vie après la Pesée des Ames effectuée par ses 58 Ancêtres, tous nommés.

Il suit tous ceux qui l'ont précédé chez les « Bienheureux », et les montre à leur Aîné à tous, Ousir, en les appelant par leurs noms royaux, un à un. Il fait ainsi son offrande au « Fils du Soleil » - donc un « Rebelle » - Ramsès-Méri-Amen, vivant éternellement.

(Rangée supérieure)		(Rangée inférieure)	
1.	Râ-Ousir-Ma, « Voix Juste »	30.	Râ-Schou-Nefer, « Voix Juste »
2.	Râ-Men-Ma, « Voix Juste »	31.	Râ-Aset-Kâ, « Voix Juste »
3.	Râ-Ptah-Men, « Voix Juste »	32.	Râ-Nefer-Meri-Kâ, « Voix Juste »
4.	Râ-Ousir-Kheper, « Voix Juste »	33.	Râ-Saha-Ou, « Voix Juste »
5.	Râ-Neb-Ma, « Voix Juste »	34.	Râ-Ousir-Kâ, « Voix Juste »
6.	Râ-Men-Kheper-Ou, « Voix Juste »	35.	………. (effacé)
7.	Râ-Aha-Kheper-Ou, « Voix Juste »	36.	………. (effacé)
8.	Râ-Men-Kheper, « Voix Juste »	37.	………. (effacé)
9.	Râ-Aha-Kheper-En, « Voix Juste »	38.	………. (effacé)
10.	Râ-Aha-Kheper-Kâ, « Voix Juste »	39.	Râ-Men-Kheou, « Voix Juste »
11.	Râ-Sar-Kâ, « Voix Juste »	40.	Râ-Shou-f, « Voix Juste »
12.	Râ-Peh-Neb, « Voix Juste »	41.	Râ-Tet-ef, « Voix Juste »

13.	Râ-Kher-Neb, « Voix Juste »	42.	Khe-Fou-f, « Voix Juste »
14.	Râ-Shankh-Kâ, « Voix Juste »	43.	Si-Nefer-Ou, « Voix Juste »
15.	Râ-Hotep-Hat, « Voix Juste »	44.	Râ-Hani-ef, « Voix Juste »
16.	Râ-Kheper-Kâ, « Voix Juste »	45.	Râ-Neb-Kâ, « Voix Juste »
17.	Râ-Noub-Kâ, « Voix Juste »	46.	Râ-Ousir-Teta, « Voix Juste »
18.	Râ-Schou-Kheper, « Voix Juste »	47.	Râ-Ousir, « Voix Juste »
19.	Râ-Schou-Kâ, « Voix Juste »	48.	Râ-Baba, « Voix Juste »
20.	Râ-En-Ma, « Voix Juste »	49.	Râ…… t'à…, « Voix Juste »
21.	Râ-Ma-Kherou, « Voix Juste »	50.	Seker-Nefer-Kâ, « Voix Juste »
22.	Râ-Sebek-Kâ, « Voix Juste »	51.	Râ-Nefer-Kâ, « Voix Juste »
23.	Râ-Kher-Kâ, « Voix Juste »	52.	Râ-Ousir-Sent, « Voix Juste »
24.	Râ-Meri-An, « Voix Juste »	53.	Sit-a-Nesa, « Voix Juste »
25.	Râ-Pepi, « Voix Juste »	54.	Bâ-Neter-Ou, « Voix Juste »
26.	Râ-Teta, « Voix Juste »	55.	Râ-Ka-Keou, « Voix Juste »
27.	Râ-Ou-Nas, « Voix Juste »	56.	Râ-Neter-Baou, « Voix Juste »
28.	Râ-Ma-Kâ, « Voix Juste »	57.	Râ-Kheba-Ou, « Voix Juste »
29.	Her-Men-Kâ, « Voix Juste »	58.	Râ-Meri-Ba-Pen, « Voix Juste »

Le dessin reproduit ci-dessus, et pris sur place par Mariette, en montre bien la disposition.

Karnak : Ici la situation est totalement différente car non seulement nous nous trouvons près de 1 000 kilomètres plus au sud, mais le nom même de Karnak, dans sa hiéroglyphique, n'a besoin d'aucun commentaire : « Celle qui recense ». Aussi lorsque Toutmès III, le plus célèbre des Pêr-Ahâ de la XVIIIe dynastie, « Vie, Force et Santé soient en lui éternellement », entreprit de faire graver sur les murs d'une salle de son Palais des bas-reliefs représentant ses Ancêtres, le fit-il avec la plus rigoureuse exactitude. Depuis plus de 3 500 ans, ils s'étalent sur quatre files superposées, assis, placés l'un derrière l'autre en un ordre délibéré bien qu'apparemment dispersé, certains d'entre eux, notamment pour ceux allant de la IIIe à la XVIIIe dynastie, faisant face à ceux qu'ils avaient remplacés.

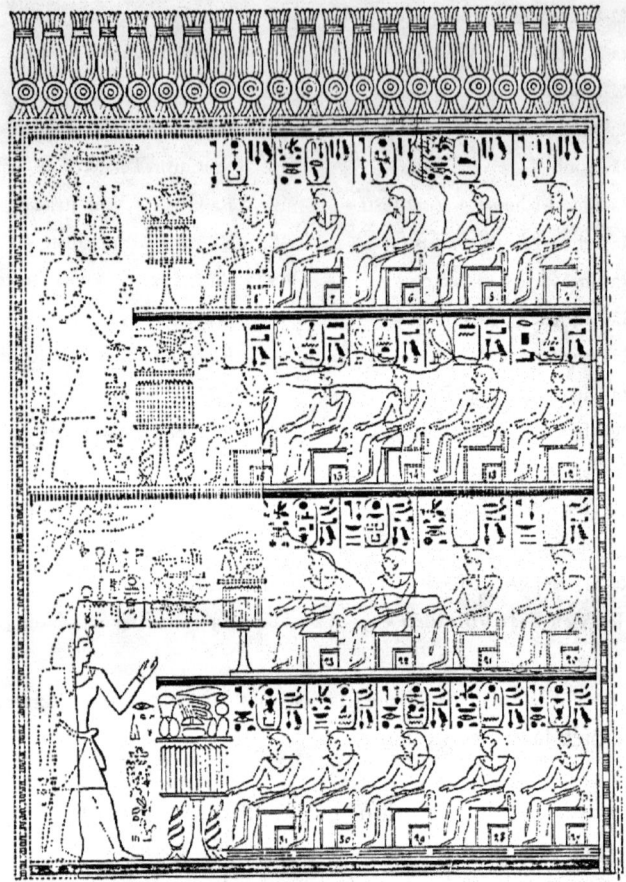
Table de Karnak.

Abydos : Un peu plus haut, dans la cité d'Abydos, plusieurs Annales se recoupant parfaitement ont été retrouvées. L'une des plus célèbres est celle laissée sur les murs grâce à Séti Ier. Il s'intitulait lui-même, en toute modestie, le « Descendant du Taureau Céleste » et « l'Unificateur des Deux-Terres ». Pour justifier cette appellation, il ne pouvait pas moins faire que de retracer sur les murs de sa ville les Annales les plus importantes retrouvées à ce jour. Elles ne comportent pas moins de 130 noms. Mais elles n'en sont pas moins, hélas ! sujettes à caution.

En effet, comment un « Rebelle de Sit », donc un nordiste, ayant accédé au Bâton Suprême du Commandement de la Haute-Égypte et de la Basse-Égypte, peut-il prétendre descendre directement d'Ousir, que son clan continuait de haïr avec la même ténacité ?

Son remerciement, gravé pour l'Éternité, est un autre défi puisqu'il est sans complexe dédié « aux dieux ». C'est pourquoi cette dédicace d'Annales « deux fois durables dans les Deux-Terres » doit être scrupuleusement répertoriée à la seule lumière de l'antagonisme permanent qui opposait farouchement les deux clans ennemis depuis des millénaires, pour uniquement en extraire les noms des Rois ayant effectivement régné.

La « Table d'Abydos » reproduite ici, se trouve décrite en trois rangées de cartouches superposés, à lire verticalement à partir de la première colonne de gauche, où l'on reconnaît aisément celui de Menna ou Ménès, et surtout la grande subtilité d'esprit de ce conquérant des Deux-Terres (a).

(1) Issu de la Terre Primordiale, au Roi Menna, l'Ancêtre-Aîné, (39) Issu de la Terre Primordiale, au Roi Râ-Mer-Sibès, le Pêr-Ahâ, (77) en offrande respectueuse à Sit le Faucon, de la part du Fils du Soleil, Ménnaptah Séti Ier.

(2) Issu de la Terre Primordiale, au Roi Atota, l'Ancêtre-Aîné, (40) Issu de la Terre Primordiale, au Roi Râ-Nuter-Kâ, le Pêr-Ahâ, (78) en respectueuse offrande au « Grand-de-Vie né du Soleil-Couchant ».

(3) Issu de la Terre Primordiale, au Roi Tota, l'Ancêtre-Aîné, (41) Issu de la Terre Primordiale, au Roi Râ-Men-Kâ, le Pêr-Ahâ, (79) en offrande respectueuse à Sit le Faucon, de la part du Fils du Soleil, Ménnaptah-Séti 1er.

(4) Issu de la Terre Primordiale, au Roi Alta, l'Ancêtre- Aîné, (42) Issu de la Terre Primordiale, au Roi Râ-Noufer-Kâ, le Pêr-Ahâ,

(80) en respectueuse offrande au « Grand-de-Vie né du Soleil Couchant ».

(5) Issu de la Terre Primordiale, au Roi Khou-Koï, l'Ancêtre-Aîné, (43) Issu de la Terre Primordiale, an Roi Râ-Nefer-Nubi, le Pêr-Ahâ, (81) en offrande respectueuse à Sit le Faucon, de la part du Fils du Soleil, Mennaptah-Séti Ier.

(6) Issu de la Terre Primordiale, au Roi Mer-Bapou, l'Ancêtre-Aîné, (44) Issu de la Terre Primordiale, au Roi Râ-Dekâ-Mâa, le Pêr-Ahâ, (82) en respectueuse offrande au « Grand-de-Vie né du Soleil Couchant ».

Ces Annales comportent ainsi trente-huit registres intercalant et glorifiant les « Rebelles » ayant régné en Ath-Ka-Ptah avant Séti Ier. La traduction complète en sera fournie ultérieurement, lorsque l'étude de ces diverses dynasties sera atteinte. Mais en voici le dessin général à titre d'exemple : *Table d'Abydos*.

Les circonstances ayant amené la fusion des deux territoires en une monarchie changeante, suivant la domination nordiste ou la prépondérance sudiste, étant bien placées dans leur contexte spirituel et mythologique, il convient de tenter de comprendre la mentalité populaire d'il y a 6 000 ans.

L'ère dynastique des Pharaons se préparait activement avec l'abandon solaire de la constellation des Gémeaux. Le Taureau apparaissait, annonçant la seconde Résurrection de « l'Aîné » C'est pourquoi Sit devint déjà, au cours de cette période transitoire cruciale, un objet d'opprobre, un sujet malfaisant de plus en plus déformé par les mythes qui prenaient corps, un perpétuel rejet de la part des « Descendants », obligeant les « Rebelles », lorsqu'ils reprenaient le pouvoir, à réintroduire leur Chef, issu de Sit, aux côtés d'Hor sur un même pied d'égalité.

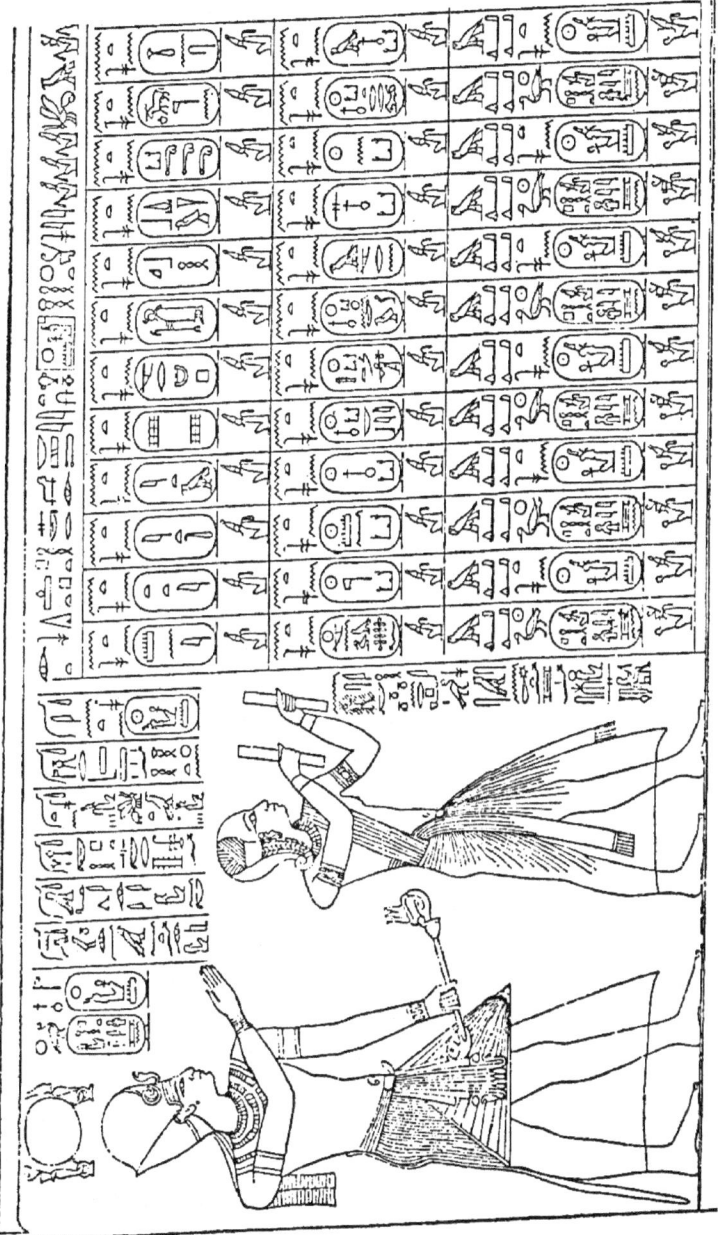

Début de la Table a Abydos.

Les tribus du Nord s'organisant et devenant très puissantes sous l'impulsion de l'enseignement divulgué par les écoles de leurs Collèges de Prêtres solaires, tentaient à leur tour de créer une unification des deux éléments dispersés dans le Deuxième-Cœur, mais faisant partie de la même ethnie. Ce qu'ils avaient refusé aux anciens Pêr-Ahâ, ils l'essayaient à nouveau dans l'autre sens, mais sans plus de résultat. L'élimination de l'un ou de l'autre paraissait toujours la seule solution.

D'où les contre-attaques et défaites sévères infligées au Nord, qui n'empêchèrent nullement le génie constructeur des Rois du Sud de mettre en valeur le Delta du Nil en perçant des canaux d'irrigation et des murailles en forme de barrage. Les palais s'élevaient, les nouveaux temples de Ptah remplaçaient ceux de Râ, et des places fortes se construisaient.

Dans le même temps, la dernière Reine « Pêr-Ahâ » envoyait des expéditions de recherches minières dans plusieurs territoires éloignés, et commençait l'exploitation des mines de cuivre du Sinaï. Les deux siècles qui précédèrent l'instauration dynastique furent une intense période de progrès dans tons les domaines, le dernier en date étant celui de la réintroduction des caractères sacrés de l'écriture.

Ce qui créa énormément de difficultés pour commencer normalement les Annales, car la prolifération des emblèmes, des clans, des « protecteurs » d'Uhu, ou des nomes, qu'ils soient terrestres ou célestes, accompagnée d'une abondante catégorie de Prêtres officiant en n'importe quel endroit possible et imaginable comme étant le lieu véridique de la naissance de tel ou tel dieu, amena fatalement cette aberration des temps ptolémaïques où L'empereur romain devenait le « Pharaon aimé d'Isis ».

Sans remonter si loin, à Abydos, cette affirmation dite à Ramsès II est encore lisible : « Tel tu es, tel fut le fils d'Ousir. Te voici pareillement son héritier, à sa ressemblance ! » Ce vocable de Pêr-Ahâ, de « Descendant-de-l'Aîné », inspira sans aucun doute toutes ces formules de divinisations répétées inlassablement suivant un rituel très rigoureux, du début à la fin des trente dynasties qui ont assis la civilisation des « Cadets-de-Dieu » égyptiens. Ce que n'ont manifestement pas compris les Césars et les Ptolémées qui, à l'instar du cinquième de ce dernier nom, se parèrent d'épithètes qui ne leur allaient pas, telles que « bel adolescent qui s'assied sur le trône d'Horus et te fait Dieu en tant que fils d'Isis et d'Osiris ».

Mais la dégénérescence et la décadence de ce peuple qui était « l'Élu », amenèrent ce foisonnement de grandes et de petites divinités en Ath-Ka-Ptah, et le « Deuxième-Cœur-de-Dieu » se cloisonna en une multitude de sanctuaires particuliers qui assumèrent chacun le rôle de Pêr-Ahâ et d'Ancêtre au gré des changements de règnes.

Le monothéisme disparut ainsi, tout autant que « l'héliothéisme » dans le Nord, pour faire place à un panthéon invraisemblable de figures célestes représentant les dieux, et dont les fils furent parés de têtes d'animaux plus ou moins réels. Ainsi naquirent ceux que les Grecs ont perpétués sous les noms de Mercure, Mars, Vénus, Saturne, Jupiter, et tutti quanti.

Ce méli-mélo permit seul aux pharaons usurpateurs, et seulement après la VIe dynastie, d'être les héritier, les « fils », la « chair des dieux » s'établissant sur le trône des Ancêtres. Cette sarabande de divinisation assurait au « Rebelle » possesseur du Sceptre, et avec l'acquiescement du Clergé qui ne pouvait plus rien, de régner en despote sur toute la population des « Deux-Terres ».

Dès la fin de l'époque archaïque, bien avant l'avènement de Ménès, alors que des villes comme Hiérakonpolis, Négadah et Abydos étaient à peine à l'apogée de leurs destinées, les doubles et triples titres royaux foisonnaient déjà, chaque nouvel « Aîné » s'appropriant ceux de ses prédécesseurs qui confirmeraient le plus dans les esprits son illustre descendance.

Ainsi s'imbriqua, s'emmêla, s'enchevêtra l'implantation du Sud dans le Nord. Et vice versa... car le déplacement des nordistes vers la Nubie entraîna les mélanges les plus divers. Le « Vautour » de la Reine de Nekheb s'enroula dans l'uraeus de Bouto par le mariage ; le Pontife d'Hérakléopolis magna étant démis et le chef des « Masnitiou » tué dans le Nord, le « souten », de l'un et « l'abeille » de l'autre furent accaparés, changeant et augmentant les oriflammes et les cartouches royaux.

Les deux Collèges de Prêtres les plus puissants restaient cependant chacun dans leurs domaines du Nord et du Sud, en une expectative prudente. Abydos et Héliopolis les Sacrées se regardaient de loin... mais plus pour un temps très long. De la guerre sans merci qu'elles se livreront pour la suprématie divine, naîtra une nouvelle classe religieuse, celle de Karnak, la ville fortifiée et interdite du dieu-Bélier. Mais elle préludera à la destruction de toute civilisation pharaonique, les Pêr-Ahâ n'ayant plus que le nom de « Fils-de-Dieu », sans en avoir ni l'origine ni même la mentalité.

Dans le Delta du Nil, bien avant ce temps-là, le cycle solaire héliopolitain groupait autour de sa barque céleste la plupart des divinités de l'époque, assignant à chacun un rôle correspondant à une fonction déterminée, calquée sur les légendes primitives les concernant et qui faisaient toutes état des influences qu'elles exerçaient sur le Soleil lors de son passage auprès d'elles. Les personnages de l'époque héroïque d'avant le Grand Cataclysme y trouvèrent aussi leur place, tout autant que Sit, ses descendants rebelles étant souvent Pontifes d'Héliopolis. Le « Grand Rebelle » y obtint donc un rôle primordial et bénéfique, qui permit d'user et d'abuser de sa force combative, essence même du renouveau nordiste au sein de la lutte titanesque qui opposa les uns à l'oppression continuelle des autres.

Toute la théologie memphite, de base héliopolitaine, montre Sit debout à la proue de la barque solaire, tuant le serpent osirien qui tente d'empêcher le renouvellement de l'ère par la mort d'Hor, avant que l'astre ne se couche derrière l'horizon en entraînant à sa suite le bouleversement cataclysmique qui engloutira le « Cœur-Aîné » et Ahâ-Men-Ptah.

Divers passages des textes dits des « Pyramides », démontrent que Sit avait déjà cet aspect de géant légendaire bénéfique, solidement implanté dans le nord du pays. Ce fut d'ailleurs bien avant le début de l'ère pharaonique que les grandes compositions « théologiques » sur les influences solaires permettant l'accès de l'Au-Delà de la Vie se firent jour.

Au paragraphe 128, par exemple, un appel sans ambiguïté est lancé au peuple des « Rebelles » par leur chef, afin que les « barbares » issus de Sit triomphent sur toute la terre du « Deuxième-Cœur » :

« Levez-vous, dormeurs ; réveillez-vous, vous qui êtes nés de Sit et du Lion ; afin de contempler et de suivre dans sa marche en avant le Grand Éblouisseur qui fait trembler toutes choses dans les marécages et avancer l'Éternité, car il est l'ouvreur des chemins qui progresseront tout au long du Grand Fleuve ! »

Cette prophétie réalisée nous permet de revenir aux Annales chronologiques qui avaient achevé le précédent volume par l'engloutissement d'Ahâ-Men-Ptah au jour du Grand Cataclysme, pour les continuer ici-même jusqu'à l'avènement de Ménès :

Soleil dans constellat.	durée en années	Durée av. Christ	Durée tot. av. 1975	Durée dep. Création	Durée dep. les Héros
Lion	576	9 792	11 767	25 920	11 520

... en ce jour-là, le Grand Cataclysme arrêta la navigation en avant de la barque solaire...

La Terre bascula d'environ 180° sur son axe, la course du Soleil qui avait stoppé à 8° devant la constellation du Lion, reprenait une marche *rétrograde* à 20° de cette même configuration stellaire. Ainsi, la troisième période de regroupement de la population rescapée de l'engloutissement débuta sur un autre continent tout au long du recul solaire en Lion :

Lion	1 440	8 352	10 327	27 360	12 960
Cancer	1 872	6 480	8 455	29 232	14 832
Gémeaux	1 872	4 608	6 583	31 104	16 704

À la fin de « l'ère des Gémeaux », la lutte titanesque des deux frères et de leurs conceptions totalement différentes pour un mode de vie voulu par Ptah, ou décidé uniquement par Râ, hantait tous les esprits. En l'an 4608 avant notre ère, alors que le Soleil pénétrait toujours à reculons par le dernier degré dans la constellation du Taureau, Sep'ti, ou Sirius, approchait à son tour de la fin de son année « sothiaque », préparant le nouveau cycle tant attendu.

Les chefs des deux camps astiquaient leurs armes et mettaient la dernière main à l'équipement et à l'enrôlement des hommes qui assureraient la suprématie de l'un ou de l'autre sur la totalité du territoire qui devait s'appeler bientôt le « Deuxième-Cœur ».

La formule finale, quel que soit le vainqueur, allierait Ousir, symbole de la Résurrection et de la Renaissance sur cette deuxième terre, avec le Soleil resplendissant dans le Taureau Céleste pour lui redonner chaque jour une vie renaissante ! L'Écriture en subit elle-même de profonds changements avant d'être réintroduite pour la confection des Textes Sacrés. La liturgie du rituel fut intentionnellement inversée dans la gravure afin qu'elle suive le mouvement harmonique rétrograde de la nouvelle navigation solaire, partant ainsi de la droite pour se lire jusqu'à l'extrême gauche.

En l'an 4303, lorsque Ménès fut appelé à prendre le sceptre, tout était déjà prêt à fonctionner suivant le rythme du nouveau calendrier, qui n'entra cependant en fonction que 62 années plus tard, lorsque Sirius se leva conjointement à l'astre du jour, ouvrant ainsi l'Année-de-Dieu. Ce même jour, il fit sacrer son « Aîné » en tant que « Descendant », le « Pêr-Ahâ », qui *inventa* le calendrier et le commença immédiatement : le 1er du mois de Thot 4241...

L'intéressant est de voir les cartouches de Ménès el de ses trois successeurs :

 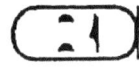 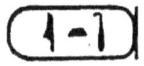 

Ils sont ici simplement soumis à la perspicacité « idéographiques » des lecteurs, car ils seront étudiés ultérieurement. Terminons plutôt par la Chronologie historique, en partant du Grand Cataclysme, où elle avait été interrompue au précédent ouvrage, de façon à l'amener jusqu'à Ménès et la fondation des Dynasties :

GEB : Dernier des « Pêr-Ahâ » ayant régné en Ahâ-Men-Ptah

NOUT : Épouse de Geb

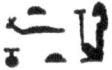

OUSIR : Fils Aîné de Ptah et de Nout

(OSIRIS)

OUSIT : Fils Aîné de Geb et de Nout

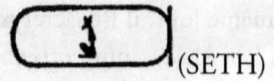(SETH)

ISET : Fille de Geb et de Nout

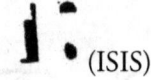(ISIS)

NEK-BET : Sœur jumelle d'Iset

(NEPHTYS)

HOR : Fils Ainé d'Ousir et d'Iset

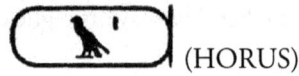(HORUS)

De ces « Descendants » naquirent une multitude, que Manéthon répertorie assez correctement dans sa Chronologie égyptienne. Ils peuvent en effet être considérés comme des « demi-dieux » non seulement par leur origine, mais par .le fait qu'ils sont les fondateurs directs du futur « Deuxième-Cœur ».

Tout au long de ces pages, plusieurs millénaires ont défilé, parmi lesquels plusieurs règnes ont survécu par les cartouches prédynastiques qui nous sont parvenus :

HOR-OU-TIT, qui quitta Ta Mana à l'entrée du Soleil dans la Constellation du Cancer (22/7/8352).

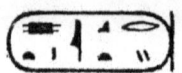

HOR-ATH-AKH, qui fut le 150ᵉ Pêr-Ahâ à l'entrée du Soleil dans la Constellation des Gémeaux.

HOR-NOU-LI, « Deux fois vainqueur », qui introduisit le symbole du Faucon dans son emblème.

MOUT-PET-AHA, la Fille-de-l'Ancien Scorpion, qui prit le sceptre et introduisit le vautour dans son emblème.

AHA-KAI, dernier Pêr-Ahâ avant l'entrée du Soleil dans la constellation du Taureau, et l'arrivée en Ath-Ka-Ptah.

Les « Rebelles de Sit » firent également souche pour perpétuer cette bataille des « Deux Frères » :

AN-SIT-RA, qui organisa la lutte contre les « Shesou Hor » de façon rationnelle.

BAK-BA-RA, le Sanguinaire qui le premier, introduisit un idéogramme pour le définir : l'Épervier.

RA-MEN-AKHER, le Rebelle qui tenta d'unifier les Deux Clans ennemis avant l'arrivée dans le Deuxième-Cœur.

Peut-être. un jour, à la suite de cette ébauche, une chronologie complète des Rois ayant composé la succession d'Hor et de Sit sera-t-elle établie. Mais il faudra plusieurs volumes et autant d'années pour y parvenir.

Il est plus que temps de pénétrer à la suite des « Descendants des Deux-Frères » sur cette seconde Terre Aimée de Dieu...

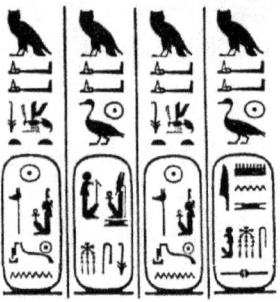

Chapitre Quatorzième

L'ÈRE DES GÉMEAUX
(... ou la lutte prédynastique des « Deux Frères »)

> *Selon toute probabilité, cette lignée supplanta celle des Faucons dont elle était peut-être un rejeton et s'établit à Nekhen à une date qui peut être située, si l'on en croit la tradition, 1 600 ans avant qu'apparût la 1ère dynastie.*
> ARTHUR WEIGALL
> (Histoire de l'Égypte ancienne)

> *Le commencement de l'Histoire coïncide également avec l'apparition, ou plutôt la relative diffusion de l'écriture. En effet, si les premiers hiéroglyphes figurent sur les palettes préhistoriques, ce n'est que pendant la période thinite que l'usage de l'écriture se développera.*
> J. VANDIER
> (Manuel d'archéologie égyptienne)

En quelques siècles, la civilisation s'implanta sur les bords du Nil, mais nettement séparée sous deux sceptres. Les principaux « Uh-U » (se prononce Ouh-U et veut dire « Deux fois issus des eaux ») émergèrent presque tous ensemble durant ce laps de temps. Ce furent les « Nomes » dus à la mauvaise phonétisation hellène.

Un millénaire fit passer un Soleil régulièrement rétrograde au zénith des « Fixes » jumelles. Leur clarté nettement différente semblait les opposer par les nuits claires, en un sombre présage. Et de fait, elles attisèrent les haines et les discordes qui constituèrent l'essentiel du drame de ces deux descendances ennemies : les Éperviers et les Faucons.

Pour le « Royaume du Nord », celui de la Basse-Égypte, le Delta du Nil était asservi par les « Rebelles de Sit ». La première localité dont le nom ait fait souche dès la première dynastie unifiée, fut Pa-Ouet, située sur la côte de la Méditerranée, mais bien à l'écart de la zone marécageuse. Elle devint ainsi la résidence des premiers Rois « Roseaux », en prenant plus tard le nom grec de Bouto.

La seconde fut Pa-Asit, dont la particularité fut surtout de s'appeler Pa-Ousir après l'unification, et où le temple du Soleil devint alors celui de Ptah. Son nom actuel est Abousir, et outre son temple des premières dynasties, on peut y voir trois pyramides aussi célèbres que celles de Gizeh.

Enfin la troisième ville prédynastique importante, fut Pa-An-Râ, la localité sacrée des premiers prêtres officiels du Soleil, dont le Collège fut calqué sur celui du Pontife du Sud, tout bonnement. Mais cette capitale prit un intérêt complémentaire lorsque le 32e « Roi du Nord » décida de s'y installer lui-même.

Cette ville devint alors Kemti, dont les Grecs firent Saïs. La désaffection de Bouto provint de la présence nauséabonde des marécages, source de diverses maladies infectieuses et même de la peste. Mais il est également certain que la prédominance que prirent les prêtres dans toute cette région plus fertile incita le Roi à venir y vivre lui-même.

Le chef des « Rebelles de Sit », qui partit une nouvelle fois en guerre contre son homologue du Sud, en profita pour arborer un nouvel emblème royal, le Cobra. Ce reptile tant redouté dans le delta et dans ses marécages, avait fini par être vaincu à force de ruses les plus diverses. devenant le symbole de la puissance des descendants de Sit.

Durant toute l'ère des Gémeaux, qui dura 1 872 ans, il y eut 64 rois « Cobra », « Épervier » provenant des « Roseaux » et « Adorateurs du Soleil », d'où la complication apparente des dénominations protocolaires dans les cartouches qui firent leur apparition durant les règnes des dix derniers chefs. Le dernier d'entre eux fit sa soumission aux « Masnitiou » du Shesou-Hor en poste : le Maître « Faucon », né du « Lotus » et survolant les humains impérialement telle « l'Abeille ». Ce traité de paix, le plus important de tous les temps, préluda de 217 ans l'entrée du Soleil en Taureau, « l'ère de la Résurrection d'Ousir ». Cette période fut consacrée par le Roi des deux terres, du Nord et du Sud, de l'Amenta à l'occident et d'Ath-Ka-Ptah à l'est, donc le Maître des Quatre Temps de la Terre et de l'Univers, à faire en l'honneur du Dieu Unique Tout-Puissant qui avait permis cela, des réalisations colossales qui, en remerciant l'Éternel de ses bienfaits, uniraient le ciel et la terre, l'Humanité à la Divinité.

Extrait du papyrus dit de Turin, qui permet de faire remonter la chronologie pharaonique aux « Suivants a Horus ».

Du temps de Khoufou (Khéops) on attribuait déjà aux Ancêtres « légendaires » la fondation des villes précitées, ainsi que l'édification des sanctuaires religieux les plus importants de l'époque (IVe dynastie), notamment le temple situé à côté du sphinx, face à la pyramide.

Naturellement nous reviendrons sur ces constructions gigantesques dans le prochain volume, qui sera consacré aux six premières dynasties, mais il est nécessaire d'en donner ici quelques détails, avant de passer au royaume du Sud, où d'ailleurs ceux qui érigèrent les monuments avaient pu à loisir expérimenter auparavant leurs techniques.

De ces monuments *antérieurs* à la dynastie, élevés à la gloire de Dieu, dans le Nord par les « Masnitiou » du Sud, le plus important reste sans aucun doute possible le Temple de Ptah, sis près du Grand Sphinx. Le vertige prend encore le touriste impénitent qui se pose des questions lorsqu'il cesse de s'étonner devant cette construction colossale.

Il est de bon ton, avant d'en commencer la visite, de se poster à droite de la grande entrée, dans le coin formé par la « pierre » angulaire afin de s'y faire photographier. Et le sujet apparaissant sur le cliché est plus minuscule que le microbe le plus petit !

Imaginez un bloc énorme, ce qui ne veut rien dire, car il pèse 400 tonnes à quelque 50 kilos près. Il s'agit d'une seule pierre en granit de Syène, et cela est certain car il n'en existe pas d'ailleurs. Il a donc été amené de là-bas par le Nil, et avait un volume au moins double, donc pesait deux fois plus, puisqu'il a été taillé de façon à former une façade angulaire interne de plusieurs mètres.

Mais ce n'est qu'une pierre ! Et il en a fallu des centaines pour ériger cet édifice somptueux, uniquement en granit très fin et noir de Syène et en albâtre translucide provenant d'Arabie, dont la voûte sommitale, au poids impensable même avec les moyens modernes de levage, est toujours soutenue après huit millénaires, par des piliers carrés aux côtés absolument lisses, absolument d'un seul bloc.

L'intérieur est resté d'une pureté impressionnante et prodigieuse dans son total dépouillement, car s'il n'y a évidemment encore aucun hiéroglyphe de gravé, aucun ornement, aucune moulure n'interrompt l'œil ou l'esprit abîmé d:ans la prière ; seul ce gigantisme, créé à la gloire de Dieu.

Dans une inscription conservée au musée de Boulaq, un papyrus du Scribe de Khoufou, le Khéops de la IVe dynastie, en parle comme d'une construction élevée par les « Suivants d'Hor » dont l'origine se perd dans la nuit des Temps. L'édifice a été retrouvé fortuitement, sous ce règne pharaonique où les constructions colossales abondent, par des ouvriers chargés de déblayer le Sphinx retrouvé.

L'histoire de ce peuple des « Deux-Terres » commence ainsi réellement à cette époque unifiée, environ deux siècles avant que Ménès n'ouvre l'ère dynastique en l'an 4241 avant Christ. À ce moment, le pays n'était encore que la « Terre Promise », d'où son nom hiéroglyphique de Ta Mérit.

Mais ces mélanges les plus divers ne formeront une seule nation derrière le Dieu-Unique qu'à partir du jour où le porteur d'un seul bâton imposera son pouvoir héréditaire, issu d'Ousir. Cette monarchie théocratique attendra donc dans l'expectative l'affirmation impérative d'un « Descendant », d'un Pêr-Ahâ venu du Sud pour unifier le « Deuxième-Cœur », car ce royaume, privilégié dès son arrivée sur les bords du Nil, arrivait alors à son apogée édificatrice tout autant que mystique.

Car dès que la falaise fut dévalée, ou contournée, cette vallée au limon fertile devint un véritable et nouvel Éden pour les arrivants. Cette masse humaine des « Suivants d'Hor » fanatisée par l' « Aîné » et le Pontife, entreprit de vivre à l'échelle même des souffrances qu'elle avait endurées durant 3 000 ans sur un parcours de plus de 3 000 kilomètres pour entrer en possession de cette terre et la mettre en valeur.

La nation tout entière d'un seul élan, derrière l'emblème royal du Sud, entreprit un programme de travaux défiant l'imagination contemporaine, car elle ne disposait pour cela que de bras humains, même s'ils se multipliaient par centaines de mille ! L'ère des constructions s'ouvrit donc simultanément autour de l'actuel Assouan, en des lieux mondialement connus par les travaux gigantesques entrepris sous l'égide de l'U.N.E.S.C.O., il y a une quinzaine d'années, pour déplacer des temples pharaoniques menacés d'engloutissement par les eaux du barrage d'Assouan.

Mais ces temples : Philae, Abou-Simbel, Éléphantine, ne sont que des reconstructions effectuées elles-mêmes des siècles et des siècles après l'édification des premiers. Vinrent ensuite Edfou et Kom-Oumbos, et la grande foule établit ses habitations en une grande cité, Hiérakonpolis de son nom grec, mais qui, en ce temps-là, s'appelait Nekhem - c'est là que furent retrouvées les premières tombes prédynastiques, tout un rituel funéraire y existait déjà.

Première constatation, et des plus importantes, alors que les villes et les temples précités se trouvent sur la rive orientale ou sur des îles au milieu du fleuve, la nécropole se trouve seule sur la rive occidentale. Il en sera de même pour Thèbes et les autres grandes cités. La deuxième constatation, et non des moindres, est que les pierres de construction provenaient toutes, au début tout au moins, des carrières de Syène, à une douzaine de kilomètres seulement d'Assouan, et qui devaient, à cette époque reculée, être tout près de l'ancienne cité.

Toutes les traditions apprises oralement, et répétées scrupuleusement durant des millénaires par des esprits pourtant de moins en moins convaincus, furent néanmoins conservées intégralement, trouvant enfin leurs premières réutilisations dès avant que le papyrus ne soit traité et l'encre retrouvée.

En même temps que des Prêtres se spécialisaient dans la théologie, les « Combinaisons-Mathématiques », l'Écriture Sacrée, d'autres enseignaient la menuiserie, la métallurgie, la peinture et tant d'autres disciplines. Ainsi, pour parer au plus urgent, des Prêtres-Architectes formaient « sur le tas » toute une école en fabriquant des « Mandjit » par centaines afin d'aller sur le « Grand Fleuve ». Ces barques salvatrices issues du Grand Cataclysme furent le point de départ des grands chantiers maritimes bordant Hiérakonpolis.

Toutes les catégories de péniches, de plus en plus spécialisées, y furent pensées et assemblées, y compris celles à fond plat capables de transporter les matériaux de construction les plus volumineux comme les plus lourds.

Il ne faut pas oublier que les blocs de près de mille tonnes, qui ont servi à la construction de la « Maison-de-Dieu » située à côté du Grand Sphinx, furent transportés par ces péniches de Syène à Gizeh, sur le Nil, soit sur une distance de mille kilomètres ! Pour mémoire, cela se passait *il y a 7 200 ans,* et il a fallu 500 péniches dont les fonds plats spécialement étudiés pouvaient soutenir chacune mille tonnes lors des crues, c'est-à-dire durant trois mois de l'année.

Les explorateurs des sites qui s'aventurèrent les premiers dans cette descente du fleuve béni de Dieu n'allèrent pas si loin. Ils se contentèrent, sur les « Mandjit », d'abord aux alentours de l'actuelle Thèbes, qui devint vite le haut lieu de l'Éternel, en même temps que l'habitat de toute la population non indispensable dans le Sud aux constructions ou dans les carrières.

Le premier Collège de Prêtres s'établit dans un creux de falaise idéal pour la méditation que permettait le dépouillement de ce lieu, qui prit le nom aisément compréhensible d'Uhu-Ptah. Lorsqu'on est sur place, ou que l'on consulte plus modestement une carte, il est visible que cet endroit a été choisi à dessein car il détermine le début d'une boucle du Nil vers l'Orient, la seule d'ailleurs qui détourne quelque peu l'axe nord-sud du fleuve.

De plus, ce panorama détermine un lieu harmonique avec Ahâ-Men-Ptah puisqu'il est lui-même sur le parallèle du tropique du Cancer. Cette dernière situation amena le Pontife à rechercher dans les environs, et à l'intérieur de la boucle, un lieu hautement prédestiné pour l'implantation du « Temple du Ciel », et de sa « Maison-de-Vie », qui serait chargé de l'étude des « Combinaisons-Mathématiques ». Celui-ci fut rapidement repéré : Ptah-Api ou « Dieu-Fleuve Céleste ».

Ainsi, très rapidement toute la région devint le centre vital du Pays-Sud. La plus intense activité régna sur l'immense esplanade rocheuse occidentale afin de construire les maisons Divines et celles de l'Au-Delà, ainsi que sur la plaine fertile et viable de l'autre bord du Nil, ou d'une frêle argile sortirent les habitations des vivants.

Pendant que rapidement s'élevaient les bourgades populaires de Karnak, Louxor et Kaft, les sites funéraires se multiplièrent en face, sur les versants des falaises qui se creusèrent tels des fromages de gruyère. Là aussi, des gravures rupestres bien antérieures attestent de la venue des « Oasiens primitifs » comme les dénomment pudiquement quelques archéologues.

Le « Descendant » Hor-Nou-Ka, l'avant-dernier « Aîné » avant la naissance du Roi unificateur Ménès, mena une flottille de « Mandjit » améliorées à la conquête des territoires occupés dans le delta par les Rebelles. Ce fut là, d'ailleurs, qu'un des Prêtres reconnut la falaise de Gizeh où apparurent plus tard le Sphinx, les Pyramides... et le Temple !

À son retour victorieux, il fonda la ville qui porta longtemps son nom, et à l'ouest de laquelle se trouve son tombeau. Hor-Nou-Ka devint ensuite Hermontis avec une phonétisation grecque des plus contestables. Non loin de là, les « Maisons-de-l'Au-Delà » les plus fastueuses s'élevèrent à Médinet-Abou, et surtout la « Demeure » la plus fastueuse, celle de Deir-el-Bahari, où fut enterrée la Reine

Hatchepsout qui, sous la XVIIIe dynastie, asservit plus d'un territoire voisin et mena son peuple tambour battant sous une poigne de fer.

Mais le Pêr-Ahâ de ce temps-là n'eut aucun fils. Ce fut donc la fille aînée d'Hor-Nou-Ka qui prit le bâton de commandement lorsque le temps en fut venu. Elle était la septième Reine prédynastique de cette ère des Gémeaux qui touchait à sa fin, le recul du Soleil en cette constellation s'achevant.

Elle régna sous le nom Divin ambigu d'Hor-Sept-Ka, l'âme d'Hor qui l'habitait en tant que « Descendante » directe, malgré son enveloppe charnelle féminine. Cette Reine, afin qu'aucun doute ne subsiste dans les esprits, se créa une nouvelle capitale, Nabt, plus connue dans le monde sous son nom de Négadah, puisque les égyptologues y ont retrouvé des dizaines de tombes royales prédynastiques.

Mais durant le même temps, un élément, et non des moindres, allait s'insurger devant les prétentions orgueilleuses et despotiques d'Hor-Sept-Ka. Il s'agissait d'un jeune Pontife frais émoulu de l'école de son père, qui fut consacré en tant que chef des Prêtres sous le nom ô combien redouté d'Anepou.

Fort de l'appui de son illustre Aïeul, il fonda non loin de Nabt une cité mystique, à laquelle il donna une appellation qui démontrait clairement son désaveu à la politique « barbare » du « Descendant ». Il attribua au Temple central, et par là même à toute la cité, le nom d'Abt, l'opposé de Nabt.

Ainsi s'élevait près de Négadah, l'antique cité d'Abydos, dans le Temple de laquelle furent retrouvées les *Tables Chronologiques* les plus fameuses, qui comprenaient non seulement les cartouches royaux généalogiques depuis le premier Roi Ménès, mais également ceux de Rois antérieurs à cette première dynastie, dont les cartouches des fameuses sept Reines.

Cette lutte farouche entre le « Corps » et l' « Esprit », la chair faible et l'âme spiritualisée à l'extrême ; cette opposition entre la vie terrestre tyrannique du Descendant Divin et l'existence ascétique du Prophète de Dieu ne pouvait se terminer que par une union des plus officielles.

Aussi, après nombres de batailles et de victoires, alors que son emblème personnel comportait déjà le « Faucon » des Descendants d'Hor et le « Vautour » de celles qui l'avait précédée, elle assura sa toute-puissance en épousant l'An-Nu Anepou, ajoutant dans une deuxième cartouche l' « Abeille » chère aux trépaneurs de son époux. Elle se signala également à l'attention populaire en faisant élever pour la première fois un énorme bâtiment qui n'était pas destiné à la gloire de Dieu. Il s'agissait d'une forteresse, qui se dressa bientôt en bordure du Nil, à la hauteur de l'actuelle bourgade de Beni Hassan. Puissante et inviolable, elle tuait dans l'œuf toute velléité d'invasion des territoires du Sud par les Rebelles du Nord, soumis certes à une tutelle de fer, mais non alliés.

L'événement le plus important de ce mariage, du point de vue historique, fut qu'il naquit des jumeaux. L'Aîné, de quelques minutes, devint le dernier Roi prédynastique, Hor-Sen-Kaï, le Roi-Scorpion ; son cadet devint le Pontife, ô combien éclairé, qui rétablit l'écriture en réinventant le papyrus, sous le nom d'Anepou-Ur ou le Grand Anubis.

Quelle apothéose pour la sortie du Soleil de la Constellation des Gémeaux ! L'accord parfait des deux frères, dont l'un était porteur du bâton royal et l'autre du sceptre Divin permit une unification générale de la vallée du Nil sur toute sa longueur, une grande confiance mutuelle leur laissant toute liberté de s'absenter.

Cela permit au « Roi-Scorpion » de partir à la tête d'une véritable armada pour coloniser définitivement les différents « Uhu » du Nord. À la suite de quoi il établit un pont de bateaux sur huit cents kilomètres, à la mesure des travaux qu'il entreprenait à la glorification de la clémence Divine pour ses « Aînés ». Ces constructions, au nombre de trois consacrèrent la louange qui monta au ciel, en signe de lien harmonique entre le Créateur et ses créatures. Il y eut le temple de Ptah ; « Akher », le « Lion Céleste » devenu le sphinx ; et le bloc pyramidal « l'Aimé-vers-qui-descend-la-Lumière », dont il sera plus amplement parlé dans le prochain volume.

Ces cinquante-huit années de règne à l'échelle d'un Dieu redevenant homme, avec la multitude œuvrant pour sa plus grande gloire et son avènement, furent un laps de temps fait d'une activité débordante, inimaginable pour nos esprits d'un XXe siècle plus porté vers une mécanisation inconditionnelle qu'à un travail manuel recherché de propos délibéré.

Des milliers de bateaux de toutes formes et de toutes grandeurs, naviguant en une chaine sans fin sur le Nil dans les deux sens, transportaient ouvriers et matériel. Que ce soit le ravitaillement ou les hommes, toutes les embarcations se rangeaient pour céder le passage aux immenses péniches à fond plat, qui portaient chacune *un bloc,* un monolithe de plus de 500 tonnes sur mille kilomètres.

Dès leurs débarquements, des milliers de bras s'empressaient dans l'enthousiasme, de les charger, l'un à la suite de l'autre, sur des traîneaux occupant six mètres en largeur et une douzaine en longueur. Des équipes sur quatre files d'une centaine d'hommes chacune tiraient alors les masses gigantesques.

Afin que celles-ci glissent plus facilement, des porteurs de cruches couraient depuis le fleuve jusqu'au-devant du bloc auquel ils étaient affectés et répandaient les douze litres d'eau que contenait chaque récipient afin que les patins d'un mètre de large, tout en facilitant leurs glissements, ne prennent pas feu par le frottement intense du bois contre le sable. Et cela durant les quatre kilomètres de la pente *montante,* jusqu'au chantier titanesque d'élévation du bâtiment à la gloire de l'Éternel.

Sur chaque bloc, un chef d'équipe scandait la cadence de la marche en frappant énergiquement sur une caisse de résonance. Cela répété par des dizaines de véhicules attelés humainement suivant ce même type et avançant du même mouvement uniforme, sur une route qui apparaissait sans fin pour cette fourmilière. Mais elle était la seule qui permettait d'accéder à l'Au-Delà de la Vie, par-delà ces édifications à la seule échelle Divine, et qui constituaient les remparts du Ciel.

Durant ce temps, mille kilomètres plus au sud, le Grand Anepou préparait la Renaissance spirituelle et intellectuelle de la Patrie unifiée, en rétablissant les textes Sacrés dans leur écriture hiéroglyphique ancestrale, sur un parchemin qu'il venait de réinventer en partant d'une fabrication à base de papyrus.

L'ère tant attendue du Taureau s'approchait désormais jour après jour, et chaque être consultait le ciel, mais en vain, à la recherche du signe indiquant que le Soleil en avait terminé avec sa navigation néfaste. Le petit Men-Ahâ venait de naître, et ce fils du Descendant de « l'Ancien-Couchant », qui deviendrait le premier Roi de cette nouvelle ère, était l'objet de toutes les attentions de la part de ceux qui seraient chargés tout spécialement de son éducation en vue de la tâche unificatrice qui serait la sienne le moment venu.

Men-Ahâ, en devenant « Menâ » ou Ménès, lierait indissolublement les « Deux-Terres », Ahâ-Men-Ptah et Ath-Ka-Ptah, en rattachant les deux territoires Nord et Sud de Ta Mérit, la Terre Aimée. Ainsi pourrait naître, croître et se multiplier dans la félicité le « Deuxième-Cœur ».

Nabt-Négadah vivait dans l'attente fiévreuse de cet événement qui serait consacré par la nouvelle ère. De son côté, Abt-Abydos travaillait jour et nuit, dans la fumée de ses lampes à huile, à la reconstitution de toutes les formes écrites de la Connaissance.

Ce fut d'ailleurs pour cette raison que les gravures rupestres se firent bien plus rares dès cette époque pré-dynastique. Seuls apparurent encore différents modèles de bateaux, rappelant pour la plupart les « Mandjit » des Ancêtres, les lignes dessinées sur les murailles reproduisant ces frêles embarcations de jonc avec les liens rattachant les végétaux sur toute la largeur et sur toute la longueur des embarcations.

De nombreuses statues en silex et des figurines d'argile représentant toutes des taureaux, de la même époque, démontrent la préoccupation des artistes, et à travers eux de toute la population, d'un avenir que les Prêtres leur dépeignaient comme fastueux !

Sur les exemplaires du British Museum et ceux du Musée de Berlin, les cornes des bovidés s'arrondissent harmonieusement en pointant vers l'avant, comme pour tenter d'avancer plus vite dans le futur pour atteindre la félicité promise à ceux qui auraient participé à son avènement.

Pour cela même, l'état de civilisation de ce peuple, 5 000 ans avant Jésus-Christ, était très avancé dans son développement. Il ne faut pas oublier que dans le Nord le Roi-Scorpion, outre les trois grands travaux, avait dû, pour le mener à bien, donner une nouvelle direction au Nil, élever des digues pour maintenir ses eaux hors des lieux de crues normales, creuser un énorme bassin pour assainir la contrée et différents autres ouvrages qui, pour être plus modestes, n'en furent pas moins herculéens.

Durant ce temps, les règles de l'architecture et de la construction atteignirent un tel degré de perfection que, malgré toutes nos connaissances techniques modernes, si, demain, il fallait construire à la main, nom ; serions incapables d'effectuer le centième des travaux antiques dans le même temps et aussi bien.

Ce fut pourquoi, dans le Sud, Abydos la Sainte, Abt la vénérée, développa ses édifications et les « écrits » sur peaux de gazelles avant que le papyrus n'apparaisse. Mais autrement significatif fut le rayonnement qu'imposa le Grand Anepou sur cette région. This fut le lieu d'habitation privilégié de la population travailleuse qui vécut là, mais rayonna dans toute cette seule et grande boucle qu'amorce le Nil en cet endroit, pour se terminer à Louxor.

Et au fond de ce grand méandre, donc sur la rive occidentale, au point stratégique le plus propice, géographiquement et astronomiquement parlant, apparaissent les prémices de ce qui deviendra la merveille la plus Sacrée et la plus secrète des « Demeures » de Dieu : les « Temples du Ciel » de Tantri-Nouit, devenu Dendérah. Son école ou « Maison-de-Vie » attirait tous les Prêtres, car son enseignement permettait seul l'initiation, sans laquelle la Connaissance n'était qu'un leurre. Ici s'apprenaient les « Combinaisons-Mathématiques-Divines »…

Même en décembre 1975, sans vouloir rechercher la vérité dans l'architecture ptolémaïque du dernier temple reconstruit pour la sixième fois sous Évergète II, malgré les labyrinthes reconstitués d'après les plans « antiques », il est aisé de se replonger dans l'atmosphère ouatée et studieuse de l'initiation, en parcourant l'intérieur creux du pourtour, dans cette enceinte où non seulement se succèdent des magasins où étaient répertoriés et stockés offrandes et dons, des chapelles distinctes pour chaque Pontife qui accédait ici à la dignité de Grand-Prêtre, des sacristies pour les différentes catégories de desservants, des passages reliant les unes aux autres, des couloirs rectilignes de plusieurs centaines de mètres - des paragraphes des Textes Sacrés du *Livre des Quatre Temps* étant gravés apparemment en désordre, sur toutes les parois et tous les plafonds - mais aussi se suivent de nombreux corridors dans le genre labyrinthe semblant se terminer en cul-de-sac, mais qui ouvrent, pour certains, l'accès aux fondations de l'édifice central, au cœur même des fondations.

Dans leur épaisseur, qui va jusqu'à six mètres, se trouvent de nombreuses cryptes, entre lesquelles des escaliers descendent vers les

« Salles des Archives », les « Salles du Temps » et les « Salles du Trésor », le tout s'échelonnant sur trois étages souterrains, évidemment reliés entre eux par des escaliers taillés dans le roc, et tournant abruptement seize fois à angle droit.

Tout au fond du dernier sous-sol : la Salle d'Ousir et la « Salle de la Vache Blanche » pour parler de l'interprétation hiéroglyphique *(sic)* de certains égyptologues. Mais l'histoire de ce peuple, des origines à sa fin, peut être aisément reconstituée en adaptant les différentes pièces de ce puzzle géant, échiquier de 81,50 m de sa base à sa dernière terrasse, soit la hauteur d'un immeuble de *trente étages*. Ce qu'il faut tenter d'imaginer pour bien comprendre !

Dans tout ce contexte apparemment compliqué, mais facilement identifiable par une orientation très exactement nord-sud de la façade calculée pour l'année 4387 avant l'ère chrétienne, ainsi que l'indiquent les textes. Mais il faut tout de même rectifier la position, car le Nil arrivant au fond de sa boucle présente un coude de 90°, le tracé réel revient ouest-est !

La profusion extraordinaire des Textes qui recouvrent la moindre surface du sol au plafond démontre que les premiers scribes désiraient perpétuer pour l'Éternité tous les chapitres de la Connaissance, en les gravant sur un monument unique capable de résister à tous les cataclysmes, les rendant aussi facilement récupérables, en cas de besoin, par une nouvelle génération.

Et de la dernière terrasse, Ousir ressuscité indique d'un geste de la main une pièce, un étage plus bas, où il sera possible de trouver le fil. Il s'agit de la seconde chambre, celle-là même où *était* le fameux planisphère circulaire gravé au plafond, près duquel Iset indiquait l'occident.

Il ne reste plus qu'un trou béant, que le soleil couchant ensanglantait hideusement lors de mon passage. L'histoire de ce Temple a une telle importance qu'elle fera probablement l'objet du prochain tome si ce sujet est jugé intéressant par le public. La réalité, effarante et étourdissante, dépassant largement toute fiction, permettra probablement cette parution, qui sera comme une résurrection du Temple lui-même.

À Dendérah apparaît la seule filiation de la Terre avec le Ciel en tant que réalité pieuse, et non fiction imaginative de quelques prêtres en mal de biens purement terrestres. L'Harmonie à laquelle tous participaient corps et âmes était le reflet tangible auquel il fallait obéir pour éviter un renouvellement cataclysmique plus total encore que celui qui avait détruit le « Premier-Cœur ».

Ainsi, le Pêr-Ahâ, le Pharaon, l'Aîné, le Descendant, ou quelque autre nom que l'on puisse donner au « Fils-Ancien », il restait le « Cœur-de-Dieu » dans toute sa descendance. Le premier étant englouti avec Ahâ-Men-Ptah, le second devait renaître avec Ath-Ka-Ptah. C'est pourquoi l'obéissance de tous, grands et petits, ne faisait l'objet d'aucune contestation, puisqu'il n'y avait aucune autre possibilité de survie dans l'Au-Delà de la Vie. Telle est la conclusion que l'on peut tirer du Temple de la « Dame-du-Ciel », de Dendérah, et des tombeaux des premiers Pontifes enterrés non loin de là, sous la colline occidentale.

Tous les égyptologues se sont perdus en phrases délirantes sur la beauté de Dendérah, bien que se disputant avec acharnement sur son origine. Je réserve les centaines d'échos en toutes langues pour les nombreux chapitres du volume suivant, mais je ne résiste pas à la tentation de vous citer une phrase du plus illustre d'entre eux, ainsi que de nombreux extraits d'une lettre d'un néophyte en la matière mais également érudit.

Champollion, lors de son premier passage à Dendérah, se laisse emporter par un lyrisme très poétique, en écrivant sur son carnet :

> « Nous arrivâmes enfin à Dendérah ! Il faisait un clair de lune magnifique et nous n'étions qu'à une heure de chemin

des temples. Pouvions-nous résister à la tentation ? Je n'essaierai pas de décrire l'impression que nous fit le grand propylon et surtout le portique du grand temple ! On peut bien le mesurer ; mais en donner une idée c'est impossible ! C'est la grâce et la majesté réunies au plus haut degré ! Nous y restâmes des heures en extase courant les grandes salles avec notre pauvre falot ![57] »

Avant de retrouver ultérieurement Champollion et Dendérah, voici l'extrait de la lettre XLII de la correspondance écrite en 1828 par le baron Th. Renouard de Bussière, alors deuxième secrétaire à l'ambassade de France au Caire, durant son premier passage à Dendérah :

> « Enfin, mon cher ami, j'ai vu cette merveilleuse Tentyre ! J'ai parcouru ses édifices, ses portiques, ses temples ! Que ne puis-je vous faire partager l'émotion délicieuse et profonde dont je suis encore pénétré ? Que ne puis-je faire passer sous vos yeux l'imposante immensité des monuments que je viens de voir !
> Lorsque, revenu à moi-même, je pus enfin me livrer à l'examen des détails, je découvris partout les proportions les plus parfaites, des lignes simples et graves, jusqu'au sublime ! Les bas-reliefs, les hiéroglyphes, les inscriptions et les ornements si multipliés, ne nuisent point à la masse sévère de l'ensemble : ils disparaissent dans l'immensité de l'édifice, pour ne laisser voir que de grandes lignes !
> Il me serait impossible de donner une description exacte des bas-reliefs qui décorent les ruines de Tentyre ; plus j'avançais dans mon examen, plus la masse des détails m'effrayait !
> Les colonnes du portique sont au nombre de vingt-quatre, partagées en quatre rangées de six colonnes chacune ; les six premières, placées de front, sont engagées dans des murs

---

[57] *Lettres inédites à un Champollion inconnu*, publiées par L. de la Brière, 1897.

d'entrecolonnement. L'espace ouvert qui sépare celle du milieu est double de celui des autres. Les chapiteaux sont de forme carrée ; sur les quatre faces du dé se trouve un masque avec des oreilles de vache. Ces têtes sont fort mutilées ; celles du premier rang ont toutes le nez cassé, et cependant elles ont conservé une expression noble, tranquille et douce ; au-dessus des têtes, le chapiteau, qui s'amincit, est encore couvert de bas-reliefs représentant des temples et des figures symboliques. Les fûts sont divisés en anneaux où sont représentés des sujets religieux. Des sculptures, qui sont toutes très noircies, enrichissent les plafonds. On y voit le zodiaque[58] que deux grandes figures de femmes tiennent embrassé. Les murailles sont divisées en quatre rangées de compartiments carrés, semblables quant à l'arrangement, aux diverses cases d'un échiquier. Chacun de ces compartiments renferme un bas-relief consacré à un sujet religieux et à quelques colonnes de hiéroglyphes, qui sans doute, contiennent la description de ce que représente le tableau.

Toutes les sculptures étaient peintes ; les couleurs existent encore en partie et ont conservé un éclat et une fraîcheur extraordinaires. Dans les tableaux inférieurs les personnages sont de taille colossale. Plus j'avançais dans mon examen, moins je ne savais quoi dessiner en premier. De quelque côté que se portent mes regards, ils ne rencontraient que des objets remarquables. Je voyais des divinités, des hommes, des animaux, des plantes, des cérémonies religieuses et champêtres : la situation solitaire du monument, à l'entrée du désert, lui prête encore un charme supplémentaire ! »

Ce n'était donc qu'après une vie consacrée à l'étude de la Connaissance qu'il était possible de comprendre ce qui se passait dans « l'autre Vie ». Mais une initiation de dix-sept ans permettait

---

[58] Il s'agit de la carte du ciel donnant la date du « Grand Cataclysme » (voir notre ouvrage précédent déjà cité).

d'accéder à la Sagesse et à la compréhension des « Combinaisons-Mathématiques-Divines » à l'égal d'un jeune Grec adopté par un Grand Prêtre, et qui après l'examen positif de l'initiation abandonna son nom grec Mnésarchus pour celui que lui donna l'ultime Pontife d'Ath-Ka-Ptah, l'année même où Cambyse envahit et dévasta le pays, *Ptah-Gô-Râ,* celui qui « Connaît-Dieu-le-Soleil ». Il devint ainsi à son retour en Grèce, après onze années d'exil supplémentaire en Perse, le philosophe Puthagoras de Samos, le Pythagore de nos livres scolaires.

Quatre millénaires avant cela, un autre initié approchait du trône unifié, sur lequel il deviendrait le premier Roi de la première dynastie pharaonique des Fils de Dieu. Il dut auparavant mater un soulèvement dans les territoires du Nord, soulèvement fomenté par un « Rebelle de Sit », ivre de gloire sainte, et qui avait inversé les syllabes hiéroglyphiques du nom de son ennemi sudiste pour s'attirer les bienfaits solaires. Il s'était fait appeler *Na-Râ-Mer,* « l'Unificateur-Aimé-du-Soleil ».

Cette rébellion ne dura que le temps d'une défaite retentissante, qui prit cependant une vingtaine d'années, donnant ainsi plus d'expérience et d'intelligence aux deux hommes. Ce qui fit que Menna, en vainqueur magnanime et en parfait diplomate, fit du rebelle vaincu son représentant personnel et divin dans le Nord, après avoir simplement donné un nom plus orthodoxe au nouveau « Fils de Dieu », Na-Mer. Râ, ou le Soleil, était rabaissé à sa simple tâche d'instrument des bienfaits de l'Éternel.

Cette officialisation ouvrit très brillamment l'Ère du Taureau ce jour-là, le 24 mai 4262 avant Jésus-Christ, par la lecture du fameux rituel dit des « Deux Maîtres », enregistré dans toutes les Annales. Ce fut le serment d'allégeance au Dieu-Un, le seul Créateur de l'Univers et de l'Humanité. Il fut lu au bord du « Grand Fleuve », en commun par les Pontifes du Nord et du Sud, devant tous les chefs des « Uhu » des « Deux-Terres » réunis sur les berges du Nil.

Voici le texte, conservé dans les Archives de Dendérah, et qui fait partie des Annales du *Livre des Quatre Temps* :

« Les Deux Maîtres parlèrent ainsi aux chefs de clans des Uhu, réunis en un « Second-Cœur » au bord d'Hapy, étant au-devant d'eux, sur une même Mandjit :

Ils ont dit au désert : *Tu es notre frontière à partir de ce jour !*

Ils ont dit à la montagne aride : *Nul ne doit te franchir pour quitter notre Deuxième-Cœur, car sa vie cesserait pour l Éternité !*

Ils ont dit au limon nourricier : *Tu seras l avenir de la terre et de notre race, car tu es l Aimé du Grand Fleuve !*

Ils ont dit au Grand Fleuve : *Tes sources célestes seront celles de notre Vie car elles assureront chaque année notre résurrection !*

Ils ont dit au peuple réuni : *Vous vivrez désormais en accord harmonique avec les Commandements de la Loi de Dieu, car ce sont eux qui permettront toute vie sur la Terre comme au Ciel. Vous nourrirez le sol par votre travail, et celui-ci vous nourrira de ses grains !*

Ils ont dit aux Chefs des Uhu des « Deux Terres » : *Votre autorité restera à l image de vos emblèmes, car tel vous gouvernerez, tel sera le peuple !*

Les « Deux Maitres » ont dit à eux-mêmes ;

Afin que tous les enfants de Dieu unis dans ce « Deuxième-Cœur » puissent croître et se multiplier en paix dans la glorification de l Éternel et de sa Création, notre œuvre restera Unique !

Enfin, élevant les bras vers le Ciel, ils se sont adressés à Dieu en une *prière* fervente : *O Seigneur de l Éternité, Ptah, que Ta Loi devienne désormais le guide unique de nos actes de chaque moment de la Vie, afin que nos Descendants se conforment à Ton Harmonie sans aucune crainte de Cataclysme ! Que Ta Sagesse nous pénètre et nous aide à vivre sur cette Terre en l'attente du Bienheureux Au-Delà de la Vie !* »

Ainsi commença historiquement, telles que les Annales des « Quatre Temps » les citent, l'ère du Taureau Céleste et celle des dynasties des « Fils-de-Dieu » les Pêr-Ahâ ou Pharaons.

Mais ce ne sera que vingt années plus tard, lorsque le fils Aîné de Ménès, parvenant à l'âge adulte, sera appelé pour aider son père, que la Chronologie des Rois débutera avec l'introduction du Calendrier. Car c'est en l'an 4241 que Sep'ti ou Sirius, conjointe au Soleil, entrera dans une nouvelle « Année de Dieu ».

Ce jour mémorable vit également monter Atota, l'Aîné de Ménès, sur le Trône. Il devint dès lors le deuxième Roi de la première dynastie. En introduisant le calendrier dans la routine journalière, il donna d'autres noms aux mois que ceux qui avaient cours en Ahâ-Men-Ptah. Et quoi de plus normal que d'appeler le premier mois de son propre nom ? Ainsi l'année commença-t-elle par le mois de Thot, puisqu'en grec, Atota devint Athothis. Mais n'anticipons pas sur l'histoire « fabuleuse », du peuple historique de ce « Deuxième-Cœur », Ath-Ka-Ptah, car le monothéisme, qui devait subsister pour que vivent les « Cadets », subit souvent les contrecoups de décisions dues à la raison humaine, et que la Raison ignorait.

NOTES ET BIBLIOGRAPHIE

NOTE A :
À PROPOS DU TIMÉE DE PLATON

De nombreux lecteurs du précédent volume, Le Grand Cataclysme, se sont insurgés contre l'interprétation effectuée du texte du *Timée* qui glorifie les « Ancêtres Grecs des innombrables bienfaits qu'ils avaient précisément reçus de ce qu'ils abaissaient dans le dialogue incriminé ».

Pourtant rien n'est plus vrai ! Replaçons-nous dans le contexte *historique* : Platon, qui naquit en 427 avant Christ, était déjà un confortable philosophe de soixante-dix ans, donc vieillissant sans aucun doute, lorsqu'il entreprit d'écrire une trilogie, dont le *Timée* ne fut qu'un des volets, les deux autres étant le *Critias* qui ne fut pas achevé, et l'*Hermocratè* qui ne fut pas rédigé.

Platon revenait de Sicile, voyage qui le déprima comme chacun sait par l'échec cuisant qu'il y récolta en voulant implanter une république communautaire et égalitaire où tous seraient heureux. Il en avait appris tous les rouages dans les temples égyptiens durant cinq années, et tentait de remettre ces lois fameuses en vigueur.

Ulcéré de son échec cuisant, il rentre à Athènes et écrit le *Philèbe*. Par cet ouvrage, il est facile d'entrevoir l'admiration de cet homme très sage pour un peuple dont les réalisations grandioses dépassaient, et de loin, la compréhension des Hellènes de ce temps. Dans *Philèbe*, VIII, un respect infini se lit même directement dans les lignes :

> « Découvrir que la voix est éternelle, ce fut l'œuvre d'un dieu ou de quelque homme divin, comme on le raconte en Égypte, d'un certain Thot qui, le premier, aperçut dans cet infini, les voyelles comme étant non pas une, mais plusieurs, puis d'autres lettres qui, sans tenir de la nature des voyelles, ont pourtant un certain son, et reconnut qu'elles ont pareillement un nombre déterminé. Il distingua encore une troisième espèce de lettres que nous appelons aujourd'hui muettes. Après ces observations, il sépara une à une les lettres muettes et privées de son ; ensuite, il en fit autant des voyelles et des moyennes jusqu'à ce que, en ayant saisi le nombre, il leur donnât à toutes et à chacune le nom d'éléments. De plus, voyant qu'aucun

de nous ne pourrait apprendre aucune de ces lettres toutes seules sans les apprendre toutes, il en imagina le lien comme étant un. Et se représentant cela comme ne faisant qu'un tout, il donna à ce tout le nom de grammaire comme n'étant aussi qu'un seul art. »

Cet extrait suffit à laisser percer l'admiration et la nostalgie d'un érudit incontestable, devant un abîme insondable d'intelligence. Mais le fait important qui passerait peut-être inaperçu, est que Platon confirme aussi sans discussion l'antériorité de l'écriture attribuée communément aux Phéniciens. Comme par ailleurs les témoignages ne manquent pas à ce sujet, on peut admettre que ce fut la mort dans l'âme que l'illustre philosophe interpola le dialogue du *Timée* pour tenter de faire renaître l'union « Sacrée » chez ses compatriotes[59].

Sa conscience n'en resta pas moins en repos, car si son long séjour sur les bords du Nil l'avait rendu admiratif des réalisations et des conceptions de cette antiquité pharaonique, il était loin d'avoir cette même admiration pour les autochtones de son époque.

Il y avait une telle décadence et une telle déchéance chez les Égyptiens qu'il côtoyait, par rapport à ce qu'il entrevoyait intuitivement de la vie antique telle que l'avait rapportée Solon, *que la hantise d'un tel recommencement s'implanta en lui en ce qui concernait ses concitoyens*. Et il n'était plus très jeune...

Rentré de Sicile et ayant écrit le *Philèbe* tout en enseignant sa nouvelle philosophie, il rédige, après avoir mûrement réfléchi, le premier volet de sa trilogie, le *Timée*. Il sait qu'il n'a plus que quelques années à vivre, aussi prépare-t-il l'ossature de ses 12 livres des *Lois* qui préciseront bien ses vues sur l'administration de la République.

Le *Timée* est le prélude, sans aucun doute l'introduction exemplaire de ces *Lois* que Platon préconisera en une sorte de testament aux Athéniens. Il convient donc que le *Timée* démontre que toute la gloire et la vaillance de l'Antiquité hellène reviennent aux seuls Grecs qui ne manqueront pas, ainsi, d'adopter ses Lois qui redoreront le blason d'Athènes et lui rendront sa splendeur !

Il est aisé de suivre le fil de la pensée de Platon, car le début du *Timée* est une rappel constant de cette conception issue de la mentalité personnelle du philosophe.

---

[59] À propos de l'antériorité égyptienne de l'écriture, lire : Isidore de Séville *Origine*, I, 5 ; Cyrille d'Alexandrie : *Contra Julianum*, VII ; Josèphe : *Ant. Jud.*, sans parler de Clément d'Alexandrie, dont les *Stromates* sont la justification.

La conversation entre Socrate, Timée, Critias et Hermocrates en est la justification, notamment grâce aux concordances totales entre le *Timée* 17b/19b, et *La République* II-369/V-471.

C'est ainsi que la cité idéale, capitale *d'un ailleurs,* Ahâ-Men-Ptah devenu Atlantide, conté par Solon le Sage 150 ans avant Platon, en vers et en une autre version, devint une antique création grecque.

À son retour de Sicile, donc à soixante-dix ans, Platon se rend compte que ses frères sont égoïstes, imbus d'eux-mêmes et ne croyant plus qu'en leurs propres créations. L'arrière-goût d'amertume du « déjà vu » revient au galop, reprenant le vieil homme hanté par le déclin de cette humanité insouciante qu'il aime tant. Et justement, c'est à cause de cette hantise de voir l'Acropole devenir un champ de ruines semblables à celles d'Héliopolis ou de Thèbes aux cent portes d'or chantée par Homère, qu'il reprend cette idée utopique d'un gouvernement idéal qui rendrait à chacun la conscience de ses responsabilités pour conserver l'Harmonie Divine dans le Futur.

Cette expérience, il l'avait déjà tentée sans succès en Sicile avec Denys II, mais il avait été raillé, bafoué, et cela avait été un lamentable échec. Voilà pourquoi le *Timée* fut rédigé de cette façon magistrale, sous forme d'homélie à la Gloire hellène.

NOTE B :
SUR L'ANTIQUITÉ DU ZODIAQUE DE DENDÉRAH

Bien des questions surviennent également à propos du Temple de Dendérah, et de son « Zodiaque ». Le troisième volume devant être uniquement consacré à Dendérah depuis sa première construction jusqu'à la sixième et dernière, celle de Ptolémée II, il n'est pas nécessaire de commencer ici une argumentation poussée sur l'origine même du planisphère, ou simplement de l'édifice religieux. Mais pour mieux en comprendre l'authenticité originelle, tentons d'expliquer la mathématique du rouage de la précession des équinoxes, seul processus capable de chiffrer *dans le temps* une représentation de configurations célestes, autrement dit de dater l'antiquité d'une carte du ciel et non celle des graveurs de l'image.

Représentons-nous en esprit un cadran sphérique divisé en 360°, dont on aura ôté les deux calottes. Il ne restera qu'une large ceinture, de part et d'autre de l'équateur céleste, sorte de montre à l'échelle solaire, dont une aiguille, se déplaçant de droite à gauche, indiquerait par son mouvement la marche du Soleil du couchant au levant et vice versa, de telle sorte qu'un tour entier de ce cadran, indique le temps *d'une année sidérale.*

Mais le fait primordial de cette connaissance astronomique réside en ce que la course, ou la « navigation » solaire, le long de ce grand fleuve céleste circulaire, n'est pas uniforme dans son décompte temporel. Car c'est en vertu du mouvement rétrograde terrestre que se constitue l'essentiel de la mathématique des équinoxes, notre *année tropique ayant une durée de 365 jours 5 heures 48 minutes et 51 secondes* alors que la révolution annuelle *sidérale est de 365 jours 6 heures 9 minutes et 11 secondes*. Cette différence mathématique dans le temps, se répercutant dans l'espace par un recul de 50 secondes d'arc chaque année sur son point initial, le point vernal, rétrogradant donc de UN DEGRÉ EN 72 ANS.

C'est de cet écart, qui ramène le ciel à son emplacement primitif tous les 25 920 ans (72 × 360) que la chronologie antique a été rétablie dans sa datation avec la plus rigoureuse exactitude. Lorsqu'on possède des données précises, comme c'est le cas avec le Planisphère de Dendérah, il est facile de calculer le temps séparant la position primitive des équinoxes, des solstices relatifs aux configurations célestes, par rapport aux nôtres. L'écart en degrés, minutes et secondes d'arc sera divisé par autant de fois 50 secondes pour obtenir la durée d'éloignement par rapport au temps présent.

Mais le cadran circulaire, imaginé découpé dans une sphère céleste, n'est pas aisé à manier pour un néophyte et ne facilite pas une compréhension populaire. Il est en effet impossible de marquer sur un cercle fini la position infinie des rétrogradations annuelles, sans parvenir rapidement à une confusion extrême. La marche éternelle du temps dans l'espace rendrait vite tous les calculs aussi incompréhensibles que hasardeux, même pour des professionnels !

Il est donc indispensable d'utiliser une autre solution pour les profanes. Par exemple une surface plane, dont la longueur peut s'étirer indéfiniment pour assurer des figurations aussi claires que précises. Chaque lecteur pourra effectuer ainsi tous les calculs désirés. Il sera supposé que le cercle, se présentant de profil, se déplacera parallèlement à lui-même et de gauche à droite, telle une hélice brassant l'air, figurant ainsi un cylindre dont la longueur irait en augmentant à l'infini, suivant les besoins dans le temps à venir.

Le point vernal, indiquant le début de l'année, est représenté par la ligne directrice, divisée en parties égales. L'écoulement chronologique cyclique ne s'accumulera pas comme dans un cercle, mais se développera sur la surface plane en allant d'une intersection à la suivante, *tel le pas d'une hélice,* chaque avance d'un pas hélicoïdal représentant graphiquement une année sidérale. Au travers de celles-ci seront annotées par des points les rétrogradations successives des autres années : vagues, tropiques, caniculaires ou toutes autres.

Ces suites, différentes, formeront *le profil linéaire du temps,* elles définiront les transformations perpétuelles et continues *du temps circulaire spatial.* Sur la figure de forme cylindrique transformée en surface rectangulaire plane, l'image du mouvement circulaire de notre astre du jour sera parfaitement représentée, à la vue directe de n'importe quel œil, même non averti.

Les divisions définies dans la figure ci-jointe sont reproduites pour la ligne directrice, en haut et en bas du graphique, par millier d'années. Chaque pas est une des lignes droites parallèles *aa', bb', cc'...,* dirigée obliquement. La colonne extrême de gauche comprendra les 360° du cercle, divisés en 12 signes du zodiaque tels que ceux-ci représentent l'état des constellations en 1976[60]. Dans la colonne suivante figurera la mobilité précessionnelle, telle que la navigation solaire l'a présentée au cours des millénaires à J'œil humain, au travers des « Combinaisons Mathématiques » et des « 7 Fixes », celles-ci étant des Étoiles-Repères, et non pas les planètes de notre système solaire comme cela est souvent dit à tort.

Les calculs astronomiques réels seront ainsi faits par avance sans aucune difficulté. La rétrogradation des 6 h 9 mn 11 sec de l'année sidérale par rapport à l'année vague (de 365 jours) par exemple, s'opérera en 1 423 ans, les lignes *mm', nn', pp',* qui la représentent, aboutissent sur la ligne inférieure divisée en années, à 1 423 ans de distance de leur point de départ sur la ligne supérieure. Quant à la rétrogradation de l'année tropique, elle s'opérera en environ 25 920 ans.

Pour donner une même origine, l'an I part du calendrier d'Athothis Ier, soit le premier jour de Thot 4241 avant Jésus-Christ, également premier jour de l'année caniculaire de Sirius - Sep'ti.

---

[60] Date de la première parution de l'ouvrage. Nde.

BIBLIOGRAPHIE

Outre la Bibliographie annexée au tome premier, les documents étudiés dans le présent ouvrage sont (par ordre alphabétique d'auteurs) :

AUTEURS	ŒUVRES
AMÉLINEAU E.	L'Antiquité des Temps
BALOUT L.	La Préhistoire de l'Afrique du Nord
BARTH DR H.	Voyage en Afrique
BERTHELOT	L'Afrique Saharienne
BIDEZ J.	La Cité du Monde
DE SAINT-VINCENT	Essai sur les Isles Fortunées
BOSCOWIZ	Volcans et tremblements de terre
BOULE	L'Homme fossile du Sahara
BREUIL H.	Les Hommes de la pierre ancienne
BROSSES DE	Culte des dieux fétiches
BRUCE J.	Voyage en Nubie
BUCH DE	Les Isles Canaries
BURMEISTER	Histoire de la Création
CELERIER J.	Histoire du Maroc
CHABAS	Études sur l'Antiquité
CHEVALIER A.	Mission Chari-Lac Tchad
CONTENAU DR	La Civilisation Phénicienne

DAMMANN E.	Les Religions de l'Afrique
DAUMAS F.	Le Sahara Algérien
DELISLES	Histoire Philosophique du Monde primitif
DERIGNE R.	Un Continent disparu
DORESSE J.	L'Éthiopie Antique
DUBOIS M.	La Géographie de Strabon
DUPUIS CH.	Origine de tous les Cultes
DUVEYRIER H.	Les Touaregs du Nord
DUVILLE	Œthiopia Orientalis
FROBENIUS	L'Atlas Africain
FURON R.	Manuel de Préhistoire Générale
GAYET	Les premières Civilisations
GSELL H.	Cherchell
»	Histoire Ancienne de l'Afrique du Nord
GUERIN DU ROCHER	Histoire des Temps fabuleux
HEEREN M.	Les anciens peuples de l'Afrique
JAUBERT	Géographie d'Edrisi
»	Géographie de l'Afrique ancienne
LA FAYE J.B. DE	Histoire des Royaumes de Barbarie
LAPPARENT A. DE	Les Anciens Glaciers
LHOTE H.	Aux prises avec le Sahara
»	Les Touaregs du Hoggar
LOBO PÈRE	Relations d'Abyssinie
MAILLET	La Création

MARCAIS G.	Les Arabes de Berbérie
MAUNY R.	L'Ouest Africain
MENART R.	La vie privée des Anciens
MONOD TH.	Études sur le Sahara occidental
MORGAN J. DE	L'Humanité préhistorique
PANIAGUA DE	Les civilisations néolithiques
SACY F. DE	Les Antiquités Arabes
SALT H.	Voyage en Abyssinie
SAVARY CL.	L'Adrar-Ahnet
SERRES M. DE	Essai sur les cavernes
SLANE DE	Histoire des Berbères
VANDIER J.	Manuel d'Archéologie
VAN GENNEP	État actuel du problème totémique

Cette bibliographie se trouve à la Bibliothèque du Centre « Les Fontaines », près de Chantilly, dans l'Oise, parmi les 600 000 volumes sur lesquels veillent avec sollicitude les Pères Jésuites bibliothécaires, qui autorisent bien volontiers les chercheurs scientifiques, théologiques, ou universitaires à venir les consulter.

Autres ouvrages d'Albert Slosman

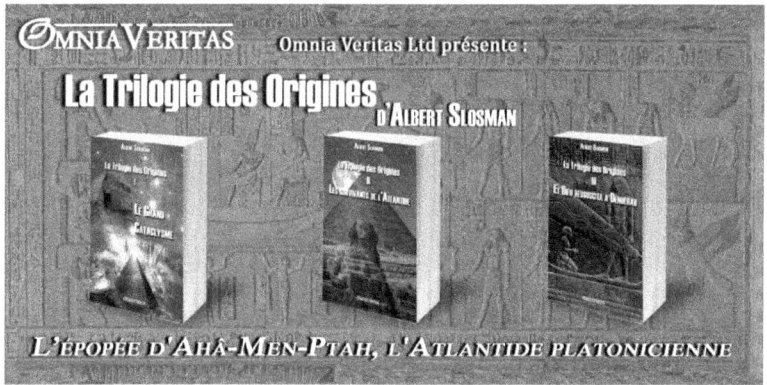

www.omnia-veritas.com

www.ingramcontent.com/pod-product-compliance
Lightning Source LLC
Chambersburg PA
CBHW070720160426
43192CB00009B/1257